Allitera Verlag

Doris Fuchsberger und Albrecht Vorherr

Schloss Nymphenburg unterm Hakenkreuz

Mit einem Grußwort Seiner Königlichen Hoheit Herzog Franz von Bayern

und einem Vorwort von Klaus Bäumler

Allitera Verlag

Weitere Informationen über den Verlag und sein Programm unter:
www.allitera.de

Mai 2014
Allitera Verlag
Ein Verlag der Buch&media GmbH, München
© 2014 Buch&media GmbH, München
Umschlaggestaltung: Dietlind Pedarnig / Alexander Strathern unter
Verwendung einer Fotografie von Heinrich Hoffmann aus dem Jahr
1938 © Bayerische Staatsbibliothek München / Bildarchiv
Umschlagrückseite: Richard Klein, Festball des Deutschen Jagd-
museums © Stadtmuseum München
Klappeninnenseiten: Schloss Nymphenburg mit Park, 1808
Herstellung: Kay Fretwurst, Freienbrink
Printed in Europe · ISBN 978-3-86906-605-9

Inhalt

Grußwort | Seine Königliche Hoheit
Herzog Franz von Bayern

Heuer jährt sich zum 350. Male die Grundsteinlegung von Schloss Nymphenburg und es freut mich, dass gerade jetzt dieses Buch erscheint. Ich danke den Autoren herzlich für ihre engagierte Arbeit zum Thema der Schlossgeschichte nach dem Ende der Monarchie.

Viele Generationen meiner Familie haben Nymphenburg als Sommerresidenz geschätzt. Etliche Wittelsbacher hatten hier ihren ständigen Wohnsitz, wie beispielsweise Prinz Ludwig Ferdinand, geboren 1859 und verstorben 1949, der ein »Nymphenburger« Zeitzeuge der Monarchie, der Weimarer Republik, des Dritten Reichs und der Nachkriegsjahre war. Er war als Arzt im heutigen Krankenhaus des III. Ordens in Nymphenburg tätig. Nebenbei behandelte er in seiner Wohnung im Schloss bis ins hohe Alter bedürftige Patienten unentgeltlich. Sein Sohn Adalbert, der Historiker war, widmete dem alteingesessenen Vater 1949 sein Buch »Nymphenburg und seine Bewohner«. Ludwig Ferdinands Tochter Maria del Pilar, eine Malerin, wurde hier geboren und blieb ihr ganzes Leben bis 1987 in Nymphenburg wohnen.

Von den Autoren Doris Fuchsberger und Albrecht Vorherr wird die Geschichte der Jahre 1918 bis etwa 1950 behandelt. Zum ersten Mal wird die Zeit der nationalsozialistischen Herrschaft in Nymphenburg umfassend präsentiert und es kommen dabei viele Begebenheiten ans Licht, die eigentlich schon so gut wie vergessen waren. Es wird sichtbar, wie sehr auch das Schloss Nymphenburg und seine ganze Umgebung von der NS-Herrschaft betroffen waren. Es drohte Terror, aber auch die Kräfte des Widerstands wurden spürbar. Viele bislang unveröffentlichte Bilder runden diese Dokumentation ab.

Die Entwicklung der Porzellanmanufaktur Nymphenburg im Besitz der Familie Bäuml wird dabei ebenso bearbeitet wie das Schicksal der uns noch als »Englische Fräulein« bekannten Congregatio Jesu, ihrer Schule und Kirche in der engen Nachbarschaft des Schlosses. Ihre spätbarocke Kirche wurde gegen den Widerstand der Nonnen und trotz des Einspruchs des Ordinariats gewaltsam geräumt, einschließlich der Gruft, um dem neuen Jagdmuseum Platz zu machen.

Ich wünsche dem informationsreichen Buch eine große und interessierte Leserschar weit über Nymphenburg hinaus.

Herzog Franz von Bayern

Schloss Nymphenburg, April 2014

Vorwort | **Klaus Bäumler**

Mehr als fünf Millionen Besucher kamen im Jahr 2013 in die staatlichen Schlösser, Burgen und Residenzen im Freistaat Bayern. Damit leistet die Bayerische Verwaltung der staatlichen Schlösser, Gärten und Seen einen wichtigen Beitrag zur weltweiten Imagepflege Bayerns als Kulturstaat. Eine Spitzenstellung nimmt dabei das Schloss Nymphenburg mit rund 300000 Besuchern ein, die zahllosen Spaziergänger, die sich im Nymphenburger Schlosspark bei freiem Eintritt erholen, nicht mitgezählt. Im Jahr 2014 feiert das Schloss Nymphenburg das 350. Jubiläum seiner Gründung. Die Geschichte der Baukunst, der Gartenkunst, der Wasserkunst und der wertvollen Sammlungen wird im Zentrum dieses Jubiläums stehen. Die große Palette kunsthistorischer Literatur, die den interessierten Besuchern zu Schloss Nymphenburg angeboten wird, klammert die Zeit des Nationalsozialismus und die ersten Nachkriegsjahre weitgehend aus. Die große Chance in- und ausländischen Besuchern auch zeitgeschichtliche Fakten zu vermitteln, wird bislang nicht wahrgenommen – nicht nur im Schloss Nymphenburg.

Es ist daher besonders erfreulich, dass Doris Fuchsberger und Albrecht Vorherr im Jubiläumsjahr 2014 ihre langjährigen zeitgeschichtlichen Recherchen unter dem Titel »Schloss Nymphenburg unterm Hakenkreuz« publizieren. Damit führen die Autoren den Nachweis, dass Zeitgeschichte, am authentisch-historischen Ort aufgedeckt und transparent gemacht, einen eigenen Stellenwert hat und mit den Aspekten der Kunstgeschichte konkurrieren kann. Darüber hinaus ist zu konstatieren: Politisches Lernen an historischen Orten und vor allem bei Objekten der Schlösserverwaltung kann spannend sein.

Herbert Rosendorfer hat mit seiner literarischen Collage »Nacht der Amazonen« den NS-Festpopanz des berüchtigten Christian Weber ins öffentliche Bewusstsein gerückt. Die Skrupellosigkeit dieses NS-Potentaten zeigt sich bei

9

der Realisierung des »Deutschen Jagdmuseums« im Schloss Nymphenburg. Das hemmungslose Machtstreben Christian Webers im Netzwerk des NS-Staates weist über den historischen Ort »Schloss Nymphenburg« hinaus und belegt die Dringlichkeit der Provenienzrecherche im heutigen Deutschen Jagd- und Fischereimuseum.

Als Vertreter der Historischen Stadtteilarbeit im Politischen Beirat für das NS-Dokumentationszentrum München und als Vorstandsmitglied der Freunde der Residenz München e. V. wünsche ich der Publikation einen interessierten Leserkreis.

Klaus Bäumler

München, April 2014

Einleitung | **Autoren**

Schloss Nymphenburg, die ehemalige Sommerresidenz der Wittelsbacher, war stets ein kulturelles und machtpolitisches Zentrum in Bayern. Neben der Herrscherfamilie lebte hier nicht nur der Hofstaat, sondern auch ein ganzes Heer von Bediensteten. Nach dem Ende der Monarchie, 1918, erhielten Mitglieder des ehemaligen Königshauses hier Wohn- und Nutzungsrechte, ein Teil des Schlosskomplexes wurde zum staatlichen Museum. Heute ist Schloss Nymphenburg mit seinem 229 Hektar großen Landschaftspark ein Touristenmagnet und dient darüber hinaus den Münchnern als beliebtes Naherholungsziel.

Im Laufe seiner 350-jährigen Geschichte ist eine Fülle an Literatur über Schloss Nymphenburg erschienen, die Zeit des Nationalsozialismus blieb dabei jedoch weitgehend ausgespart. Nun beleuchtet dieses Buch erstmals die Epoche zwischen 1933 und 1945.

Bei den Recherchen ergaben sich immer wieder neue, unvermutete Aspekte und geradezu exemplarisch zeigen sich hier zahlreiche Themen und Verflechtungen: die Nutzung und Vermarktung des historischen Ambientes durch Parteigrößen der NSDAP, die Installierung des Deutschen Jagdmuseums und die damit verbundene Enteignung der »Englischen Fräulein« gegen den Protest von Kirche und Denkmalschutz, eine florierende Porzellanmanufaktur und die Furcht ihrer Besitzer, die Planungen einer neuen Hochschulstadt rings um den Park, dessen Pflege und Bewirtschaftung, der Einsatz von Zwangsarbeitern, die Gründung einer Widerstandsgruppe und das Leben der Wittelsbacher während der Zeit des »Dritten Reichs«.

Auch Schloss Nymphenburg entging gegen Ende des Zweiten Weltkriegs nicht dem Bombardement der Alliierten und es waren Tote zu beklagen. Glücklicherweise konnte das Gebäude in den letzten Kriegstagen 1945 knapp der Zerstörung entgehen: Ein »Himmelfahrtskommando« entschärfte eine Sprengladung aufgrund der Initiative eines Einzelnen. Wenig später hisste der Schlossverwalter auf Befehl eines amerikanischen Offiziers die weiße Fahne auf dem Dach …

Dieses Buch endet nicht mit dem Einmarsch der US-Truppen, sondern erstreckt sich auch auf die Turbulenzen in der unmittelbaren Zeit nach Kriegsende. Zahlreiche bisher unveröffentlichte Bilder stammen aus dem Nachlass des Fotografen Hans Schürer, für deren Bereitstellung wir dessen Familie ebenso herzlich danken sowie den Zeitzeugen, die durch ihre Berichte zum Gelingen dieser Veröffentlichung wesentlich beigetragen haben.

Mit Dankbarkeit erinnern wir an jene Menschen, die diesen Ort mit seinem besonderen Charme durch die Fährnisse der Zeit führten und auch heute noch dessen Erhalt ermöglichen.

Doris Fuchsberger und Albrecht Vorherr

Nymphenburg, März 2014

Kapitel 1 | **Auftakt**

Wo vor 350 Jahren die Keimzelle des barocken Schlossbetriebs lag, lebte 1932 Reinhard Heydrich mit seiner Familie. Mit der Schlossmauer im Rücken, hinter Bauhof und Schwaige, in damals noch beinahe ländlicher Umgebung tarnte er seine Tätigkeit als »Presse- und Informationsdienst des Reichstags-abgeordneten Heinrich Himmler«.

In Wirklichkeit entwickelte er hier den Sicherheitsdienst des Reichsführers-SS (SD), einen Überwachungsapparat für innere und äußere Gegner des Nationalsozialismus.

Reinhard Heydrich in Uniform als SS-Brigadeführer mit Ehefrau Lina und Sohn Klaus in München-Nymphenburg, 1934

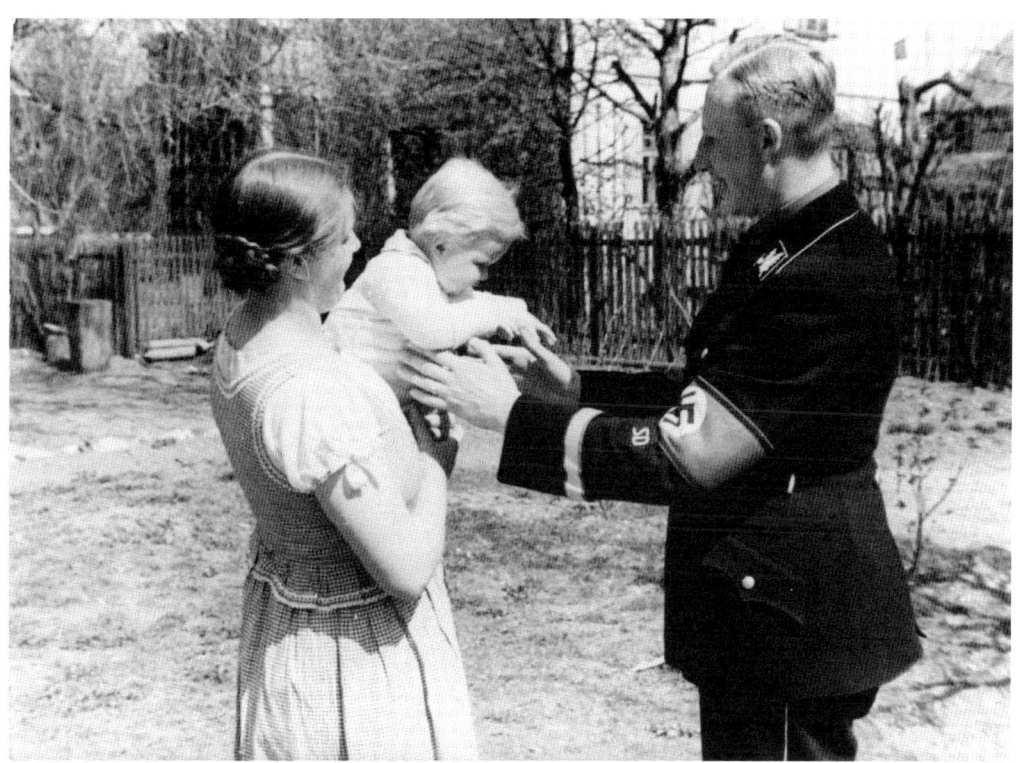

Dies ermöglichte ihm, ein beispielloses Spitzel- und Terrornetz in Deutschland und den besetzten Staaten zu leiten. Es war die Grundlage für schlimmste Verbrechen der NS-Zeit.

Seine Frau Lina notierte:

»Wir finden ein Haus in München-Nymphenburg. Es ist das vorletzte Haus einer Sackgasse, die nur einseitig bebaut ist und parallel zur Parkmauer des Nymphenburger Schloßgartens verläuft. [...] Wir treten 1932 als Mieter des Hauses auf. Alles wird auf privat frisiert. Das Haus, ein wenig in den Garten gerückt, gibt uns bei unerwarteten Besuchern die Möglichkeit, alles Belastende rechtzeitig verschwinden zu lassen. Unser Hund warnt uns rechtzeitig. Alles wird auf Sicherheit umgestellt, mein Bett zu einer Art ›Festung‹ umfunktioniert. Von unten her kann mir so leicht nichts passieren. Diese Vorsichtsmaßnahmen sind notwendig geworden, vor allem seit das Tragen der Partei-Uniformen nicht erlaubt ist und im April 1932 die SA und SS vollständig verboten worden war. Wir waren gezwungenermaßen

Die ehemalige Villa der Familie von Reinhard Heydrich in der Zuccalistraße 4 in Nymphenburg, 2013

in die Illegalität gegangen. [...] Am 1. Oktober 1932 haben wir uns in der Münchener Zuccalistraße eingemietet.«[1]

REINHARD HEYDRICH (1904–1942), der Leiter des Reichssicherheitshauptamts, verkörperte wie kaum ein anderer die für den NS-Terrorapparat charakteristische Kombination aus beflissener Effizienz, fanatischer Ideologie und kaltem Verbrechertum. Als Chefplaner der »Endlösung der Judenfrage« und Vorsitzender der Wannsee-Konferenz stand er für die Verfolgung und Vernichtung im »Dritten Reich« und über dessen Grenzen hinaus. Zur Belohnung für seinen wesentlichen Anteil an der Ausschaltung der SA-Führung beim sogenannten Röhm-Putsch erhielt er am 1. Juli 1934 den Titel eines SS-Gruppenführers.

Nach seinem unehrenhaften Ausscheiden aus der Marine hatte sich der aus Halle stammende Sohn eines Musikdozenten 1931 der NSDAP angeschlossen. Von Heinrich Himmler mit dem Aufbau eines SS-Geheimdienstes beauftragt, bescherte ihm Hitlers Machtübernahme einen rasanten Aufstieg innerhalb der Partei. Seit November 1933 führte er das SD-Hauptamt, seit August 1936 war er Chef der Sicherheitspolizei (Sipo) und deren Abteilungen (Gestapo und Kripo). Auf diese Art befehligte er ein im gesamten besetzten Europa operierendes Netzwerk aus politischen Polizeieinheiten. 1940 war er an der Formulierung des Euthanasie-Gesetzes beteiligt. Heydrich lenkte die Einsatzkommandos zur Ausrottung der polnischen Intelligenz und als »Beauftragter für die Endlösung der europäischen Judenfrage« deren Massenvernichtung. Darüber hinaus hatte er seit September 1941 den Posten des stellvertretenden Reichsprotektors von Böhmen und Mähren inne. Am 27. Mai 1942 wurde Heydrich in Prag bei einem Attentat tschechischer Agenten schwer verwundet und starb an dessen Folgen am 4. Juni 1942.

---

[1] Heydrich, Lina: Leben mit einem Kriegsverbrecher. Mit Kommentaren von Werner Maser, Pfaffenhofen an der Ilm 1976, S. 34.

Kapitel 2 | Die Wittelsbacher im »Dritten Reich«

Als »der größte Feind des deutschen Volkes«[2] wurde der Chef des Hauses Wittelsbach, Kronprinz Rupprecht von Bayern, von einem SS-Offizier bezeichnet. In diesem Satz spiegeln sich zugleich Furcht und Hass der Nationalsozialisten wider, denen es nicht gelang, die Wittelsbacher für sich und ihre Politik zu vereinnahmen. Ihre entschiedene Distanz zum Nationalsozialismus führte die Familie später in die Konzentrationslager von Sachsenhausen bei Oranienburg und Flossenbürg.

Kronprinz Rupprecht von Bayern und Ehefrau Antonie mit ihren Kindern in den 1920er-Jahren

[2]   Aretin, Erwein von: Wittelsbacher im KZ, München 1948.

Im Schloss Nymphenburg lebte der aus einer Seitenlinie der Wittelsbacher stammende Prinz Ludwig Ferdinand mit seiner Familie. Dort praktizierte er auch in seinem Beruf als Arzt. Kronprinz Rupprecht, Sohn des letzten bayerischen Königs Ludwig III., hatte seinen Wohnsitz im Leuchtenbergpalais in der Ludwigstraße in München. Der politisch präsente Rupprecht besaß große Sympathien in der Bevölkerung und wurde daher von den Nationalsozialisten sehr umworben. Nachdem alle Versuche gescheitert waren, den Kronprinzen für Hitler zu gewinnen, weitete sich die bislang geübte »Politik der kleinen Nadelstiche« aus.

Ganz im Sinne des NSDAP-Gauleiters von München, Adolf Wagner, berichtete die lokale Presse 1934: »Als wir neulich durch die Neuhauser Straße gingen, hörten wir laut jubeln und schreien. Schon dachten wir, der Führer wäre da und ihm gelte der Jubel. Doch es war Se. Kgl. Hoheit Kronprinz Rupprecht von Bayern, dem diese Rufe galten. Wir sahen Männer und Frauen in einem extatischen Zustand und doch freute uns diese Kundgebung nicht.«[3]

Eine Tochter von Kronprinz Rupprecht, Prinzessin Irmingard von Bayern, selbst Opfer des nationalsozialistischen Vernichtungswillens, berichtet in ihren Erinnerungen: »Es wurde auch das Adelsverbot für den Militärdienst ausgegeben, wonach alle adeligen Familienmitglieder vom Heer entlassen wurden, nachdem ein Kaiserenkel, [Prinz] Oskar von Preußen, gefallen war und ihm vom Volk viel Ehre erwiesen wurde.«[4] Dieser sogenannte Prinzenerlass war 1940 Hitlers Reaktion auf die 50000 Trauernden in Berlin – die größte nicht organisierte Versammlung, die jemals im »Dritten Reich« zustande gekommen war. Prompt wurde daraus propagandistisches Kapital geschlagen: In der Trambahn nach Nymphenburg war regelmäßig ein bezahlter Agitator zu erleben, der in seinen Tiraden den Wittelsbachern vorwarf, sich vor dem Kriegsdienst zu drücken.

[3] »Nymphenburger Zeitung/Neuhauser Nachrichten« vom 1. März 1934.
[4] Irmingard, Prinzessin von Bayern: Jugend-Erinnerungen. 1923–1950, St. Ottilien 2000.

Der Kronprinz verhielt sich grundsätzlich neutral, nahm nicht an Wahlen teil und weigerte sich, seinen Münchner Stadtwohnsitz, das Leuchtenbergpalais, mit der Hakenkreuzfahne zu versehen. Wiederholt wurde diese Unterlassung rüde beanstandet. Als die nächste »freiwillige Beflaggung« anstand, versuchten Beauftragte der Gauleitung in das Gebäude einzudringen, um eine mitgebrachte Fahne zu hissen. »Als man sie, mit einem Hinweis auf den geplanten Hausfriedensbruch abwies, erschien nach einiger Zeit die Feuerwehr mit großen Steigleitern und befestigte an den Schneegittern des Daches die Fahne des deutschen Unheils.«[5] Für die Zuschauer war es vordergründig ein Gaudium, Rupprechts Rückhalt in der Münchner Bevölkerung wuchs jedoch in dem Maß, wie sich diese Episode herumsprach, denn erst jetzt erfuhr man, dass er niemals beflaggt hatte.

Als im August 1939 der »Harnier-Kreis«, eine monarchistische Widerstandsgruppe, zerschlagen wurde, brachte man Kronprinz Rupprecht mit deren Bestrebungen in Verbindung, weshalb er von der Gestapo zweieinhalb Stunden verhört wurde. Obwohl ihm nichts nachzuweisen war, wurde kurz darauf sein gesamtes Vermögen und sein letzter Zufluchtsort, Schloss Leutstetten, von seinem persönlichen Feind Gauleiter Adolf Wagner beschlagnahmt.

Erst nach zwei Jahren gelang es, kleine Summen für den Unterhalt der Familie aus dem beschlagnahmten Vermögen freizubekommen, die allerdings nicht für den Lebensunterhalt ausreichten. Eine Einladung durch König Vittorio Emanuele III. von Italien diente Rupprecht als Vorwand, Deutschland verlassen zu können. Als Exil diente ihm Florenz, später Rom. Seine Frau, Kronprinzessin Antonie, wählte wegen der zweisprachigen Erziehung ihrer Kinder einen Aufenthalt in Brixen. Die Ausreiseerlaubnis wurde ihr allerdings erst nach großen Schwierigkeiten erteilt. Beim Grenzübertritt am Brenner verhöhnten SS-Soldaten die Familie: »Ihr gehört alle längst schon erschossen!«[6]

[5] Aretin, Erwein von: Wittelsbacher im KZ, München 1948.
[6] Ebd.

Die Familie seines Sohnes Albrecht suchte mit den Kindern Zuflucht in Ungarn. Dort wurde sie unmittelbar nach dem Attentat vom 20. Juli 1944 von der Gestapo verhaftet. Zwölf Kinder und sieben Erwachsene wurden ins Konzentrationslager gebracht. Bis zuletzt waren sie Geiseln der Gestapo, ihre geplante Ermordung misslang, am 28. April 1945 wurden sie befreit.

Wittelsbacher Ausgleichsfonds

Nach dem Ende der Monarchie wurde 1923 ein Vermögensausgleich zwischen der Familie Wittelsbach und dem Freistaat Bayern geschaffen. Der Wittelsbacher Ausgleichsfonds ist eine Stiftung des öffentlichen Rechts. In das Stiftungsvermögen wurden Kunstschätze und Sammlungen aus dem Privatvermögen der Familie sowie Liegenschaften überführt. Dazu gehören die bis 1918 von der Königsfamilie genutzten Schlösser. Dies ist der rechtliche Hintergrund der Wohn- und Nutzungsrechte innerhalb Schloss Nymphenburgs.

Kurzporträts

RUPPRECHT VON BAYERN (1869–1955), der älteste Sohn von König Ludwig III., Bayerns letztem Monarchen, war eine prägende Gestalt in der neueren bayerischen Geschichte. Als Symbolfigur für Bayerns Eigenständigkeit wurde er zeitlebens mit »Kronprinz Rupprecht« tituliert.

Rupprecht stieg innerhalb der Armee rasch auf und nahm im Rang eines Generalfeldmarschalls, später als Oberbefehlshaber der vorwiegend aus Bayern bestehenden 6. Armee, aktiv am Ersten Weltkrieg teil. In jungen Jahren machte er ausgedehnte Reisen, die wissenschaftlichen Exkursionen glichen. Seine Aufzeichnungen mit ausgewählten Fotografien wurden zu Beginn der 1920er-Jahre in einem dreibändigen Werk veröffentlicht. Die Beschreibungen zeigen seine umfassenden Interessen, die Kunst und Kunstgeschichte, Literatur, Ethnografie, Rechtsprechung, Militärwesen und Volkswirt-

Kronprinz Rupprecht um 1930

schaft sowie die sozialen Verhältnisse der besuchten Länder umspannten.

Obwohl er seinen Thronanspruch durch die Einführung der Münchner Räterepublik verloren hatte, war er der Hoffnungsträger monarchistischer Kreise. Er beteiligte sich 1932/33 an den Versuchen einer Regierungsbildung – mit dem Ziel, die Machtergreifung Hitlers abzuwehren. Durch seine Aversion gegen die zentralistische NS-Diktatur wurde er zur persona non grata, was ihn 1939 zwang, sich ins Exil nach Italien zu flüchten. Seine Familie überlebte diese Zeit, wurde jedoch nach dem Stauffenberg-Attentat in Sippenhaft genommen und nacheinander in verschiedene Konzentrationslager verschleppt. Auch nach dem Zweiten Weltkrieg war er in Bayern hochgeachtet, vermied es jedoch, direkten Einfluss auf die Politik zu nehmen. Er galt als herausragender Kunstkenner und Sammler. 1955 wurde er mit königlichen Ehren in der Familiengruft des Hauses Wittelsbach in der Münchner Theatinerkirche beigesetzt. Sein Sohn Albrecht nahm für sich und seine Nachfolger den Titel Herzog von Bayern an.

Prinz Ludwig Ferdinand von Bayern (1859–1949) war Sohn des Prinzen Adalbert von Bayern und der Infantin Amalie von Spanien. Nach Studienjahren in Heidelberg und München promovierte er über die »Vergleichende Anatomie der Zunge«. Im Ersten Weltkrieg stand er der Chirurgischen Abteilung des Münchner Garnisonslazaretts als Stationschef vor und leitete das Fürsorgelazarett. Auch während der Revolutionszeit übte er unangefochten seine ärztliche Tätigkeit in München weiter aus. Neben seinem Beruf betätigte er sich als Musiker und Komponist. Bereits in der Räterepublik war Angehörigen des Hauses Wittelsbach auch für die Zeit nach 1918 ein dauerndes Wohnrecht in zentralen Gebäudetrakten von Schloss Nymphenburg vertraglich zugesichert worden. Dort praktizierte Prinz Ludwig Ferdinand als Arzt für Chirurgie und Gynäkologie häufig sogar kostenlos. Seit 1883 mit der spanischen Infantin, Maria de la Paz, verheiratet, war er Ehrenchirurg der königlich-spanischen Akademie und General des medizinischen Corps der königlich-spanischen Armee. Automobilbegeistert trug er maßgeblich zu Förderung des Automobilsports in Deutschland (ADAC) bei. Er wohnte mit seiner Familie mit kurzen Unterbrechungen während der gesamten NS-Zeit in Schloss Nymphenburg und hatte drei Kinder: Ferdinand Maria, Adalbert und Maria del Pilar.

Prinz Ludwig Ferdinand lebte mit seiner Familie während der gesamten NS-Zeit im Schloss. Aus einer Nebenlinie stammend, blieb er vom Konzentrationslager verschont.

PRINZ ADALBERT VON BAYERN (1886–1970), der in Schloss Nymphenburg geborene Historiker, Autor und Diplomat war ein Urenkel König Ludwig I. von Bayern. Nach dem Abitur wurde er Offizier und diente im Ersten Weltkrieg an der Front und im Generalstab. Nach Kriegsende studierte er Geschichte an der Ludwig-Maximilians-Universität in München und schloss mit einer Promotion ab. In der Folge veröffentlichte er zahlreiche Bücher zu historischen Themen. Beim Ausbruch des Zweiten Weltkriegs wurde er reaktiviert und war als Major Adjutant bei Generalfeldmarschall Ritter von Leeb tätig. Aufgrund des sogenannten Prinzenerlasses musste er 1941, wie alle Angehörigen ehemals regierender Fürstenhäuser, auf Befehl Hitlers als »wehrunwürdig« aus dem Dienst der deutschen Wehrmacht ausscheiden. Das Ende des Kriegs erlebte er in Schloss Hohenschwangau. 1945 wurde er von der US-Militärregierung mit dem Aufbau des Bayerischen Roten Kreuzes beauftragt. Adalbert war seit 1950 Präsident der Deutsch-Hispanischen Gesellschaft in München und wurde 1952 von Konrad Adenauer zum deutschen Botschafter nach Spanien berufen. Er baute die deutsche Vertretung in Madrid auf und schied 1956 aus diesem Amt aus.

Seine Schwester, Prinzessin Maria del Pilar von Bayern (1891–1987), war Malerin und lebte und arbeitete ebenfalls in Nymphenburg.

Malerin und Historiker: die Geschwister Maria del Pilar und Adalbert von Bayern

Kapitel 3 | **Nymphenburg wird aufgeputzt**

Nach dem Ende des Ersten Weltkriegs und dem Ende der Monarchie in Bayern wurden zur Bewirtschaftung von Schloss Nymphenburg nur geringe Summen bereitgestellt. Zwar hatte man dem Hause Wittelsbach noch Wohnrechte in verschiedenen Gebäudeteilen eingeräumt, für den Bauunterhalt waren nun jedoch ausschließlich staatliche Stellen zuständig. Die Notwendigkeit, hier zu investieren, erachtete man in der Zeit der Weimarer Republik als nicht besonders dringend. Der Etat beschränkte sich »aufgrund vorgenommener Kürzungen«[7] auf kleinere Baumaßnahmen und Instandsetzungen.

Dies änderte sich kurz nach der Machtübernahme Hitlers. Am 1. Juni 1933 trat das »Gesetz zur Verminderung der Arbeitslosigkeit« in Kraft, auch kurz als »Reinhardt-Programm« (nach Fritz Reinhardt) bezeichnet. Unter dem Motto »Hilfe zur Selbsthilfe« wurden verstärkt Aufträge im Bereich des öffentlichen Hochbaus an private Firmen vergeben, um damit den großen Anteil der Arbeitslosen aus dem Baugewerbe wieder in Anstellung zu bringen. Daneben gab es die »Pflichtarbeit für Wohlfahrtserwerbslose«. Mit einer restriktiven Politik versuchte das Münchner Wohlfahrtsamt als »arbeitsscheu« klassifizierte Langzeitarbeitslose zu beschäftigen. »Neben Pflichtarbeit und Unterstützungssperren wies das Wohlfahrtsamt in großem Umfang als ›Asoziale‹ denunzierte männliche Arme in das KZ Dachau ein, das als Arbeitsanstalt für Zwangsarbeiten anerkannt war.«[8]

Von 1933 bis 1939 wurden insgesamt 5,3 Milliarden Reichsmark (RM) an staatlichen Geldern für das »Reinhardt-Programm« ausgegeben.

---

[7] StAM SGSV 521 (Jahresbericht von 1932).
[8] Gruner, Wolf: Öffentliche Wohlfahrt und Judenverfolgung, München 2002.

Fritz Reinhardt (1895–1969) wurde bereits 1923 NSDAP-Mitglied, 1926 Ortsgruppenleiter von Herrsching (Oberbayern) und ab Anfang 1928 bis Ende 1930 Gauleiter von Oberbayern. 1930 wurde Reinhardt Reichspropagandaleiter der NSDAP und Abgeordneter im Reichstag. Daneben war er von 1928 bis 1933 Leiter der Rednerschule der NSDAP, die in dieser Zeit rund 6000 Parteigenossen schulte.

Im August 1933 erfolgte die Berufung zum Staatssekretär im Reichsfinanzministerium, wo er ein Sonderprogramm zur Bekämpfung der Arbeitslosigkeit mit fiskalischen Mitteln entwickelte, aber auch für die Finanzierung von Aufrüstung und Wehrmacht zuständig war. 1934 wurde er Vorsitzender des Ausschusses für Finanz- und Steuerrecht an der Akademie für Deutsches Recht und 1935 Leiter des Referats Finanzpolitik im Stab »Stellvertreter des Führers«. Darüber hinaus war er Mitglied des Aufsichtsamts für Kreditwesen und der Deutschen Diskontbank. In den Jahren 1941/42 war er im Aufsichtsrat der AG Reichswerke »Hermann Göring« und 1942/43 mit der Abrechnung der bei der Judenvernichtung geraubten und an die Reichsbank abgelieferten Wertgegenstände, inklusive Zahngold, tätig. Ab 1945 saß er in alliierter Haft, wurde 1949 als Hauptschuldiger eingestuft und zu vier Jahren Arbeitslager verurteilt. Im Berufungsverfahren Ende 1949 wurde das Urteil bestätigt, die Strafe aber auf drei Jahre reduziert, wobei seine bisherige Internierung angerechnet wurde. Er arbeitete danach als Steuerberater.

Generalsanierung für den großen Einsatz

Nach Jahren des Stillstands profitierte besonders die Schloss- und Gartenverwaltung (SGV) Nymphenburg vom sprudelnden Geldsegen durch das neue Regime. Die Wittelsbacher Sommerresidenz sollte neuen, großen Zielen dienen. Systematisch wurde im Laufe von vier Jahren der gesamte Schlossbesitz instandgesetzt.

»Neben vielen kleinen Unterhaltungsarbeiten«[9] wurde als erste wichtige Maßnahme schon 1933 sämtliche verwitterten

[9] StAM SGSV 521.

Fensteranstriche der Hauptfassaden des Schlosses erneuert. Die bereitgestellten Mittel in Höhe von 12 200 Reichsmark ermöglichten darüber hinaus die Teilerneuerung der Druckwasserleitung für die Trinkwasserversorgung im Hirschgartenbrunnhaus und die Reparatur der Pumpanlage im Grünen Brunnhaus. Am Kavalierbau wurden Gehsteige verlegt und an der Kaskade die Uferschutzmauern überholt.

Von November 1933 bis Ende Februar 1934 und im Winter der Folgejahre 1935 und 1936 wurden auch in Nymphenburg »90 bis 100« sogenannte Wohlfahrtserwerbslose eingesetzt. Sie verrichteten »Pflichtarbeit für sehr wertvolle Bodenverbesserungs- und sonstige Arbeiten bei außerordentlich geringem Aufwand an Mitteln«.[10]

Die SGV Nymphenburg beschaffte für diese Knochenarbeit in winterlicher Kälte eigens »50 Schaufeln, 20 Pickel, 20 Grabgabeln, 5 Wurfgitter und 5 Schubkarren«.[11] Die Verpflegung war äußerst dürftig. Der örtliche Verwaltungschef Max Diermayer beantragte einen staatlichen Verpflegungszuschuss »für die Pflichtarbeiter mit Suppe und Brot im Werte von 0,15 RM[12] für Tag und Mann«. Das »Kloster Nymphenburg«, also die »Englischen Fräulein«, erklärte sich bereit, »die Verpflegung in der angegebenen Weise zu übernehmen«.[13] Verpflegt wurde wirklich mit »außerordentlich geringem« finanziellem Aufwand: Während diese Menschen für 15 Pfennige ihre Suppe bekamen, wurden wenige Jahre zuvor, 1930, allein »für das Halten eines Wachhundes täglich 50 Pfennig verausgabt«.[14]

Mit der Machtübernahme Hitlers scheint auch der reguläre staatliche Etat aufgestockt worden zu sein. So konnten »aus laufenden Haushaltsmitteln«[15] 1933/34 zahlreiche weitere Arbeiten ausgeführt werden. Dies waren die »Instandsetzung

---

[10] Ebd.
[11] Ebd.
[12] Nach heutiger Kaufkraft handelt es sich um 55 Cent.
[13] StAM SGSV 525 (Schreiben vom 13. Januar 1936).
[14] StAM SGSV 525.
[15] StAM SGSV 521.

(1) Mittelbau (2) Königsbau (3) Knabenbau (4) Küchenbau (5) Nördlicher Kavalierbau (6) Östlicher Kavalierbau (mit Stallhof) (7) Schwaigebau mit Schmiedehof (8) Bauhof (9) Kronprinzenbau (10) Kapellenbau (11) Gardemeublebau (12) Orangeriebau (13) Klosterbau mit Institutsgebäuden der »Englischen Fräulein« (14) Maria-Ward-Straße (15) Institutsgebäude und Schule der »Englischen Fräulein« (16) Amalienburg (17) Badenburg (18) Kaskade (19) Pagodenburg (20) Magdalenenklause (21) Gärtnerei (22) Porzellanmanufaktur Nymphenburg

(historische Ansichtskarte aus den 1930er-Jahren)

an den Dächern der Schlossbauten, Erneuerung der Außenwände des Schmiedehofs, Einbauten von feuersicheren Türen an den Speichereingängen der Hauptbauten, Ausführung von neuen Brandmauern im Dachraum beim Bauschreiberturm, Kasernenbau und im Nebengebäude der Badenburg, Fassadenputzerneuerung an der Westseite des Dienstwohngebäudes des Maria-Ward-Straße 3a,[16] Erneuern des Fußbodens im Erdgeschoß der westlichen Orangerieabteilung in Kleinsteinpflaster und Betonplatten, Fortsetzung der Schindelerneuerung auf dem grünen Brunnhaus, Vollendung und Erneuerung des Lärchenschindeldaches auf der Amalienburg«.[17] Bei der Neueindeckung wurde generell darauf geachtet, sie mit »aufgerauhten Ziegeln, die in kurzer Zeit die gewünschte Patina selbst annehmen«[18], zu versehen.

[16] Heute umnummeriert zu Maria-Ward-Straße 1d und als Gelbes Haus bezeichnet.
[17] StAM SGSV 521.
[18] »Münchener Neueste Nachrichten« vom 3. Juli 1934.

26

Auch eine für den Publikumsverkehr wichtige Neuerung kam hinzu: der »Einbau von getrennten öffentlichen Abortanlagen für Frauen und Männer unter der westlichen Freitreppe des Hauptbaues«.[19] Die historische Durchfahrt mit ihrer Säulenhalle sollte in ihrer »ursprünglichen Schönheit wieder erstehen«.[20] Die »angrenzenden altertümlich-behaglichen Räume«[21] nahmen die »vereinigte Verwaltung von Schloß und Park«[22] für die kommenden sieben Jahrzehnte auf.

1934/35 wurden die Arbeiten mit einem finanziellen Gesamtvolumen aus dem »Reinhardt-Programm« in Höhe von 132 700 Reichsmark ausgestattet und weiter forciert. Im offiziellen Jargon hieß es, dass Schloss und Park »für kommende Ereignisse aufgeputzt«[23] werden sollten. Hier würde gezeigt werden, dass sich die neuen Machthaber in die Tradition des Mäzenatentums der Wittelsbacher einzureihen wüssten.

In der Folge erhielten alle Bauten (mit Ausnahme der nur grotesk teilverputzten Magdalenenklause) einen neuen Anstrich in abgetöntem »charakteristischen Weiß«.[24] Um die kostbaren Innenräume vor Licht zu schützen, wurden für das Schloss und die Parkburgen Sonnenschutzvorhänge angeschafft. Die umlaufende kilometerlange Parkmauer und sämtliche Wege wurden instandgesetzt, Bauplastiken und Parkfiguren restauriert beziehungsweise erneuert. Als damals vielversprechende Konservierungsmethode wurden »die Sockel der Marmorfiguren und Ziervasen in den Parterres mit einer Mischung aus Paraffin und Leinöl durchtränkt«.[25]

Die örtliche Presse äußerte sich lobend über die Zusammenarbeit der zuständigen Stellen: »Dank des verständnisvollen Zusammenwirkens der Krongutsverwaltung und Städtischem

[19] StAM SGSV 521.
[20] »Münchener Neueste Nachrichten« vom 3. Juli 1934.
[21] Ebd.
[22] Ebd.
[23] »Nymphenburger Zeitung / Neuhauser Nachrichten« vom 5. Juli 1934.
[24] »Münchener Neueste Nachrichten« vom 3. Juli 1934.
[25] »Münchener Zeitung« vom 9. August 1934.

Bauamt wurde die grandiose und fast einzig dastehende Stätte des Nymphenburger Schlosses [...] durch umfangreiche Erneuerungsarbeiten in den Lichterglanz der ästhetischen Formvollendung versetzt. [...] So wurden neben der Anstricherneuerung des mächtigen Schlosskomplexes die zahlreichen Büsten durch denselben Marmor instand gesetzt, der den erstinstanzlichen Bauherrn diente. Der seit langer Zeit brach liegende Marmorbruch bei Tegernsee, der einstens den bayerischen Herzögen gehörte [...] wurde neuerdings die Quelle der Zusatz- und Ausbesserungsstücke, so dass kein ›fremdes Blut‹ in die marmornen Adern gegossen wurde. Die Amalienburg, die Badenburg, der Apollotempel und die Pagodenburg erhielten gleichfalls neuen Anstrich und die Belebung nach obigen Grundsätzen. [...]. Auch die Umfassungsmauern des Parks wurden ausgebessert oder erneuert, die Wege aufs Sauberste hergerichtet.«[26]

Verbreiterung der Ludwig-Ferdinand-Brücke 1938. Der Verkehrsweg diente als Autobahnzubringer. Die damit verbesserte Infrastruktur war für die Vermarktung des Schlosses günstig.

[26]   »Nymphenburger Zeitung / Neuhauser Nachrichten« vom 5. Juli 1934.

Bei der heute allgegenwärtigen Verknappung der Finanzen klingt der Katalog der weiteren ausgeführten Renovierungsmaßnahmen für heutige Denkmalpfleger wirklich märchenhaft:

»Zur Vollendung der Neueindeckung von Dächern im Bereiche des Schlosses wurde ein Restbetrag von 10000 RM aus dem Reinhardt-Programm zur Verfügung gestellt. Neueingedeckt wurde die Südseite des Orangeriebaues, ferner die Ostseite mit den anschließenden Holmen des Küchenbaues. Ferner wurde ein Zuschuss von 50000 RM aus dem Reinhardt Programm gewährt für die Teil-Erneuerung und Instandsetzung der Hofgartenmauer. Außerdem wurden aus dem Reinhardt-Programm 60000 RM zur Instandsetzung der Schlossfassaden zur Verfügung gestellt, die zur Erneuerung der Süd- und Nordfassaden des Mittelbaues, der Ost- und Westfassade des Königsbaues, der Ost-, Süd- und Nordfassade des Kronprinzenbaues, der Ost- und Südfassade des Kapellenbaues, ferner der Ost- und Südseite des Küchenbaues und der Ost- und Nordfassade des Gardemeublebaues verwendet wurden.«[27]

Tegernseer Marmor für Schloss Nymphenburg (hier die Westfassade, 2013), damit kein »fremdes Blut in die marmornen Adern gegossen« würde.

[27] Ebd.

Der Katalog lässt sich noch um Maßnahmen in Höhe von 12 700 Reichsmark erweitern: »Feuersicherer Diara-Estrichbelag auf dem Speicherboden des Mittelbaues, Einrichtung der elektrischen Beleuchtung im Nebengebäude der Pagodenburg, Fortsetzung der Erneuerung der Ufermauern am Unterwasserkanal des Johannesbrunnwerkes, Abdeckung der Uferschutzmauern am oberen Bassin auf der Westseite und der kreisförmigen Mauer um die Fontaine mit Tuffsteinen.«[28]

Zur Instandsetzung der Dächer auf den Schlossbauten, Vollendung der Arbeiten an den Außenwänden des Schmiedehofs, Neubeschaffung von drei Prunklaternen für die östliche Freitreppe und die Fortsetzung und Erneuerung des Lärchenschindeldaches für das Dach der ehemaligen Menagerie konnten zur Abwechslung laufende Mittel herangezogen werden.

Die leitenden Beamten empfanden den jahrelangen Geldsegen wohl ambivalent. Lapidar äußert ein nicht namentlich bezeichneter Autor im nächsten Jahresbericht zum Zeitraum vom 1. April 1935 bis 31. März 1936: »Die Bauunterhaltung war im abgelaufenen Haushaltsjahr eine umfangreiche.«[29]

Auch kleinere Renovierungsarbeiten, wie die partielle Erneuerung der Dachschindeln auf der Magdalenenklause und umfangreiche Tünchungen in Innenbereichen, wurden in diesem Zeitraum getätigt. Daneben trug die SGV Nymphenburg sogar die Instandsetzungs- und Umbaumaßnahmen für die Unterbringung der Nymphenburger Ortsgruppe der NSDAP im ehemaligen Küchenbau.

Im Jahr darauf, vom 1. April 1936 bis 31. März 1937[30] wurden »außer vielen kleinen Unterhaltungsarbeiten« nochmals größere Instandhaltungsmaßnahmen durchgeführt. So wurden die Fassade der Amalienburg renoviert und die vier Vasen aus Kunststein auf der Brücke zur Pagodenburg erneuert.

Die Bedienstetenwohnungen im Kasernen-, Schmiede-

[28] StAM SGSV 521.
[29] StAM SGSV 521 (Jahresbericht vom 1. April 1934 bis 31. März 1935).
[30] StAM SGSV 521.

und Westlichen Ökonomiebau erhielten Gaszuleitungen, im Küchen- und Kavalierbau wurden Zinkleitungen für die elektrische Beleuchtung ausgetauscht und am Werkstätten-gebäude im Bauhof wurden Dachstuhl und Dacheindeckung erneuert. »Größere Tünchungsarbeiten« fanden in den Treppenhäusern und Mietwohnungen statt.

Die hauptsächlich mithilfe des »Reinhardt-Programms« erfolgte Gesamtsanierung von Schloss, Park und allen Nebengebäuden endete 1937.

Cuvilliés-Design in kosten-günstigem Betonguss: Ziervasen an den Brücken zur Pagodenburg, 2013

Kapitel 4 | Münchens eigentlicher Machthaber: Christian Weber

Als Duzfreund Hitlers, der mit ihm 1923/24 die Festungshaft in Landsberg am Lech geteilt hatte, nahm der gebürtige Mittelfranke Christian Weber (1883–1945) eine Sonderstellung ein, die ihm eine erstaunliche, wenn auch auf München begrenzte Macht ermöglichte. Aus einfachen Verhältnissen stammend, arbeitete er zuerst als Pferdeknecht, später handelte er auch mit Rössern. Nach seinem Eintritt in die NSDAP im August 1921 zählte Weber bald zu deren wenigen hauptamtlichen Angestellten. Er war Saalordner bei Schlägereien, die die Parteiversammlungen häufig begleiteten, Mitglied der SA und des »Stoßtrupp Hitler«, der späteren SS. Wegen Körperverletzung und Raub in Zusammenhang mit nationalsozialistischen Aktionen stand Weber in den Jahren vor 1933 genau 152 Mal vor Gericht.

Seine Beziehungen zu Hitler und zur Parteispitze nutzte dieser Inbegriff eines NS-Bonzen für seine privaten Pläne und Geschäfte. Der Münchner Stadtrat setzte sich seit Mitte 1933 nur noch aus nationalsozialistischen Mandatsträgern zusammen. Weber wurde bereits 1926 in den Münchner Stadtrat gewählt. Dort stieg er nach der Machtübernahme Hitlers zum NSDAP-Fraktionsführer auf. In dieser Position setzte er das »Führerprinzip« auf kommunaler Ebene um und stand dem Wirtschaftsreferat vor. Nach einer innerfraktionären Handlungsrichtlinie waren Wortmeldungen durch die Stadträte nur mit Webers Einverständnis möglich. In der Münchner Bevölkerung war der »Lebemann in Lederhosen«[31] aufgrund seiner Brutalität, Habsucht und Bestechlichkeit verhasst und gefürchtet. Berichte von Trinkgelagen und Orgien steigerten die Abscheu.

Weber häufte Präsidententitel an. So war er Präsident des »Kreistags Oberbayern«, des »Rennvereins München-Riem«, des Deutschen Jagdmuseums, des Kuratoriums für »Das Braune Band von Deutschland«, des »Vereins Ausstellungspark«

---

[31] Large, David Clay: Hilters München. Aufstieg und Fall der Hauptstadt der Bewegung, München 1998.

Christian Weber, 1934

und sogar Ehrenpräsident der »Fachschaft bayerischer Gebirgs-
schweißhunde«. Christian Weber leitete ein Pferdesportimperi-
um, das ihm Zugriff auf zahlreiche Gestüte mit den dazuge-
hörigen Ländereien in der Umgebung Münchens wie Daglfing,
Riem, Dornach, Percha und Leutstetten ermöglichte. Auch im
»Internationalen Kongress für Vollblutzucht und Galoppsport«
und beim »Wirtschaftsbund Deutscher Rennstallbesitzer« war
er tätig. Daneben war er Leiter der Gestütshöfe Isarland, Inspekteur der SS-Reitschulen und saß im Verwaltungsrat der

33

Kammerspiele. Darüber hinaus übernahm Weber 1934 das Veranstaltungsbüro der Stadt München, initiierte die Gründung des Deutschen Jagdmuseums, die Rennwoche Riem und die »Nacht der Amazonen« im Schlosspark Nymphenburg.

Mit den Jahren häufte Weber ein Millionenvermögen an, das sich auch aus der »Arisierung« jüdischer Immobilien bildete. 1943 erhielt er von Hitler eine Dotation von 50 000 Reichsmark. Besonders profitierte er von seinen Anstrengungen, München als Fremdenverkehrsstadt noch attraktiver zu gestalten. So übernahm er 1936 die Organisation der Olympischen Winterspiele in Garmisch-Partenkirchen. Kurz nach der Machtübernahme der NSDAP hatte er seinen Wohnsitz dreist in die Münchner Residenz mit der stolzen Adresse »Kaiserhof«[32] verlegt. Auch in den Kriegsjahren konnte Weber seinen mittelbaren Grundbesitz erweitern. Dienstreisen ins besetzte Frankreich nutzte er, um Pferde für seinen Bestand zu beschlagnahmen.

Am 28. April 1945 wurde Weber von Mitgliedern der »Freiheitsaktion Bayern« verhaftet, kurz darauf von der SS wieder befreit. »Wutschnaubend ließ er den Hausinspektor Scharrer des Münchner Rathauses, dessen Mitwirkung bei Webers Verhaftung nur darin bestand, dass er die militärische Wache zu Weber führte und diesen von dem Haftbefehl verständigte, verhaften und setzte bei der Gauleitung die Erschießung Scharrers ohne vorherige Vernehmung durch. Das ist die letzte Tat seines Lebens, das nur aus Schweinereien besteht, das Leben eines Nazibonzen, der vom Roßknecht zu den höchsten Ämtern der Partei und zum Stadtrat emporstieg.«[33] Zwei Tage später geriet er in amerikanische Gefangenschaft. Auf der Überführungsfahrt ins Lager Heilbronn schlug der Anhänger des US-Lastwagens um und begrub Weber zusammen mit einigen anderen Gefangenen. Mit eingedrücktem Brustkorb lag er tot am Straßenrand. In Heilbronn wurde am nächsten Tag ein Massengrab ausgehoben, in dem auch Weber namenlos verschwand.

[32] Offizieller Einzug am 15. November 1933 (StadtAM Bestand Meldekarten, Christian Weber).
[33] StadtAM Stadtchronik 1945.

Kapitel 5 | Aus der Nutzungsgeschichte des Nymphenburger Schlosses bis 1939

Als Ort für kulturelle Darbietungen und politische Feiern wurden sowohl der Park wie auch die historischen Innenräume – hier besonders der zentrale Festsaal – auch nach dem Ende der Monarchie kontinuierlich genutzt. Neben fortgesetzter Umnutzung wurde die Tradition von Sommerkonzerten in der Kulisse des Parks gepflegt. Die ehemalige Sommerresidenz der Wittelsbacher faszinierte durch ihr geschichtsträchtiges und festliches Ambiente.

1931

Bereits in der Zeit der Weimarer Republik fanden im Schlosspark auch Rokokofestspiele statt. Die davon erhaltenen Fotografien zeigen verschiedene Ensembles kostümiert vor

Rokokofest vor der Badenburg 1931. Hitlers Schauspiellehrer führte Regie.

35

der Badenburg. Das Programmheft nennt Ort und Zeit: »Ein Vormittag im Frühling anno 1734, im Park des Nymphenburger Schlosses.« Akteure waren Kurfürst Karl Albrecht (Tenor) und die Hautevolee des Münchner Rokoko: »Comtesse de Lespilliez, Effner, Cuvilliés, Dall'Abaco, […] Hofdamen und Kavaliere der Hofgesellschaft. Nymphen-Amoretten-Zwerge«. Im Titel heißt es: »Rokoko in Nymphenburg. Kulturhistorisches Lustspiel für Freilichtbühne. Dichtung und Musik Fritz Hacker. Dem Gesangverein Nymphenburg von 1861 zugeeignet zum 70. Stiftungsfest 1931.«[34]

Prinz Ludwig Ferdinand und dessen Schwestern Elvira und Clara, die stark am Leben im Stadtteil Nymphenburg teilnahmen, ehrten die Premiere am 21. Juni 1931 mit ihrer Anwesenheit. Das Stück erhielt ausgezeichnete Kritiken und wurde insgesamt sechsmal aufgeführt. Regisseur war der ehemalige Hofschauspieler Fritz Basil. Er unterrichtete zahlreiche Schauspielschüler, unter anderem Heinz Rühmann. Gleichzeitig vermittelte er Adolf Hitler die Grundlagen von Mimik, Gestik und Rhetorik.

1932

In diesem Jahr gab es vermehrt sommerliche Theateraufführungen in Schloss und Park. Die Staatstheaterverwaltung berichtete, dass von dem Goethe-Spiel »Die Laune des Verliebten« neun Vorstellungen im Steinernen Saal des Schlosses und neun vor der Badenburg stattfanden.

Zum »Magdalenenfest«, am 24. Juli, wurde ein »Kornährentag« gefeiert. Gebirgstrachtenvereine, das Staatsopernballett und Streichquartette traten auf, den Abschluss bildete ein Volksfest im Park, die Schlossfassaden wurden mit Scheinwerfern angestrahlt, man zählte 2500 bis 3000 Besucher. Auf Kritik stießen dabei die »Bierbuden«, deren Nähe zum Schloss als würdelos empfunden wurde.

Die Generaldirektion der Bayerischen Staatstheater veranstaltete Freilichtspiele im Schlosspark und im Mittelsaal

---

34 StAM SGSV 292.

36

des Schlosses. Bei Darbietungen zwischen der Badenburg und dem See fand eine intensive Nutzung der Badenburg als »Regenschirm« statt: Garderoben in den fürstlichen Appartements im Obergeschoss, Podien und Stühle (Löwenbräu) im Keller. Genehmigt wurden 400 Steh- und 500 Sitzplätze. Voranzeigen der Bayerischen Staatstheater kündigten »Sommerspiele in Nymphenburg« an. »Volkstümliche Preise«[35] begannen ab 50 Pfennig für den Stehplatz, Sitzplätze waren ab 1 Reichsmark zu haben.

Die Kanalschifffahrt wurde im Sommer zugunsten von Vorführungen eingeschränkt, die von Rettungsschwimmern des »Arbeiter-Wasser-Rettungs-Dienstes« im Kanalkessel dargeboten wurden. Dafür stand der Kanal vom Waisenhaus bis zur Gerner Brücke zur Verfügung.

1933

Der Bayerische Rundfunk übertrug ein Militärkonzert mit 50 Bläsern der SA. Bei schönem Wetter sollte es ein Platzkonzert im Park sein, als Schlechtwettervariante war eine Aufführung im Steinernen Saal vorgesehen. Eine weise Entscheidung sah vor: »Im letzteren Fall soll ein Sturm SA-Leute zum Zwecke der Schalldämmung im Saale aufgestellt werden.«[36]

Im heutigen Marstallmuseum befand sich zwischen 1922 und 1930 eine »Notkirche«[37] für die katholische Gemeinde des Stadtteils. Die neu erbaute Christkönigkirche konnte erst im Oktober 1930 geweiht werden. Als in die nun ungenutzten Räume des Marstalls 1933 überraschend und dringend eine 130-köpfige »Bund Deutscher Mädchen«-(BDM-)Gruppe einquartiert werden sollte – die Forderung wurde an einem Samstagnachmittag um 17 Uhr laut – hatte man in der Verwaltung alle Hände voll zu tun, um wenigstens Strohlager zu bereiten. An Stelle der 130 Mädchen, für die Quartier errich-

---

[35] StAM SGSV 931.
[36] Ebd.
[37] Noch heute befindet sich über dem Eingangsbereich des Museums die einstige Kirchenempore.

Veranstaltung der Hitlerjugend mit Flaggenparade und Militärmusik

tet wurde, kamen dann allerdings 350, »die aber auch ganz gut Unterkunft fanden«.[38] Jener Trakt des ehemaligen Marstalls erfuhr eine erneute Nutzungsänderung und diente in den Folgejahren als Exerzierhalle der SA.

1934

Im Juli konzertierte der Münchner »Bach-Verein«. Vor der Badenburg wurden »musikalische und szenische Kantaten-Aufführungen von Joh. Seb. Bach, sowie das Lustspiel ›Peter Squenz‹ geboten«.[39] Für Mitglieder der Einheitsgewerkschaft »Deutsche Arbeitsfront« kostete ein Sitzplatz 60 Pfennige, ein Stehplatz 40 Pfennige. Die Karten konnten in der Geschäftsstelle des Gauamts »Kraft durch Freude« bezogen werden. Der Besucherandrang war nicht zuletzt aufgrund des subventionierten Preises enorm. Der Steinerne Saal war als Konzertsaal mit 630 Gästen überfüllt, vor der Badenburg zählte man 2000 Gäste. Die Presse meldete erstmals »Nymphenburger Schlosspark als Freilichtbühne«.[40] Auf derlei Erfolge sollte sich aufbauen lassen …

[38] StAM SGSV 931.
[39] »Nymphenburger Zeitung / Neuhauser Nachrichten« vom 12. Juli 1934.
[40] Ebd.

Jungvolk in der SA-Exerzier-halle, dem heutigen Marstall-museum

Alfred Rosenbergs »Kampfbund für deutsche Kultur« plante im selben Sommer eine festliche Zusammenkunft in der Badenburg – einschließlich der Nutzung des kostbaren Affenkabinetts – mit Kerzenbeleuchtung und Bowle. Die feierliche Schlusssitzung dieser Fanatikergruppe fand dann letztlich als »Erinnerungsabend in der Amalienburg«[41] statt.

Zum Abschluss der Sommersaison gab es eine letzte touristische Attraktion: An den drei Wiesn-Sonntagen tanzten Schuhplattler auf dem Schlossplatz. Die Gruppen wurden vom Gauamt »Kraft durch Freude« organisiert.

Zwischen dem Bauschreiberturm, neben der Schwaige und der östlichen Hofeinfahrt, befindet sich heute die Werkstatt für Gemälderestaurierung. Auch dieser Teil des ehemaligen Marstalls, die Regentenstallung, ist eine geräumige überwölbte Halle. Der Saal diente bis zur Fertigstellung der Stephanuskirche im Jahr 1938 der evangelischen Gemeinde als Interimskirche. 1934 konnte hier der erste Weihnachtsgottesdienst gefeiert werden.[42]

[41] StAM SGSV 931.
[42] Freundlicher Hinweis von Frau Bettina Schwabe, vgl. auch: StAM SGSV 1671 und Dörrich, Matthias: Die Stephanuskirche im Wandel der Zeit, in: Festschrift Stephanuskirche, München 2008.

1935

In diesem Jahr fanden zunächst kleinere private Veranstaltungen statt. Dem Jugendbuchautor Hans Rudolf Rieder gestattete die Verwaltung, ein Sommerfest »bei Kerzenbeleuchtung im Milchgarten«[43] zu veranstalten. Dabei erhielt der bildungsbürgerliche Zirkel auch musikalische Untermalung. »Frau Professor Schuster-Woldan wird ältere Geigenkompositionen zum Vortrag bringen.«[44] Gartenverwalter Diermayer befürwortete den Antrag und schrieb an seine vorgesetzte Behörde: »Die festgesetzte Gebühr von 10.– RM bitte ich in Anbetracht der Mittellosigkeit des Gesuchsstellers auf 3.– RM ermäßigen zu wollen.«[45] Höheren Orts nahm man dann 5 Reichsmark.

1935 begann die Planung zu »München im Olympiasommer 1936« und die Präsenz Christian Webers nahm zu. Ein Arbeitsausschuss »500 Jahre Münchner Pferderennen« beabsichtigte, »dass am 27. Juli eine Großveranstaltung im Nymphenburger Park stattfinden soll«. Damit war die erste »Nacht der Amazonen« im Juli 1936 gemeint. Tribünen, Beleuchtung, Toiletten, Feuerwerk wurden diskutiert. In der Schlösserverwaltung waren für bautechnische Fragen Rudolf Esterer und für den Park Gärtendirektor Heinrich Schall zuständig. Trotz hartnäckiger Bemühungen gelang es der Schlösserverwaltung nicht, das für 1936 vorgesehene Feuerwerk im sommerlich trockenen Park zu verhindern.

1936

Der Münchner Oberbürgermeister Karl Fiehler lud das »Haus der Deutschen Kunst (Neuer Glaspalast) Anstalt des öffentlichen Rechts« ein Jahr vor Fertigstellung des Gebäudes in der Prinzregentenstraße zur Jahresversammlung nach Nymphenburg. Am 27. Juli tagte dieses elitäre Gremium im Schloss, den feierlichen Abschluss bildete ein »Frühstück«.

[43] StAM SGSV 931.
[44] Ebd.
[45] Ebd.

Proben in Nymphenburg zu den reiterlichen Vorführungen bei der „Nacht der Amazonen"

Aufn.: Huhle

Proben zur ersten »Nacht der Amazonen«, »Völkischer Beobachter«, 21. Juli 1936

Alfred Walterspiel vom Hotel »Vier Jahreszeiten« sorgte für die Haute Cuisine. Dabei diente das kostbare Badezimmer König Maximilians II. als Speisenablage. Mitglieder der Bayerischen Staatstheater und das Münchner Kammerorchester sorgten – unsichtbar von der Empore aus – für die Hintergrundmusik. Bereits tags zuvor war Orchesterprobe. Das »Bedienungspersonal der Hoheiten« (Prinz Ludwig Ferdinand wohnte mit seiner Familie im nördlichen Teil des Schlosses, also buchstäblich Tür an Tür) durfte währenddessen nicht durch den Saal gehen. Die Verwaltung errechnete einen Einnahmenausfall an Eintrittsgeldern von 75 Reichsmark.

Die saisonalen Ereignisse in München waren auf die Olympischen Spiele in Berlin (1. bis 16. August 1936) abgestimmt. Ergänzung und Konkurrenz zu Berlin hielten sich die Waage. Zeitlich vorangehend war die Attraktion des »Münchener Olympiasommers« das Pferderennen um das

»Braune Band von Deutschland« (Rennwoche Riem) und als
deren Höhepunkt die anschließende »Nacht der Amazonen«
im Schlosspark Nymphenburg.

Zeitgleich zu den Berliner Sportereignissen bot München
als »Hauptstadt der Bewegung« Freilichtaufführungen an
der Südseite der Badenburg. William Shakespeares »Was ihr
wollt« wurde am 2., 5. und 9. August 1936 unter der General-
intendanz der Bayerischen Staatstheater aufgeführt.

Im Anschluss an die Sommerolympiade wurden im Westlichen Gartenparterre am 16., 21. und 27. August »Tanzspiele
W. A. Mozart« aufgeführt. All diese Veranstaltungen choreo-
grafierte der Ballettmeister der Bayerischen Staatsoper, Otto
Ornelli.

1937

Am 31. Juli 1937 fand zum zweiten Mal eine »Nacht der Amazonen« statt. Wieder hatten Besuchermassen und Hunderte
von Pferden das Schlossparterre zertrampelt. Daher überließ
die Schlösserverwaltung das Gelände kostenlos für ergän-
zende Aufführungen von festlichen Tanzspielen. Die noch
nicht abgebauten Zuschauertribünen dienten so einer erneuten Nutzung. Am 26. Juli sowie am 2., 9., 16. und 23. August
gaben die Bayerischen Staatstheater das Ballett »Don Juan«
von Christoph Willibald Gluck. Freilichtaufführungen waren
auch am 3. August geplant, fanden jedoch im Saal statt. Es ist
nicht verwunderlich, dass »abends 23 Uhr beim Abmontie-
ren der Kulissen im Steinernen Saal ein Wandleuchter durch
Umfallen einer Kulisse schwer beschädigt«[46] wurde.

In diesem Zeitraum, am 19. August 1937, vollzog man in der
festlich geschmückten Schlosskirche eine Trauung innerhalb
ehemals regierender Häuser. Prinzessin Maria Elisabeth,
Enkelin König Ludwigs III., wurde mit Pedro Henrique
von Orléans-Braganza, einem Urenkel des letzten Kaisers
von Brasilien, vermählt. Die Presse meldete: »Unter zahlrei-

---

[46] StAM SGSV 931.

42

chen Ehrengästen bemerkte man den früheren König Alfons von Spanien und seinen Sohn Alphonso, den Kronprinzen Rupprecht von Bayern und Gemahlin, sowie andere Mitglieder des Hauses Wittelsbach und Verwandte des Bräutigams. Die Trauung vollzog seine Eminenz Kardinal von Faulhaber. Im Anschluß an die kirchliche Feier fand im Steinernen Saal des Schlosses Nymphenburg das Hochzeitsmahl statt.«[47]

Bayerisch-brasilianische Hochzeit am 19. August 1937. Die Braut wurde 1914 in Nymphenburg geboren, brachte zwölf Kinder zur Welt und wurde 97 Jahre alt.

1938

Im Rückblick charakterisierte Prinz Adalbert das letzte Friedensjahr: »Das für den Frieden so bedrohliche Jahr 1938

[47] »Nymphenburger Zeitung / Neuhauser Nachrichten« vom 21. August 1937.

43

hielt uns in Atem. Der Einmarsch in Österreich ließ über die gefährlichen Absichten Hitlers keinen Zweifel mehr, aber die Feste gingen weiter mit Kerzenbeleuchtung und Klimbim. Diesmal tanzte vor der Amalienburg neben dem Berliner Ballett auch das von Wien.«[48]

Anlässlich des Richard-Wagner-Fests zum 125. Geburtstag des Komponisten am 22. Mai 1938 lud Ministerpräsident Ludwig Georg Siebert ins Schloss Nymphenburg. Dabei fand jedoch nicht Wagners, sondern Hitlers Büste Aufstellung. Die heiteren Rokokostuckaturen und Fresken wurden überglänzt von »Hoheitszeichen vergoldet mit rotem Tuch«.[49] Es war kühl bei der Reichstagung des »Richard-Wagner-Verbandes Deutscher Frauen«. Zum Nachmittagstee im Steinernen Saal wurden elektrische Heizöfen herangeschafft – schließlich war Gerdy Troost Vorsitzende des Vereins – und aus der Münchner Residenz wurden 200 zusätzliche Stühle angeliefert. »Mehr als 800 Frauen waren gekommen aus allen Gauen des Deutschen Reiches und sie waren entzückt von den Eindrücken, die sie umfingen.«[50]

Kammermusikkonzerte fanden in diesem Sommer auch im Festsaal der Badenburg statt.

Der »Tag der Deutschen Kunst« wurde vom 8. bis 10. Juli 1938 gefeiert. Zur Einstimmung in das Festwochenende fand am Freitagnachmittag vor der Amalienburg der Presseempfang mit 450 Teilnehmern statt. Man zeigte sich weltläufig und modern. Beim tänzerisch-beschwingten Programm wirkten erstmals österreichische Künstler mit. Das Ballett der Wiener Staatsoper führte Grete Wiesenthals expressiven »Weintrete-Tanz« auf, ergänzend dazu bot eine Tanzgruppe der Staatsoper Berlin Choreografien mit »Bewegungstänzen

[48] Adalbert, Prinz von Bayern: Schloß Nymphenburg und seine Bewohner, München 1949, S. 152. Der Chronist bezieht sich auf den Presseempfang zum »Tag der Deutschen Kunst« am Nachmittag des 8. Juli 1938.

[49] StAM SGSV 931.

[50] »Nymphenburger Zeitung / Neuhauser Nachrichten« vom 25. Mai 1938.

aus unserer Zeit«.[51] München war mit Tanzvorführungen der Bode-Schule vertreten, ein Pferdeballett mit 40 Lipizzanern bereicherte das Programm. Vom Söller der Amalienburg erklang Hornmusik.

Als Garderobe für 500 Gäste diente das Erdgeschoss im Hauptschloss, die Künstlergarderobe für 200 Mitwirkende befand sich in der SA-Exerzierhalle im heutigen Marstallmuseum. Damit die propagandistische Elite des »Dritten Reichs« dabei unter sich bleiben konnte, war auch der Schlosspark abgesperrt. Zum Ausgleich gab es anderntags freien Eintritt in die Museen.

Nach diesen Festtagen begann die neue Woche mit einem Empfang befreundeter Militärs. 20 Limousinen fuhren im Schritttempo auf den staubigen Parkwegen zur Badenburg, wo für den Empfang des Chefs der italienischen Wehrmacht ein Büffet mit bayerischen Schmankerln in der Art eines Dultstandes aufgebaut war.

Boxweltmeister Max Schmeling an der Amalienburg. Der umjubelte Sportler zierte 1939 den Presseempfang anlässlich des »Tags der Deutschen Kunst«.

[51] StAM SGSV 931.

»Heimatkapelle Gebrüder Saurer und Sohn« aus Hausham, 1941

Hitlers Stellvertreter Rudolf Heß hatte einige Jahre in der nahen »Borstei« gewohnt und schätzte Nymphenburg. Nun gab er hier ein Sommerfest. Von der Verwaltung nüchtern als »Betriebsveranstaltung« bezeichnet, hatte am 6. August der »Stab des Stellvertreters des Führers« 800 Gäste geladen, zu Nachmittagskaffee und abendlichem Tanz in den Zelten. Im Festsaal erklang klassische Musik. Fröhlicher dürfte es im heutigen Museumsshop zugegangen sein: Die ehemalige Kutschendurchfahrt war eigens zum »Bierstüberl«[52] umgestaltet worden. Hier spielten die Gebrüder Saurer aus Hausham zünftig auf, Mali Eberl sang und jodelte.

1939

Ein letztes Mal im »Dritten Reich« fanden sich zahlreiche Mitglieder des internationalen Hochadels in Nymphenburg ein. In der Schlosskapelle heiratete Elisabeth Maria Anna von Bayern, eine Urenkelin König Ludwigs I., am 13. Mai 1939 den Grafen Franz-Joseph von Kageneck. Es sollte eine kurze Ehe sein.

[52] Ebd.

1941, wenige Wochen nach der Geburt von Zwillingen, fiel Graf von Kageneck während des Russlandfeldzugs.

Zwei Monate später, am 14. Juli, wurde die Wiese östlich der Amalienburg wie im Vorjahr genutzt. Anlässlich des »Tags der Deutschen Kunst« fand im Schatten alter Bäume der Presseempfang für in- und ausländische Journalisten statt. Den obligatorischen Reden folgten Tanzspiele, als Neuerung wurde auch ein Abendessen serviert.

Weitere drei Wochen später, am 5. August, nutzte Rudolf Heß erneut das Schloss, um für seine Belegschaft ein opulentes Sommerfest zu veranstalten. Für die Besuchermassen wurden in den beiden Parterreflächen innerhalb des Schlossparks eigens zwei große Zelte aufgebaut. Die ehemalige Durchfahrt für Kutschen funktionierte man wieder zur »Bierstube« um. Gestartet wurde um 15 Uhr mit Kaffee und Kuchen, als offizielles Ende war 24 Uhr vorgesehen, als inoffizielles Ende stellte die SGV Nymphenburg jedoch 4.30 Uhr fest.

Zwei Tage nach Kriegsbeginn, am 3. September 1939, wurde der Museumsbetrieb für den Rest des Jahres eingestellt. Im Folgejahr wurden die Öffnungszeiten trotz des Kriegs stufenweise erweitert[53] und immerhin 13 944 Eintrittskarten ver-

[53] Die kriegsbedingten Öffnungszeiten waren: vom 1. Januar bis 15. April 1940 die Mittwoch-, Samstag- und Sonntagnachmittage. Ab

Angeregte Unterhaltung in einer lauen Nymphenburger Sommernacht 1939. der italienische Minister für Presse und Propaganda, Dino Alfieri, und der deutsche Propagandaminister Joseph Goebbels, in der Mitte Rudolf Heß

Extra für die feiernde NS-Prominenz wurde im Weißen Saal 1937 eine Zentralheizung eingebaut, die erst 1945 funktionierte. In diesem ehemaligen Speisesaal der ersten bayerischen Königin Karoline befindet sich heute die berühmte »Schönheitengalerie«. Im Erdgeschoss darunter war die 30 Mann starke Luftschutzwache einquartiert.

kauft. Daneben veranlasste Finanzminister Ludwig Siebert aufgrund des kriegsbedingten Personalmangels »Vereinfachungsmaßnahmen«, wobei manche Schauräume geschlossen blieben und nur der »einfache Reinigungs- und Unterhaltungsdienst« aufrechterhalten wurde.[54]

Erst ab 22. Dezember 1942 wurden Schloss und Parkburgen infolge der Kriegsverhältnisse endgültig geschlossen. Davon ausgenommen war die Magdalenenklause als geweihter Ort. Von Feiern war längst keine Rede mehr.

*»Völkischer Beobachter«,
17. Mai 1940*

Besucht die bayerischen Schlösser

Auch während des Krieges ganzjährig geöffnet

Residenzmuseum München, das größte Raumkunstmuseum Deutschlands. Kriegsführungslinie mit Antiquarium, Schwarzem Saal, Ahnengalerie, Theatinergang, Königsbauflucht und Nibelungensälen

Schloß Nymphenburg, die herrliche Sommerresidenz der bayer. Herrscher mit den einzigartigen Gartenschlößchen der weltberühmten Amalienburg, der Badenburg und Pagodenburg, ganzjährig geöffnet

Schlösser Herrenchiemsee, Neuschwanstein und Linderhof

Stadtresidenz Landshut und Burg Trausnitz ob Landshut mit den z. T. wiederaufgedeckten und instandgesetzten Wandgemälden der Renaissance

16. April 1940 mittwochs und samstags, an Sonn- und Feiertagen nur nachmittags. Ab 20. Mai 1940 Mittwoch und Samstag ganztägig, ab allen übrigen Tagen nur nachmittags.

[54] StAM SGSV 483 Schreiben vom 10. und 15. Februar 1943.

Kapitel 6 | Die politische Machtzentrale in der Schlossküche

Zeitgleich mit der Gründung der NSDAP wurde 1919 die erste Ortsgruppe in München eingerichtet. Das System der Ortsgruppen weitete sich in den Folgejahren netzartig über ganz Deutschland aus und diente zur Mitgliederwerbung und Geldbeschaffung. In den wirtschaftlich schwierigen Jahren 1925 bis 1928 hatte die Partei innerhalb Münchens wenig Zulauf. Häufig wurden Mitgliedsbeiträge nur teilweise beziehungsweise zeitlich verzögert entrichtet. Die Werbeabende waren kaum erfolgreich, da es an geschulten Rednern mangelte. Nur wenige Stadtteile konnten trotzdem Zuläufe verbuchen. So erhielt die Sektion Nymphenburg-Gern in diesem Zeitraum 8 Prozent neue Mitglieder. Bereits 1927 erfolgte der Zusammenschluss der Sektionen Neuhausen und Nymphenburg-Gern. 60 Mitglieder aus Neuhausen fusionierten mit 178 Mitgliedern aus Nymphenburg-Gern. Das bürgerliche, im Verhältnis zu Neuhausen spärlich besiedelte Nymphenburg stellte also bedeutend mehr NSDAP-Mitglieder.

In den folgenden Jahren bemühte sich die Partei um die Verbesserung ihrer Attraktivität. 1930 organisierte die »Frauenschaft« innerhalb der Ortsgruppe für mittellose SA-Männer regelmäßige Speisungen, darüber hinaus erhielten diese zu Weihnachten Lebensmittelpakete und insgesamt 200 Paar selbstgestrickte Socken.

In den noblen Wohngegenden Münchens hatte die NSDAP besonders gute Wahlergebnisse, wie sich auch in Neuhausen, Nymphenburg und Gern zeigt:

Bezirk	Stimmlokal	NSDAP	SPD	KPD	KSV
92	Zum Elvirahof, Elvirastraße 19	439	237	124	54
93	Zum Postheim, Arnulfstraße 114	437	285	142	26
95	Fränkischer Hof, Nymphenburger Straße 98	431	266	127	100
96	Zur Deutschen Eiche, Blutenburgstraße 85	615	207	183	139
97	Zum Schulhof, Wilderich-Lang-Straße 4	369	335	207	25
98	Schule an der Schulstraße 3	450	422	160	38
99	Zum Goldenen Adler, Hedwigstraße 14	563	184	51	117
100	Schule an der Alfonsstraße 8	619	247	104	89
102	Zum Parzeval, Dachauer Straße 185	262	164	124	29
104	Schule an der Alfonsstraße 8	395	86	4	59
105	Kurfürst Maximilian, Waisenhausstraße 63	699	113	28	236
106	Metzgerwirt, Nördliche Auffahrtsallee 63	313	157	57	151
107	Schule Südliche Auffahrtsallee 82	400	144	115	81
108	Wotan, Nibelungenstraße 91	608	275	113	74
109	Kurgarten, De-la-Paz-Straße 10	429	267	116	96
110	Neu-Wittelsbach, Romanstraße 28	323	80	30	200
111	Zum Großwirt, Winthirstraße 13	517	158	86	133
112	Schule am Winthirplatz 6	522	119	61	265
113	Schule am Winthirplatz 6	706	332	41	129
114	Eisenbahner-Genossenschaft. Schlörstraße 24b	343	376	120	14
115	Schule an der Hirschbergstraße 33	377	455	241	20
116	Zum Löwen, Stupfstraße 6	617	332	59	58
117	Zum Hirscheck, Stupfstraße 21	679	164	38	82
118	Schule an der Hirschbergstraße 33	377	455	241	20
119	Andechserquelle, Arnulfstraße 155	561	297	98	41
120	Zum Hirschpark, Donnersbergerstraße 37	429	317	160	50
121	Königsburg, Donnersbergerstraße 30	415	348	178	32
132	Ysenburg, Ysenburgstraße 13	319	280	163	82
133	Zum Volkartshof, Volkartstraße 24	395	281	117	108
134	Schule am Dom-Pedro-Platz 2	612	264	96	99
135	Herzog Albrecht, Albrechtstraße 32	577	313	186	71
136	Volkarts Bierhalle, Volkartstraße 68	463	450	308	18
137	Artilleriehof, Volkartstraße 55	485	427	155	41
138	Genossenschaftsheim, Hübnerstraße 23	399	311	171	21
139	Ebenau, Ebenauer Straße 1	431	448	256	34
140	Dietrich von Bern, Dietrichstraße 2	872	104	25	225
141	Lichtinger, Dantestraße 22	591	211	55	57
	insgesamt	17679	9516	4375	315

Tabelle mit freundlicher Genehmigung der Geschichtswerkstatt Neuhausen.

Bereits Anfang der 1930er-Jahre verfügten alle Ortsgruppen über eigene Büros, der Führungsapparat wurde erweitert, das Durchschnittsalter verjüngte sich. Den Ortsgruppenleitern waren in der Struktur pyramidenförmig die »Zellenleiter« und diesen die »Blockwarte« (Blockleiter) untergeordnet. Innerhalb der Stadtbereiche Neuhausen, Gern und Nymphenburg wurde wiederholt umorganisiert. 1934 wurde die Ortsgruppe Nymphenburg aus dem Zusammenschluss mit Gern wieder abgetrennt. Ihr langjähriger Führer war Karl Dünzinger. Bereits 1932 in die NSDAP eingetreten, übte der gelernte Kaufmann seit Anfang 1934 das Amt des Blockwarts aus, von 1936 bis 1945 war er Ortsgruppenleiter und daneben seit 1944 auch Hauptgemeinschaftsleiter. 1942 führte Dünzinger eine Zeitlang auch die Ortsgruppe Gern in Personalunion. Nach den schweren Luftangriffen vom 7./8. März 1943 wurden die Aufgaben der beiden Ortsgruppen jedoch stark erweitert. Allein in Gern gab es fast 1000 Obdachlose, deren Unterbringung und Verpflegung von Dünzinger organisiert werden musste. Auf sein Betreiben hin wurde daher die Ortsgruppe Gern erneut abgetrennt und in einem Nebenzimmer der Gerner Brauerei provisorisch eingerichtet. Ab 1. April 1943 wurde sie von dem als »ausgesprochenen Fanatiker«[55] berüchtigten Lehrer Walter Eckart geleitet.

Die Ortsgruppe Nymphenburg residierte im ehemaligen Küchenbau von Schloss Nymphenburg. Der Mietvertrag mit der Schlösserverwaltung wurde am 28. November 1934 geschlossen. Es handelte sich zunächst »um einen Hallenraum im Ausmaße von 500 qm und zwei Nebenräumen im Erdgeschoß des Nördlichen Kavalierbaues, die als Unterrichts- und Zusammenkunftsraum, ferner Schreib- und Geräteraum für die Zwecke der SA und der NSDAP benutzt werden«.[56] Dann wurden die Räume der ehemaligen Hofküche auf Staatskosten baulich an die Bedürfnisse der Ortsgruppe angepasst. Die gesetzliche Jahresmiete betrug 316,80 Reichsmark.[57]

[55] StAM SpkA 329.
[56] StAM SGSV 525.
[57] Vgl. ebd.

Ehemaliger Küchenbau von Schloss Nymphenburg, rechts der Eingang, 2013

Alle Ortsgruppen übten die Kontrollfunktion der NSDAP auf lokaler Ebene aus und organisierten die Parteiarbeit. Auch dienten sie zur »Betreuung und Erziehung« der Bevölkerung, erteilten »politische Beurteilungen« und führten die berüchtigten »Haushaltungskarteien«, die nicht nur zur Erfassung der Juden dienten. Regelmäßig wurde an die Opferbereitschaft appelliert, Blockwarte kontrollierten und überwachten, nach Denunziationen oder Zuwiderhandlungen drohte die Vorladung in die Niederlassung der Ortsgruppe. Die angegliederten Verbände der SA und der Hitlerjugend halfen häufig bei »wilden Aktionen« gegen Juden und Oppositionelle jeglicher Couleur. Die Ortsgruppen dienten auch als Verkaufsstellen für Zubehör zur obligatorischen Illumination bei besonderen Anlässen.

1939 kosteten Kerzen zur Fensterdekoration 8 Pfennige, Kerzenhalter 5 Pfennige, Armleuchter 35 Pfennige und Tulpen (Windlichter) 7 Pfennige. Die Ortsgruppe Nymphenburg setzte sich aus »sechs Zellen und 45 Blocks zusammen«.[58] Der große Anteil des Bildungsbürgertums ermöglichte es, dass sich aus ihren Reihen ein eigenes Symphonieorchester[59] unter der Leitung von Fritz Hacker[60] formen konnte.

Am 8. Juli 1938 waren 500 Gäste aus dem In- und Ausland zur Amalienburg geladen. Dort fand der Presseempfang zum »Tag der deutschen Kunst« statt. Um bereits die Auffahrt beeindruckend gestalten zu können, forderte Ortsgruppenleiter Karl Dünzinger »Goldgirlanden« als Fassadenschmuck für sein Stadtviertel. Um davon einen Eindruck zu erwecken, empfahl er eine »Probedekoration am Wohnhausblock Romanplatz«.[61]

Schloss Nymphenburg als Kulisse

Eine wichtige Aufgabe der Ortsgruppen war die Organisation von Ritualen. Ein unumgängliches Datum war jährlich »Führers Geburtstag«, der 20. April. Überall im Reich fanden an diesem Tag Parteifeiern und Gedenkstunden statt.

1935 hatte die Ortsgruppe Nymphenburg einen besonderen Grund zur Freude. Nach einem Fackelzug fand die »Einweihung zweier Riesenflaggen auf dem Platze vor dem Schloss«[62] statt. Eigens zu diesem Anlass wurde die Hirschgartenallee bis zum Südlichen Schlossrondell mit einer

---

[58] StadtAM, NSDAP 208, Statistik der Kreisleitungen des Gaues München-Oberbayern.

[59] Schröther, Franz: Rokoko in Nymphenburg, in: Neuhauser Werkstatt-Nachrichten, Heft 17, München 2006.

[60] Fritz Hacker komponierte neben seiner Tätigkeit als Lehrer, unter anderem in der Schule an der Südlichen Auffahrtsallee, zahlreiche Musikwerke. Nach 1934 verfasste der überzeugte Nationalsozialist ausschließlich politische Stücke für die Hitlerjugend.

[61] Damit ist die Häuserzeile Romanplatz 8–10 mit den heutigen Supermärkten gemeint.

[62] »Nymphenburger Zeitung / Neuhauser Nachrichten« vom 20. April 1935.

Schulungsabend in der umfunktionierten Hofküche. Die Parterreräume wurden 1934/35 zu Büros der NSDAP-Ortsgruppe umgebaut, nachdem die Schlossmetzgerei und die Küchensäle mit ihren 32 offenen Brat- beziehungsweise Kochstellen, fünf imposanten Herden sowie drei mächtigen Backöfen nach dem Ende der Monarchie ihren Zweck verloren hatten.

»Teerung«[63] versehen. Damit wurde diese Nebenstrecke für die Parteigenossen deutlich aufgewertet. Diese damals noch neue Art des Straßenbelags hatte den Vorteil einer geringen Staubentwicklung und war wie geschaffen für Aufmarschwege.

Wie bereits in den Jahren zuvor wurde die Bevölkerung aufgefordert, sich »recht zahlreich an diesen Veranstaltungen zu beteiligen«.[64] Um dem Ereignis noch mehr Imposanz zu verleihen, wurde sie außerdem angehalten, das ganze Ortsgruppengebiet festlich zu illuminieren. Zu diesem Zweck könnten – wie die Presse betonte – einheitlich rote Lämpchen bei der Ortsgruppe günstig erworben werden.

Zwei Jahre später nutzte man bereits den Vorabend von Hitlers Geburtstag. So fand am Abend des 19. April 1937 ein feierlicher Appell statt. Wieder kamen die roten Lämpchen zum Einsatz: »Es war ein wundervolles Bild, als in der abendlichen Dämmerung schlagartig die unzähligen Lichter

63 StAM SGSV 525.
64 »Nymphenburger Zeitung/Neuhauser Nachrichten« vom 20. April 1935.

an den Häuserfronten aufflammten und zugleich die Herzen aller entzündeten. Die Kundgebung, die in der Illuminierung sämtlicher Häuser und Fenster im ganzen Ortsgruppenbezirk Nymphenburg ihren sichtbaren Ausdruck findet, ist Tradition geworden«[65], meldete stolz die Presse. Es folgte ein langer Weg quer durch das Stadtviertel.

»Als Mitwirkende betätigten sich die SA, die mit mehreren Ortsgruppenstürmen auf dem Schloßplatz aufmarschierte. Um 19.30 Uhr setzten sich unter Vorantritt des SA-Musikzuges S 2 die Ortsgruppenstürme, die an der Nederlinger Straße Aufstellung genommen hatten, in Bewegung. Leuchtende Fackeln zeigten den Weg. Vor dem Schlosse wurde Aufstellung genommen, die Fackelträger gruppierten sich auf den Treppen des Schloßgebäudes. Umsäumt von Tausenden begeisterten Zuhörern spielte die Musikkapelle unter der bewährten Leitung des M.Z.-Sturmführers Rusch Märsche und die ernsten Melodien der Ouvertüre zu Alessandro Stradella [Oper von Friedrich von Flotow]. Als zum Schlusse der Badenweiler-Marsch intoniert wurde, leuchtete plötzlich das mächtige Schloß im roten Lichte auf, ein wundervolles Bild voll magischer Wucht.«[66]

Danach marschierten die Herren »mit klingendem Spiel« in die Gaststätte »Kurgarten«. Das damals größte Lokal Nymphenburgs verfügte über einen Biergarten für 5000 Personen und lag gut erreichbar nahe des Schlosses in der De-la-Paz-Straße 10. Der Wirt war ebenfalls NSDAP-Mitglied und hatte natürlich gerne wie alle Veranstaltungen der Ortsgruppe auch in diesem Jahr den anschließenden »Kameradschaftsabend mit Konzert« organisiert. 1935 fand dort als weiterer abendlicher Höhepunkt eine Kundgebung mit einer Rede des stellvertretenden Wirtschaftsministers Hans Dauser statt, der sich als Parteiredner einen Namen gemacht hatte. Die Presse formulierte es so: »Hier sprach Staatssekretär Dauser kernige und zündende Worte, die lauten Widerhall fanden in den Herzen

---

[65] »Nymphenburger Zeitung / Neuhauser Nachrichten« vom 21. April 1937.
[66] Ebd.

der begeisterten Zuhörer. Der Redner schilderte in einzelnen Etappen das Werden Adolf Hitlers, da er als einfacher Bauarbeiter zum ersten Mal die Not kennenlernte […], wir begleiten den jungen Mann aus Braunau auf seinem Wege nach München, wir sehen ihn im Weltkriege, im Lazarett erblindet, und wir sehen ihn schon wieder als Kämpfer zu einer Zeit, da andere ruhen wollten […].« Auch der Ortsgruppenleiter wurde von der Lokalpresse erwähnt: »Danach durch Ortsgruppenleiter Dünzinger Dank an den Redner und Appell an die Anwesenden, Treue dem Manne zu bewahren, der uns gegenüber selbst den Inbegriff der Treue bedeutet.«[67]

Nur drei Monate später wurde schon wieder zur Illumination aufgerufen. Am 18. Juli 1937 fand die Eröffnung vom Haus der Deutschen Kunst statt. Für Hitler und die lokale NS-Politprominenz war dies ein bedeutsames Ereignis. Die »Große Deutsche Kunstausstellung« öffnete ihre Pforten und es rollte ein riesiger Festumzug mit dem Motto »2000 Jahre deutsche Kunst« durch Münchens Straßen.

Lichterglanz im Stil der Zeit

»Auf Anleitung der Gauleitung der NSDAP wird zum ›Tag der Deutschen Kunst‹ die Hauptstadt der Bewegung mit roten Lämpchen festlich beleuchtet. Durch die Anwesenheit des Führers und vieler ausländischer Gäste und der damit verbundenen gewaltigen, festlichen und künstlerischen Aufführungen wird die Stadt ein besonderes Gepränge erhalten. Sämtliche an der Straßenfront gelegenen Fenster sollen mit roten Lämpchen gelegt werden; nur das Schloss Nymphenburg als besonders schönes Bauwerk wird mit weißen Lämpchen bedacht.«[68]

Nymphenburg feiert Hitlers 50. Geburtstag

»Hißt die Flaggen des Sieges! Die Hauptstadt der Bewegung am 50. Geburtstag unseres Führers«,[69] so voll tönte die Schlagzeile der örtlichen Presse am 19. April 1939. An diesem Tag wurde nicht gearbeitet. Im Gegensatz zu den anderen »Führergeburtstagen« wurde dessen 50. Geburtstag als

[67] »Nymphenburger Zeitung / Neuhauser Nachrichten« vom 21. April 1937.
[68] »Nymphenburger Zeitung / Neuhauser Nachrichten« vom 26. Juni 1937.
[69] »Nymphenburger Zeitung / Neuhauser Nachrichten« vom 19. April 1939.

staatlich angeordneter Feiertag »in allen Gauen« großartig begangen. Wie in den Vorjahren rief die Ortsgruppe Nymphenburg rechtzeitig zur Illumination und zur Teilnahme auf. Dieses Mal hatte die Beflaggung ganze zwei Tage, vom 19. bis 20. April 1939, zu dauern. Hakenkreuzfahnen flatterten in allen Größen und an allen Gebäuden. Lokalpatriotisch hieß es: »[…] wir in der Hauptstadt der Bewegung und im Traditionsgau München-Oberbayern sind stolz darauf und dem Schicksal dankbar, daß diesem größten Sohn der deutschen Geschichte München zur zweiten Heimat wurde und daß er von dieser Stadt aus seinen Kampf für das Großdeutsche Reich führte, das im siebten Jahre seiner Regierung in unüberwindbarer Kraft und Herrlichkeit erschienen ist. Wir wollen unser Glück und unsere Freude darüber zum Ausdruck bringen, daß wir am 19. und 20. April 1939 unserer Stadt und dem Traditiongau ein Festkleid geben, das der geschichtlichen Bedeutung dieser Tage würdig ist.«[70]

Bewirtung der Mütter und Großmütter

Im »Dritten Reich« war es die erste Aufgabe der Frau, die »deutsche Rasse« zu erhalten und möglichst viele sogenannte erbgesunde Kinder zu gebären. Frauen waren eine wichtige Zielgruppe des Regimes.

Jedes Jahr erfolgte an Hitlers Geburtstag die »Bewirtung der Großmütter«.[71] 1937 wurden für diese PR-Aktion alte Damen in insgesamt 105 Gaststätten der Stadt auf Kosten der Partei mit Kaffee, Kuchen und einem Abendessen bewirtet. Die Betreuung geschah durch die NS-Frauenschaft, Hitlerjugend und BDM untermalten die Veranstaltungen mit »frohen Liedern«, der Ortsgruppenleiter hielt eine Ansprache. 1938 erhielten die Anwesenden sogar ein »Führerbildnis«.[72] Im Stadtteil Nymphenburg nutzte man dazu die festlich geschmückte Turnhalle des »TSV Neuhausen-Nymphenburg«.

---

[70] Ebd.
[71] »Nymphenburger Zeitung / Neuhauser Nachrichten« vom 24. April 1937.
[72] StadtAM (Stadtchronik 1938).

Erhaltung von »lebenswertem Leben«: die Mütterberatungsstelle

Der Einsatz der Medizin für Mutter und Kind war im National-sozialismus bevölkerungs- und wohlfahrtspolitisch motiviert. Amtliche Mütterberatungsstellen wurden im gesamten Reich flächendeckend eingerichtet und sie erfreuten sich hoher Akzeptanz. Ergänzend ging es dort um die »Erb- und Rassenpflege« einschließlich Eheberatung, gesundheitlicher Volksbelehrung, Schulgesundheitspflege sowie Fürsorge für Geschlechtskranke, Tuberkulöse, körperlich Behinderte, »Sieche« und Süchtige. Neben den vordergründigen Fürsorgemaßnamen war hier die Erfassung von »lebensunwertem Leben« organisiert. Die übergeordneten Gesundheitsämter sammelten Informationen aus allen Zweigen der Gesundheitsfürsorge und werteten sie auch hinsichtlich eugenischer und rassischer Selektion aus. Ab 1938 war das Münchner Gesundheitsamt ausschließlicher Träger der Mütter- und Säuglingsfürsorge mit zuletzt 40 Beratungsstellen.

Für die Einrichtung der Nymphenburger Mütterbera-tung wurden 1938 zwei Räume des ehemaligen Küchenbaus zur Verfügung gestellt. Freudig hatte sich die Ortsgruppe dazu bereit erklärt. Auf Anregung von Hans Kellner, dem Leiter des »Münchner Wohlfahrtsamts«, sollte so die bisher für mehrere Stadtbezirke zuständige Beratungsstelle in Neu-hausen entlastet werden. »Die Betreuung der Mütter erfolgt durch die Fürsorgerin Oberschwester Ida Streck im Auftrag des Verbandes für Säuglingsfürsorge und nach Weisung des Chefarztes vom Säuglingsheim an der Lachnerstraße, Medi-zinalrat Dr. Zimmermann. Die lebhafte Inanspruchnahme der Beratungsstelle gleich am ersten Tage nach der Eröffnung beweist, daß hier einem dringenden Bedürfnis Rechnung getragen wird. Die Beratungsstelle befindet sich im Südflügel des Schlosses Eingang Nr. 8, Geschäftsstelle der NSDAP. Sie ist an allen Donnerstagen von 14.30 bis 15.30 [Uhr] geöffnet.«[73] Im gleichen Gebäude war auch die Abteilung »Mutter und Kind« der NS-Frauenschaft untergebracht. Der Reichsmüt-

---

[73] »Nymphenburger Zeitung / Neuhauser Nachrichten« vom 4. Mai 1939.

terdienst bot ergänzend Schulungen in Säuglings- und Klein-
kinderpflege, Kurse in Gesundheits- und Krankenpflege,
Kochen und Hauswirtschaft sowie im Nähen und Flicken an.

Hitlerjugend

Nicht nur im Schwanenturm, sondern auch im weiteren
Nymphenburger Schlossbesitz war Hitlerjugend stationiert.
In der Nähe der Blutenburg[74] hatte man eigens ein Hitlerjugend-Heim errichtet. Regelmäßig wurde die sportlich
trainierte Hitlerjugend zu Hilfseinsätzen für die SGV Nymphenburg, zum Beispiel für das Einsammeln der Rosskasta-
nien, herangezogen. Die Anforderung kam stets schriftlich,
obwohl das Hauptbüro der SGV Nymphenburg in den Erd-
geschossräumen des Mittelbaus nur einen Katzensprung von
der Ortsgruppe entfernt lag.

*Auf dem Weg zur Mütter-
beratungsstelle im Küchenbau
von Schloss Nymphenburg*

[74] Seit 1945 das russisch-orthodoxe Kloster des Heiligen Hiob von Pot-
schajew am Schirmerweg.

Ein besonderer Mieter: Karl Bücklers

Im Obergeschoss des Küchenbaus blieb der kostbar gestaltete Speisesaal des Kurfürsten Karl Theodor erhalten. Noch zu Kriegszeiten fand dort das Architekturbüro von Karl Bücklers Quartier. Hier, im klassizistisch eleganten Grünen Saal, plante er die Errichtung dreier Rüstungsfabriken in Sendling, die mithilfe von circa 40 Häftlingen aus dem Konzentrationslager Dachau errichtet wurden. Der festliche Ersatz für seine ausgebombten Räume in Schwabing stand Karl Bücklers noch lange nach Kriegsende zur Verfügung.[75]

Zensurbehörde

In einem der »südlichen Flügel von Schloss Nymphenburg«,[76] wahrscheinlich im Küchenbau, befanden sich Büros der Auslandsbriefprüfstelle (ABP). Die Zeitzeugin Maria Fastenmeier (*1921) fand dort aufgrund ihrer guten Fremdsprachenkenntnisse Arbeit. Ihre Aufgabe bestand darin, »waschkörbeweise angelieferte Post von französischen und englischen Kriegsgefangenen«[77] durchzusehen. Dienststellen der ABP entstanden in Zusammenarbeit mit der Polizei ab 1941, nachdem zuvor nur stichprobenweise Kontrollen durch die Gestapo selbst durchgeführt wurden.

Inhaltlich wurde dabei besonders auf Informationen über Schutzobjekte, das Militär und die politische Stimmung im Reich und unter den Zwangsarbeitern geachtet. Daneben war es ihnen streng verboten, über ihre Situation zu berichten.

---

[75] StAM 931 und: Benz, Wolfgang / Distel, Barbara (Hg.): Der Ort des Terrors: Frühe Lager, Dachau, Emslandlager, München 2005 und: Eiber, Ludwig: »KZ-Außenlager in München«, in: Wolfgang Benz / Barbara Distel (Hg.): Konzentrationslager. Lebenswelt und Umfeld, Dachauer Hefte, Heft 12, München 1996. Karl Bücklers Büro befand sich ursprünglich in der Gabelsbergerstraße. Für die Firmenbauten Linhof (Kameras), Widmeier (Fernmeldetechnik) und Grunow entstand in Sendling das Außenlager 464 des Konzentrationslagers Dachau.

[76] Freundliche Auskunft Frau Maria Fastenmeier am 1. März 2014.

[77] Ebd.

Kleider und weitere Materialien für den »Endsieg«

Im Januar 1945 wurde im Küchenbau von Schloss Nymphenburg eine Volksopfer-Sammelstelle eingerichtet.[78] Sie war
eine von insgesamt 60 000 Annahmestellen, die sich über das
gesamte Reichsgebiet erstreckten. Joseph Goebbels, Heinrich Himmler und Walther Funk hatten die Bevölkerung am
5. Januar 1945 zur Spende von Kleidung und Ausrüstungs-
gegenständen aufgerufen, nachdem Rohstoffzufuhr und
Produktion aufgrund des jahrelangen Kriegs längst gestockt
waren. Diese Sammelaktion wurde als letzte Möglichkeit
angesehen, Wehrmacht und Volkssturm mit dem Allernötigs-
ten zu versorgen. Nach der Verordnung vom 10. Januar 1945
drohte bei Unterschlagung oder Diebstahl die Todesstrafe.

[78] »Völkischer Beobachter« vom 19. Januar 1945.

Kapitel 7 | Heinrich Weiß: Widerstand im Angesicht des Feindes

Nur ein Stockwerk über der Niederlassung der NSDAP-Ortsgruppe Nymphenburg, im ehemaligen Küchenbau des Schlosses, lebte der damalige Gartendirektor Heinrich Weiß (1887–1963). Sein Wohnzimmer diente häufig als konspirativer Treffpunkt und zum Entwurf illegaler »Flugzettel«. Hier bildete sich die Keimzelle der später als »Harnier-Kreis« bezeichneten Widerstandsgruppe. Während Hitlers Geburtstag am 20. April 1937, organisiert durch die Ortsgruppe Nymphenburg, großartig gefeiert wurde, dachten Weiß und seine Kameraden darüber nach, wie die Eröffnung des Hauses der Deutschen Kunst durch »Werfen von Stinkbomben und Papierböllern«[79] gestört werden könnte.

Prägende Jahre

Als Gartendirektor kümmerte sich Heinrich Weiß um den Nymphenburger Park, die angeschlossene umfangreiche Gärtnerei und Landwirtschaft. Wie viele seiner bayerischen Zeitgenossen sah er bereits im Zusammenschluss aller deut-

Große räumliche Nähe: Die Wohnung von Heinrich Weiß befand sich im ersten Stock des ehemaligen Küchenbaus (vorne links). Die gesamten Räume im Erdgeschoss dienten der Ortsgruppe Nymphenburg (Situation 2013).

[79] StadtAm Polizeidirektion 988.

schen Staaten und der Reichsgründung 1871 unter der Führung von Preußen den Auslöser für den verlorenen Ersten Weltkrieg und die darauf folgenden schwierigen sozialen, wirtschaftlichen und politischen Zustände. Diese Grundansicht ist aufgrund seiner Vita verständlich.

1887 in Laufen an der Salzach geboren, kam Weiß im Alter von acht Jahren ins Waisenhaus, weil sich seine Mutter außerstande sah, ihn und weitere Geschwister nach dem Tod des Vaters finanziell zu versorgen. In seinem Heimatort machte er eine Gärtnerlehre. Auf Vermittlung seines Onkels Isidor Weiß und dessen Bekanntschaft mit dem einflussreichen Oberhofmarschall des bayerischen Königshauses, Graf Seinsheim, glückte ihm 1904 eine Anstellung als Gehilfe im Münchner »Hofblumentreibgarten«. Ab 1905 absolvierte er die damals obligatorische mehrjährige Wanderschaft der Gesellen. Diese führte ihn auch zu Adelssitzen wie dem von Graf Toggenburg in Bozen, Baron Büssing bei Glonn und ins Schloss Homburg, die Sommerresidenz Kaiser Wilhelm II.

Heinrich Weiß zum Zeitpunkt seiner Verhaftung 1939. Foto Gestapo-Akten (Ausschnitt aus Bild S. 73)

Nach dem Wehrdienst gewann er weitere Berufserfahrungen in Hamburg, 1911 nahm ihn die Königliche Hofgärtnerei in München gerne wieder auf. Bei Beginn des Ersten Weltkriegs meldete sich Weiß freiwillig zum Einsatz, zog sich jedoch bereits Anfang Oktober 1914 während eines Sturmangriffs an der Westfront eine schwere Knochensplitterung am Oberschenkel zu. Der darauf folgende eineinhalb Jahre dauernde Lazarettaufenthalt konnte das Bein zwar retten, es blieb jedoch eingeschränkt bewegungsfähig und 6 Zentimeter verkürzt. Trotz seiner Invalidität wurde es ihm ermöglicht, seine alte Tätigkeit im Dienst der Krone wieder anzutreten.

»Der Bayer ist seiner Fahne stets treu«

Weiß kam zur Politik, weil er nach eigener Aussage »aus nächster Nähe erlebte, wie das Königshaus bei Nacht und Nebel flüchten musste, um von der Straße unbehelligt zu bleiben. Auf der Flucht in das Ausland übernachtete der szt. König Ludwig III. bei meinem Onkel in Hintersee«.[80]

[80] StadtAM Polizeidirektion 1091.

Möglicherweise hat Heinrich Weiß, der in seiner Jugend die »Erziehung zur unbedingten Treue zum Königshaus« genoss, dieses Quartier vermittelt. »Dadurch, dass ich schon frühzeitig am Königshofe beschäftigt war, habe ich die einzelnen Mitglieder des Königshauses persönlich gekannt. Ich wurde jederzeit gut behandelt und hatte auf Grund meiner Arbeitsleistung und meines Verhaltens eine gewisse Vertrauensstellung am königl. Hof. Als Gärtner wurde ich jeweils bei festlichen Anlässen ect. und zu Tafeldekorationen herangezogen. Dadurch, dass mich am Hof jeder kannte, hatte ich zu allen Schlössern Zutritt.«[81]

Weiß war mit den sich zuspitzenden schwierigen Lebensbedingungen in der Zeit der Weimarer Republik unzufrieden. Dies war der Auslöser für die Gründung der Organisation »Deutscher Eid« im Jahr 1929. Ziel war, das Vielparteiensystem zu minimieren, für eine verbesserte Finanzpolitik einzutreten und die Bevölkerung zum Kauf deutscher Waren aufzufordern. Rasch scharte Weiß, der von 1928 bis 1933 Gartenverwalter von Schloss Schleißheim war, Gleichgesinnte um sich. Er hielt Reden und organisierte Versammlungen. Die Aktionen wurden von seiner übergeordneten Dienststelle, der Krongutsverwaltung, nicht nur akzeptiert, sondern sogar befürwortet. Rechtzeitig hatte Weiß eine Anfrage an seine Behördenleitung gerichtet, »[…] ob er die von ihm im Jan. 1929 eingeleitete Bewegung Deutscher Eid als private Betätigung zu melden habe«, und konnte sogar einen einflussreichen Fürsprecher aufführen: »[…] habe im Frühjahr 1930 Seiner kgl. Hoheit Kronprinz Rupprecht und dem Reichspräsidenten Meldung gemacht. […] Seine Kgl. Hoheit wünscht der Bewegung die besten Erfolge.«[82] In der Antwort hieß es: »Ihre dienstlichen Aufgaben dürfen nicht leiden. Im übrigen wünsche ich Ihnen zu Ihrer an sich anerkennenswerten Bewegung vollen Erfolg!«[83]

---

[81] StadtAM Polizeidirektion 1091 (Vernehmungsprotokoll vom 16. September 1939).
[82] BayHStA SchlV 2090 (Schreiben vom 13. Januar 1931).
[83] BayHStA SchlV 2090.

»Von Tag zu Tag mehr wuchs die Angriffslust«[84]

Die Organisation »Deutscher Eid« bestand bis 1932, als Heinrich Weiß der »Bayernwacht«, einer Wehr- und Schutzorganisation der Bayerischen Volkspartei (BVP) kurzfristig angehörte. Diesen Schritt empfand Weiß offenbar bald als unbefriedigend, weshalb er 1933 eine eigene Widerstandsgruppe gründete. So wurde Weiß das »ursprüngliche Haupt der Bewegung«,[85] die später als »Harnier-Kreis« bezeichnet werden sollte. Nach dem Verhörprotokoll der Gestapo war er der »Tonangebende«.[86]

Im Zuge der Ausbreitung und Festigung des NS-Regimes in Staat und Gesellschaft gerieten alle Gegner der Gleichschaltung in die Defensive. Hier galt der Nationalsozialismus vielen als Verkörperung eines »Preußentums«, das Bayern seiner Freiheit und Eigenstaatlichkeit beraubte. Ein separates Bayern mit einer konstitutionellen Monarchie unter der Führung des Hauses Wittelsbach erschien damals in weiten Kreisen der Bevölkerung als erstrebenswerte Lösung.

Mit dem Gesetz zum Neuaufbau des Reichs vom 30. Januar 1934, einer Änderung der Weimarer Verfassung, wurde Deutschland endgültig als Zentralstaat regiert. Um die Schwächung der neuen Staatsautorität zu vermeiden, mussten sogar alle Symbole der Einzelstaaten beseitigt werden. Das Hissen der bayerischen Flagge und das Zeigen anderer Landessymbole wurden verboten, Zeugnisse bayerischer Staatlichkeit in Form von Hoheitszeichen an den Landesgrenzen, Siegel, Wappen und Amtsschilder mussten beseitigt werden, ja, es gab mancherorts sogar die Forderung, weiß-blau gestrichene Maibäume mit einer neutralen Farbe zu überpinseln. Bei Weiß klang es so: »[…] ich konnte es

---

[84] StadtAM Polizeidirektion 1098, Schreibmaschinenmanuskript der Gestapo: Die illegale monarchistische Bewegung in Bayern, Oktober 1939, S. 75.

[85] StadtAM Polizeidirektion 1063.

[86] StadtAM Polizeidirektion 1091 (Vernehmungsprotokoll vom 13. September 1939).

nicht verstehen, dass dieses Land in seiner ursprünglichen Form unter seinen alten Farben weiß und blau nicht mehr fortbestehen sollte.«[87]

Politische Ziele

Zweck und Ziel der Organisation war, die königstreuen Elemente zusammenzuhalten und den richtigen Zeitpunkt abzuwarten, um die Monarchie wiederherzustellen. Statt des »Großdeutschen Reiches« sollten wieder Bundesstaaten entstehen und das Haus Wittelsbach in Bayern erneut eingesetzt werden. Einer Wiederherstellung der kaiserlichen Würde durch die Hohenzollern stand man allerdings ablehnend gegenüber. Die »Fehlschläge« der Politik des preußischen Königshauses »in der Zeit von 1870 bis 1918, aber auch schon in der Vorzeit« ließen dies »unerwünscht erscheinen«.[88] Als »weltanschauliche Linie« wurde »Köln–München, in der Verlängerung dieser Linie bis nach Wien« und »in nicht ferner Zeit […] auch noch bis Prag«[89] angesehen. Seit dem Frühjahr 1937 bestanden Kontakte mit katholisch-legitimistischen Kreisen in Österreich sowie mit katholisch-separatistischen Kräften im Rheinland. Alle »konservativ-monarchistisch-christlichen Volksteile«[90] sollten nach dem Ende des NS-Regimes zusammengeschlossen werden.

Regelmäßig wurden Fragen staatsrechtlicher und politischer Art diskutiert, allerdings ergaben sich bei sozialrechtlichen Themen unterschiedliche Auffassungen. Die Vereinigung verstand sich als Auffangorganisation für Gleichgesinnte, 75 Prozent der Mitglieder gehörten katholischen Organisationen an, 10 Prozent waren Geistliche, Gewalt wurde weitgehend abgelehnt. Man erwartete ein Ende des Nationalsozialismus durch innen- oder außenpolitische Ereignisse. Ein »staatspolitisches und staatsrechliches Vakuum infolge irgendeiner außenpolitischen Krise oder einem Krieg [sic] könnte zur Liquidierung

---

[87] StadtAM Polizeidirektion 1091 (Vernehmungsprotokoll vom 7. August 1939).
[88] StadtAM Polizeidirektion 988.
[89] Ebd.
[90] Ebd.

des jetzigen Systems führen«,[91] so formulierte es Adolf von Harnier gegenüber der Gestapo.

Die weiteren Programmpunkte bestanden aus einer Mischung unterschiedlichsten Gedankenguts, wie die »Einführung der 36-Stundenwoche, Ermäßigung der Sozialabgaben, Einführung von Höchstgehältern, Sicherung der Arbeit, Neuordnung der Jugenderziehung, strenge Anwendung der christlichen Sittengesetze«.[92] Für den Agrarbereich waren die »gesetzlich garantierte Gesamtabnahme der landwirtschaftlichen Produkte, Einfuhrkontrollen, ein geschlossener genossenschaftlicher Aufbau des Bauernstands und die Errichtung von Genossenschaftshäusern für jede Gemeinde«[93] vorgesehen.

Schwierigkeiten

Ziel war es nun, bayernweit im großen Stil Anhänger zu werben. Es bestand Verbindung zu Pater Rupert Mayer, eine weitere Mitstreiterin war die Bildhauerin Freifrau Margarete Elisabeth von Stengel, die bereits für den »Heimat- und Königsbund« tätig war. Nach ihrem »zeichnerischen Entwurf entstand als Erkennungszeichen der Bewegung eine Brosche«[94] (Anstecknadel) mit der als politisch unverfänglich erachteten Patrona Bavariae. Frau von Stengel, die der Verlagsdynastie Oldenbourg entstammte, übernahm hierfür ebenso die Kosten wie für die Anschaffung eines »Vervielfältigungsapparates« zur Herstellung von Flugblättern. Um die Aktivitäten zu finanzieren, standen außer den Mitgliedsbeiträgen ab April 1937 mindestens 300 Postkarten mit Aufnahmen der früheren Königsfamilie zur Verfügung. Ihr Verkauf war polizeilich nicht verboten. Sie zeigten den Kronprinzen Rupprecht in Uniform und in Zivil sowie auch dessen Frau, Antonie von Luxemburg. Die Mitglieder sollten die Karten mit der Aussage

---

[91] Ebd.
[92] StadtAM Polizeidirektion 1098, Schreibmaschinenmanuskript der Gestapo: Die illegale monarchistische Bewegung in Bayern, Oktober 1939, S. 75.
[93] Ebd.
[94] StadtAM Polizeidirektion 1077.

»für gute Zwecke«[95] an Gleichgesinnte zu einem Preis von 50 Pfennig beziehungsweise 1 Reichsmark veräußern.

1935 machte Nymphenburgs umtriebiger Gartenverwalter Heinrich Weiß die Bekanntschaft mit Josef Zott[96] und Wilhelm Seutter von Lötzen.[97] Regelmäßige politische Gespräche folgten. »Im Laufe der erwähnten Zusammenkünfte und Besprechungen wurde der Gedanke bei uns reif, eine Organisation ins Leben zu rufen, die dazu berufen sei, die bayerischen Belange mehr als dies bisher der Fall war, zu vertreten. Es wurde davon gesprochen, im Falle eines unvorhergesehenen Ereignisses in Bayern eine sog. Demokratische Monarchie wieder aufzurichten.«[98]

Im Verlauf des Jahres 1935 hatte Weiß private und berufliche Schwierigkeiten. Die Geburt eines außerehelichen Kindes am Jahresbeginn wurde in der Dienststelle bekannt und war wohl der Grund dafür, dass er bei einer anstehenden Beförderung übergangen wurde. Nachdem er gegen diese Nichtberücksichtigung Beschwerde eingelegt hatte, bezichtigte man ihn auch noch einer (letztlich ungerechtfertigten) Unterschlagung.

Ende 1935 wurde Margarete von Stengel der Vorbereitung zum Hochverrat verdächtigt und verhaftet, weil sie zu Mitgliedern des bereits verbotenen »Bayerischen Heimat- und Königsbundes« Kontakt hielt und getarnte Zusammenkünfte ermöglichte. Nach einer kurzen Zeit des Stillstands gelang es Weiß, weitere Mitstreiter, darunter auch Arbeitskollegen aus der Schloss- und Gartenverwaltung Nymphenburg,[99] zu gewinnen. Unter den neu Angeworbenen befanden sich jedoch mehrere Spitzel der Gestapo.

---

[95] StadtAM Polizeidirektion 1066.
[96] Josef Zott war bei der Stadt München als Bauaufseher (Polier) angestellt.
[97] Wilhelm Seutter von Lötzen stammte aus einer wohlhabenden Familie, hatte an der Technischen Hochschule München und Stuttgart studiert. Danach war er als Prokurist bei einem Hersteller für KfZ-Bedarf tätig, der aufgrund der Weltwirtschaftskrise 1929 in Konkurs ging. Anschließend arbeitete er als Handelsvertreter für unterschiedliche Firmen.
[98] StadtAM Polizeidirektion 1091 (Vernehmungsprotokoll vom 16. September 1939).
[99] Das waren: Joseph Perzl (Ökonomieverwalter), Jakob Schlammer (Gärtner) und Albert Bernhardt (Gärtnergehilfe).

Kontakt zum Königshaus

Obwohl sich Kronprinz Rupprecht gegenüber monarchistischen Vereinigungen stets zurückhaltend verhielt, gab es Berührungspunkte zwischen Weiß und dem königlichen Haus. So entwarf er 1935 »aufgrund der Bitte von dessen Kabinettchef von Redwitz zu dessen Geburtstag«[100] eine Blumenrabatte für den Park von Schloss Leutstetten, Rupprechts damaligen Wohnsitz.

Es ist ungewiss, wie häufig sich Kontakte ergaben. Weiß nutzte dafür den Jahreswechsel und Rupprechts Geburtstage. Im Mai 1937 überreichten Jakob Schlammer, ein Gärtner aus Nymphenburg, und Wilhelm Seutter von Lötzen gemeinsam einen »riesigen Blumenkorb mit Begleitschreiben. Der Kronprinz fragte von Seutter, ob er auch in der Gärtnerei beschäftigt sei. Seutter verneinte diese Frage, worauf wir entlassen worden sind. Der Kronprinz hat sich mit uns nicht weiter unterhalten«.[101]

Auf Anweisung seines Vorgesetzten Weiß radelte[102] Jakob Schlammer am »Sylvestertag 1936 bzw. 1937«[103] zu Kronprinz Rupprecht nach Schloss Leutstetten. »Anmeldung bei einem Lakai, ich glaube ich wurde in die Bibliothek geführt. Der Kronprinz hat in meiner Gegenwart den Brief geöffnet und auch gelesen, aber nach dem Lesen sofort zerrissen und in den Papierkorb geworfen. Mir gegenüber äußerte der Kronprinz sich nur: Schon gut. Der Kronprinz gab mir eine Zigarre und hat mich entlassen. Ich weiß nicht mehr bestimmt, ich glaube aber, daß der Kronprinz mich beauftragt hat, einen Gruß an Weiß zu bestellen [...]. Ich habe den Eindruck gewonnen, daß dem Kronprinzen der Inhalt des Briefes nicht recht genehm war.«[104]

Idol und Hoffnung des monarchistischen Widerstands: Kronprinz Rupprecht mit seiner Ehefrau Antonie von Bayern. Mitglieder des monarchistischen Widerstands verkauften heimlich Postkarten mit ihrem Konterfeis.

---

[100] StadtAM 1091 (Freiherr Franz von Redwitz war Rupprechts Hofmarschall und Vertrauensmann).

[101] StadtAM Polizeidirektion 1066, Vernehmungsprotokoll vom 7. September 1939 (Aussage Jakob Schlammer).

[102] StadtAM Polizeidirektion 1066, (Nach seiner Kündigung bei der SGV Nymphenburg verkaufte Jakob Schlammer das Fahrrad an einen Kollegen, den SA-Mann Friedrich Riedel).

[103] StadtAM Polizeidirektion 1066 Vernehmungsprotokoll vom 7. September 1939.

[104] Ebd.

Auch Adolf von Harnier nutzte seine Kontakte zu Kronprinz Rupprecht. »Auf Kosten der Bewegung« ließ er im Juli 1938 »ein Dutzend Chrysanthemenstöcke in weiss-blauer Farbe nach Leutstetten schicken«, nachdem er von Hans von Pechmann, einem gemeinsamen Bekannten, gebeten worden war, »an der Ausschmückung des umgebauten Schlosses Leutstetten mitzuwirken«.[105] 1938 war auch das Jahr, in dem Harnier dem Kronprinzen »seine Freunde Zott, Fackler und Pflüger vorgestellt«[106] hatte. Zweck war, dem Kronprinzen »die Anliegen einfacher Menschen nahezubringen«.[107]

Der Kontakt der Gruppe zum Königshaus riss nie ab. Er wurde auch auf Rupprechts Sohn und Nachfolger Albrecht ausgedehnt. Konstruktive Zusammenarbeit jedoch konnte die Gestapo (auch Rupprecht war verhört worden) nicht nachweisen.

Kontakte zu altem Adel und zum großen Geld

Selbstverständlich sollten Angehörige des Adels für die Sache gewonnen werden. 1937 beauftragte Weiß seinen Mitstreiter Wilhelm Seutter von Lötzen, Kontakt mit dem Fürsten Waldburg-Zeil aufzunehmen. Die beiden kannten sich aus der gemeinsam verbrachten Internatszeit. Seutter von Lötzen besuchte ihn in Schloss Zeil bei Leutkirch, »er war jedoch weder für diese Sache noch für eine andere politische Angelegenheit interessiert, d. h. er sah jede derartige Betätigung als fehl am Platze an, und war auch für eine geldliche Unterstützung der Sache nicht zu gewinnen«.[108] Auch andere Kontakte, wie die zu Baron Sigriz in Reichersbeuern und Graf Walderdorff, brachten nicht den gewünschten Erfolg. Unschätzbar für die Organisation waren die zahlreichen Kontakte zu namhaften Adelsfamilien wie Arco, Spreti, Venningen, Brentano, Guttenberg, Lobkowitz, Thun, Schönborn, Trauttmannsdorff und anderen, die Adolf von Harnier und seine Frau Gabrielle,

[105] StadtAM Polizeidirektion 1098, S. 157.
[106] StadtAM Polizeidirektion 988.
[107] StadtAM Polizeidirektion 1098.
[108] StadtAM Polizeidirektion 1063.

geborene Kotz von Dobrz, pflegten. Ebenfalls gut bekannt war er mit namhaften jüdischen Familien wie Bernheimer, Uhlfelder und Hirsch, denen er während der »Arisierung« und bei ihrer Emigration juristisch beistand.

Im Herbst 1937 führte Harnier in Wien »Besprechungen mit leitenden Persönlichkeiten« durch. »Hohe Regierungskreise, sowie den Adjutanten des Kaisers Otto«[109] habe man, laut Weiß, aufgesucht. Die »näheren Besprechungen hätten sich vor allem um die Zuwendung von Mitteln gedreht«.[110]

Erweiterter Aktionsradius

1937 war innerhalb der Gruppe überlegt worden, »gelegentlich der Eröffnung des Hauses der Kunst eine Aktion einzuleiten, um dadurch Aufmerksamkeit zu erregen und zu beweisen, daß man an den Führer herankommen kann«.[111] Spätestens in dieser Zeit war Adolf von Harnier zu der Gruppe um Weiß gestoßen. Margarete von Stengel und Harnier kannten sich jedoch bereits aus der Jugend. Ihre Brüder und er waren Schulkameraden gewesen. Er war es auch, der Weiß bei dessen Scheidung vertrat. 1936/37 wurden die Bewegung systematisch ausgebaut, Ziele klar definiert und ein »Aktionsfonds« gegründet. Franz Xaver Fackler, ein Kaufmann mit großer agitatorischer Energie, stieß 1937 zur Gruppe. Im Herbst verlagerte sich die Landesleitung auf Harnier. Weiß hatte ab diesem Zeitpunkt die Stellung eines Geschäftsführers. Die Einnahmen stiegen stetig, sodass im Frühjahr 1939 für die Durchführung von Propagandafahrten neben den im Einsatz befindlichen vier privaten Pkw sogar ein eigener »Dienstkraftwagen« bereit stand.

[109] »Kaiser Otto« meint Otto von Habsburg (1919–2011). Dessen Adjutant war Graf Franz von Trauttmannsdorff, ein Vetter von Harniers Frau Gabrielle.
[110] BayHStA SchlV 2090.
[111] StadtAm Polizeidirektion 1091 (Vernehmungsprotokoll vom 16. September 1939).

Moralische Verfehlung

Ende 1937 wurde öffentlich bekannt, dass Weiß nicht nur »Weibergeschichten«, sondern auch ein außereheliches Kind hatte. So kam er in einer Unterredung mit Harnier zu dem Entschluss, Anfang Dezember 1937 auszuscheiden.

»Flugzettel«

Im Herbst 1937 druckte die Organisation Flugblätter, um sie in Südbayern zu verteilen. Zu diesem Zeitpunkt gab es Verbindungsleute in zahlreichen Gemeinden, unter anderem in Altötting, Augsburg, Regensburg, Rosenheim, Lenggries, Erding, Freising, Fürstenfeldbruck, Wolfratshausen, Starnberg, Schliersee, Gmund, Kiefersfelden, Passau, Berchtesgaden. Wie groß die Anzahl der gefertigen Exemplare tatsächlich war, ist ungewiss. Geplant waren 30 000 Stück. Adolf von Harnier verfasste für das »Nachrichtenblatt Nr. 2«[112] nach einem mehrseitigen informativen Text folgenden Abschluss:

> *Denkt nach!*
> *W a s w a r e n e i n s t*
> *Hitler*
> *Hess*
> *Himmler*
> *W a s w a r e n*
> *Göring, Ribbentrop, der bayer. Minister Wagner, Schmidgen,*
> *Baldur von Schirach, Fiehler, Weber usw. usw.*
> *W e r v o n d i e s e n B o n z e n*
> *h a t k e i n e V i l l a , kein L a n d g u t ,*
> *kein A u t o etc.*
> *W o h e r , w o h e r*
> *Haben diese Großbonzen das Geld für ihren Luxus?*
> *Antwort an den Schmied von Kochel*[113]

---

[112] StadtAM Polizeidirektion 1098, Schreibmaschinenmanuskript der Gestapo: Die illegale monarchistische Bewegung in Bayern, Oktober 1939, S. 70f.

[113] Der Schmied von Kochel gilt als der Anführer des Bauernaufstands von 1705 gegen die Besetzung Bayerns durch kaiserlich-österrei-

Die Hauptbeschuldigten

Freiin Margarethe v. Stengel | Freiherr Adolf v. Harnier | Wilhelm Seutter v. Lötzen | Joh. Bauberger | Josef Pongratz | Jos. Ostermaier
Heinrich Weiß | Josef Zott | Frz. Xaver Fackler | Erich Chrambach | Josef Nößl | Albert Kaifer
Gebhard Fahrner | Heinr. Pflüger | Hans Kröner | Alois Fuchs | Frz. Xaver Eberth | Georg Knott
Alb. Ramsauer | Frz. Xaver Huber | Ludw. Reindl | Karl Schuster | Siegfried Huber | Alfons Loritz

»Gibt denn der Weiß noch keine Ruhe?«

Stets, wenn Heinrich Weiß aus den Fenstern seiner Wohnung im Küchenbau von Schloss Nymphenburg sah, hatte er die florierende Porzellanmanufaktur und das daneben liegende private Wohnhaus von deren Direktor, Dr. Fritz Bäuml, vor Augen. »Weil ich bei ihm eine gut bayerische und königstreue Gesinnung vermutete«, so Weiß, bat er Bäuml schriftlich, »mit ihm sprechen zu dürfen«.[114]

Von der Gestapo zusammengestellte Fotos der Hauptbeschuldigten des Harnier-Kreises: Rund ein Dutzend Mitglieder des Harnier-Kreises wollte Gauleiter Wagner am Marienplatz aufhängen lassen.

chische Truppen. Er ist die aussagekräftige Symbolfigur eines bayerischen Volkshelden, der für die Befreiung seiner Heimat kämpfte.

[114] BayHStA SchlV 2090 (Schreiben der Gestapo vom 30. September 1939).

73

Obwohl angeblich Ende 1937 aus der Organisation ausgeschieden, ließ er Bäuml durch dessen Gärtner am 18. Januar 1938 ein Exemplar des »Nachrichtenblatts Nr. 1«, einer mehrseitigen Streitschrift, mit folgendem Begleitschreiben übergeben:

> »Bitte diese meine Zeilen gütigst zur Kenntnis nehmen zu wollen. Bedingt durch die bestehende Notzeit erlauben wir uns um Mitunterstützung zu bitten. Es geht um unser Bayern. Stehe gerne zur Verfügung.
>
> Gez. Heinrich Weiß Gartenverwalter«[115]

Bäuml war nach eigener Angabe über den Inhalt des Briefes entsetzt und rief umgehend den Gärtendirektor der Schlösserverwaltung, Max Diermayer, an. Dieser reagierte mit dem Ausruf »Gibt denn der Weiß noch keine Ruhe!«[116] und leitete das verfängliche Schreiben samt Flugblatt »sofort auf dem Dienstwege dem Herrn bayer. Ministerpräsidenten Siebert in seiner Eigenschaft als Finanzminister«[117] weiter, der prompt die Gestapo einschaltete.

Ungeklärter Aufenthalt in Österreich

Am Ende dieser Woche, am 23. Januar 1938, so berichtete Weiß später, habe er sich in Richtung Österreich in Bewegung gesetzt. Gründe, Zweck und Umstände sind ungeklärt.

»Unter großen Strapazen« sei der durch seine Kriegsverletzung gehbehinderte Weiß zu Fuß über Freising, Landshut, Plattling, Vilshofen, Passau bis nach Wien gewandert. Ohne Geld habe er meist in Heuschobern übernachtet und sei schließlich erschöpft mit hohem Fieber in einer Wiener

---

[115] Ebd.
[116] StadtAM Polizeidirektion 1091 (Ausruf Max Diermayers, als sich Bäuml telefonisch bei ihm meldete. Aussageprotokoll von Fritz Bäuml vom 25. August 1939).
[117] StadtAM Polizeidirektion 1098, Schreibmaschinenmanuskript der Gestapo: Die illegale monarchistische Bewegung in Bayern, Oktober 1939 (S. 92/93).

Klosterkirche zusammengebrochen. Bemühungen, eine Beschäftigung als Gärtner zu finden, blieben erfolglos. Erst im März sei er zurückgekehrt und auf dem Heimweg den einmarschierenden deutschen Truppen begegnet, da in dieser Zeit der sogenannte Anschluss Österreichs stattfand. Am 19. April 1938 wieder in seiner Münchner Wohnung eingetroffen, brachte ihn seine Ehefrau zwei Tage später in die Nervenabteilung des Schwabinger Krankenhauses.

Dies gab Weiß nach seiner Verhaftung zu Protokoll. Die Gestapo vermutete, dass sein Aufenthalt in Österreich dem »Aufbau einer politischen Widerstandsgruppe« gedient habe. Er soll Kontakt mit Kurt von Schuschnigg, dem österreichischen Bundeskanzler, unterhalten haben. Weiß beteuerte seine Unschuld. Er sei bereits Anfang Dezember 1937 »wegen Unkameradschaftlichkeit« aus der monarchistischen Bewegung ausgestiegen. Bei der Unterredung mit Harnier hatte er sein »uneheliches Kind und das schwebende Disziplinarverfahren« als Gründe angeführt, danach sei ein »privater und gesellschaftlicher Rückzug« erfolgt.

Aus den Befragungsprotokollen der Gestapo ist nicht ersichtlich, wie sich der Aufenthalt von Weiß in Österreich gestaltet hat. Speziell Wilhelm Seutter von Lötzen wurde wiederholt danach befragt. »Darüber, daß Weiß mit legitimistischen Kreisen in Österreich in Verbindung stand, beziehungsweise mit derartigen Kreisen Verbindung gesucht hätte, weiß ich nichts. Weiß hat darüber zwar glaublich 1935 oder 1936 davon gesprochen, daß er mit diesen Kreisen in Österreich in Verbindung treten will, doch habe ich meinerseits die Sache als Utopie angesehen.«[118] Aus der Luft gegriffen war dieses Ansinnen keineswegs. Weiß' Geburtsort Laufen liegt an der bayerisch-österreichischen Grenze, Seutter von Lötzen hatte über seine Mutter verwandschaftliche Beziehungen zu Wien und verbrachte dort in seiner Jugend ein knappes Jahr als Praktikant der Spinnereifabrik Seutter & Co. Auch Harnier pflegte mit häufigen Besuchen in Österreich und Böhmen seine Beziehungen zur dortigen Aristokratie.

[118] StadtAM Polizeidirektion 1063.

Resümee

Bisher wird die monarchistische Bewegung als eine Vereinigung »einfacher Leute« abgetan. Richtig ist, dass sich hier Menschen unterschiedlichster Herkunft und Bildung trafen. Die Spitzel der Gestapo konnten 130 Personen als Mitglieder nachweisen. Viele übten Handwerksberufe aus, es gab Priester, zahlreiche Selbstständige wie Kaufleute, Wirte, Bauunternehmer, Sägewerks- und Droschkenbesitzer, Künstler, auch Beamte, darunter sogar einen Polizeihauptwachtmeister. Heinrich Weiß hatte sich nach einer Jugend im Waisenhaus mit zähem Willen und Fleiß emporgearbeitet. Während seiner Wanderjahre lernte er große Adelshäuser kennen. 1925 absolvierte er die Höhere Staatslehranstalt für Gartenbau in Weihenstephan, stand bedeutenden historischen Gärten vor und hatte Beamtenstatus. Es spricht für ihn, dass er Menschen wie Margarete von Stengel, Wilhelm Seutter von Lötzen und Adolf von Harnier für seine Idee, und nicht umgekehrt, gewinnen konnte.

Bereits zum Zeitpunkt seines Austritts bestand ein Netz von einzelnen Gruppen in zahlreichen Orten. Allein im knappen Zeitraum vom 9. Januar bis zum 3. August 1939 fanden 66 Treffen der Hauptakteure statt. Weiß hatte das Glück, dass ihn private Schwierigkeiten zwangen, rechtzeitig auszusteigen.

Am 4. August 1939 hatten die eingeschleusten Spitzel der Gestapo genug Material gesammelt. Innerhalb von zwei Wochen wurden Häuser und Wohnungen durchsucht, über 500 Personen vernommen, 125 Personen verhaftet. Das Gerichtsverfahren verzögerte sich, obwohl ein 219 Seiten umfassender Bericht[119] erarbeitet wurde. Ohne Prozess mussten sogar die Minderbeschuldigten bis zu 44 Monate Haft verbüßen. Angeklagt wurde die Vorbereitung zum Hochverrat und die Verbreitung von Schriftgut und bildlichen Darstellungen.

[119] StadtAM Polizeidirektion 1098, Schreibmaschinenmanuskript der Gestapo: Die illegale monarchistische Bewegung in Bayern, Oktober 1939.

Josef Zott, der Nachfolger von Heinrich Weiß, wurde im Oktober 1944 vom Volksgerichtshof in Berlin zum Tode verurteilt und am 15. Januar 1945 enthauptet. Grund dafür war, dass ein Spitzel der Gestapo behauptete, Zott habe geäußert: »In Wien hätte Weiß zeigen können, daß er ein ganzer Mann sei! Er hätte die beste Gelegenheit gehabt, Hitler zu erschießen und seinem Vaterlande damit den größten Dienst zu erweisen!«[120] Diese Aussage wurde als Beweis für die Planung eines gewaltsamen Umsturzes gewertet.

Adolf von Harnier starb am 12. Mai 1945 kurz nach dem Einmarsch der Amerikaner in Bayern an Hungertyphus im Zuchthaus Straubing.

Auch Heinrich Weiß gehörte zu den Hauptschuldigen. Nach seiner Rückkehr aus der Psychiatrie ordnete er sein Privatleben neu. Er heiratete die Mutter seines Kindes und wurde am 1. August 1939 in die Verwaltung des Englischen Gartens versetzt. Dort wurde er drei Tage später, am 4. August 1939, verhaftet. Eine »fast fünfjährige strenge Haft im Strafgefängnis Stadelheim« folgte; so formulierte Weiß diese Jahre in seinem Antrag[121] auf Wiederverwendung in den Staatsdienst.

Sein ehemaliger Vorgesetzter, Max Diermayer, stand der Wiedereinstellung von Heinrich Weiß ambivalent gegenüber, was sich in seiner Stellungnahme vom 14. Juni 1945 deutlich zeigt.[122] Deshalb erhielt Weiß nur die weniger bedeutende Stelle als Gartenverwalter von Schloss Dachau. Diermayer wurde am 20. August 1945[123] aufgrund seiner Mitgliedschaft in der NSDAP als Mitläufer[124] dienstenthoben. Am 26. Mai 1948[124] erreichte er seine Wiedereinstellung. Der Hauptentlastungszeuge war sein ehemaliger Mitarbeiter und Nymphenburger Nachbar, »Direktor Weiß«.[125]

---

[120] StadtAM Polizeidirektion 1098, Schreibmaschinenmanuskript der Gestapo: Die illegale monarchistische Bewegung in Bayern, Oktober 1939, S. 94.
[121] BayHStA SchlV 2090 (Schreiben von Weiß an die Staatliche Verwaltung der Schlösser, Gärten und Seen vom 27. Mai 1945).
[122] BayHStA SchlV 1643 (Personalakte Diermayer).
[123] Ebd.
[124] Ebd.
[125] Ebd.

Heinrich Weiß wollte auch in der frühen Nachkriegszeit politisch mitbestimmen. Er wurde Mitglied der Bayernpartei und ab Juni 1948 Kreisrat in Dachau, von 1952 bis 1956 stellvertretender Landrat. Am 14. April 1963 starb der Initiator der monarchistischen Widerstandsbewegung gegen den Nationalsozialismus.

Kapitel 8 | **Volkserziehung durch Sport und Spiele**

Für viele Deutsche, die sich nach dem verlorenen Ersten Weltkrieg als wehrpolitisch entmündigt betrachteten, wurde der Sport zum Ventil für militärische Ambitionen. Zahlreiche Sportfeste wurden in »Kampfspiele« umbenannt, von »Jugendertüchtigung« war die Rede. Die Nationalsozialisten folgten dieser Denkweise mit dem Ziel, ein »Volk leibestüchtiger Männer und Frauen« heranzuziehen. Auch Sportverbände wurden gleichgeschaltet und Funktionäre wurden als »Führer« bezeichnet.

Zu jeder Jahreszeit attraktiv, damals wie heute: der Nymphenburger Kanal in den 1930er-Jahren

Um das »Menschenmaterial zu stählen«, galt Sport als »ein wichtiges Mittel der Erziehung der deutschen Menschen zu

Wie sich zahlreiche Zeitzeugen erinnern, stürzten sich Generationen beherzter Nymphenburger Kinder mit ihrem Schlitten den »steilen« Abhang ins sogenanten Löwental bei der Badenburg hinab ...

Volk und Staat«.[126] Nun ließ jedoch die Situation in München Austragungsorte für Sportwettkämpfe vermissen. Der ehrgeizige Franz Reichinger, Duzfreund Christian Webers, beklagte sich als Sportbeauftragter des Gaus München-Oberbayern wiederholt über das Fehlen eines Großstadions in München. Das in der Nähe des Nymphenburger Schlosses gelegene Dante-Stadion war bereits bei seiner Eröffnung im Jahr 1928 zu klein.

[126] Wiese, Dirk: Sport im Nationalsozialismus, Norderstedt 2009.

80

Schwimmen im Schlosskanal

In Nymphenburg nutzte man den Schlosskanal als Austragungsort für Schwimmwettkämpfe. Heute mutet dies wegen der sommerlichen Algenplage vielleicht seltsam an. Damals sorgten eine halbjährliche Bachauskehr und die Einbringung von Ätzkalk für eine gute Wasserqualität. Zahlreiche Badeanstalten säumten den Flusslauf der Würm, denn sie wurde wegen ihrer höheren Temperatur und dem geringeren Kalkanteil der Isar vorgezogen. Bereits im Sommer 1932 fanden zwischen der Gerner Brücke und dem Kanalkessel am Waisenhaus Vorführungen von Rettungsschwimmern statt. Sie waren vom »Arbeiter-Wasser-Rettungs-Dienst« organisiert.

Vom 15. bis 24. Juni 1934 wurde die von Reichspropagandaminister Joseph Goebbels ins Leben gerufene »Reichs-Schwimm-Woche« mit der Parole »Jeder Schwimmer ist ein Retter« auch in München ausgetragen. Diese Großveranstaltungen fanden in allen Städten des Reichs statt. Den Höhepunkt in München bildete ein Staffelschwimmen über die Gesamtlänge von 1500 Metern im Schlosskanal. Das Wettschwimmen fand am Sonntagvormittag zwischen 9 und 12 Uhr in Konkurrenz zum Gottesdienst statt. Der Abend des 17. Juni 1934 endete mit einem »Lampionreigen« im Kanalkessel am Waisenhaus unter der Leitung des Damen-Schwimmvereins München von 1903 e. V. (den späteren »Isar-Nixen«) zwischen 21 und 22 Uhr.

Reklamemarke der späteren »Isar-Nixen« aus dem Jahr 1903

Ein Schießstand zur »Wehrsportförderung«

Zur »Wehrsportförderung« wurde 1938 neben dem Schlosspark eine zeitgemäße Attraktion errichtet. Die örtliche Presse meldete: »Eine einfache, aber sehr schöne und zeitgemäße Schießstätte in Nymphenburg geht ihrer Vollendung entgegen. Wie groß das Interesse der Nymphenburger, besonders der Jugend, an dieser Sache ist, zeigen die täglichen Besuche am Bauplatz an der Zuccalistraße. Das Entstehen dieser notwendigen Wehrsportstätte ist dem umsichtigen Vereinsführer Aischer, welcher auch zum Schießwart des großen Dt. Schützenverbandes ernannt wurde, zu verdanken. [...]

81

Bereits Ende des Monats konnte die Eröffnung gefeiert werden.«[127]

Der Ehrengast kam aus einer Nebenlinie des Hauses Wittelsbach: »Für den Kleinkalibersport und damit für die Wehrfähigkeit war der Christi-Himmelfahrtstag das bedeutendste Ereignis der Nymphenburger Schützen. An diesem Tage wurde in der Zuccalistraße die neuerbaute Schießstätte eröffnet [...] Die Mitglieder der Kleinkaliber-Schützengesellschaft Nymphenburg und eine Formation der Ehrenstürme des Luftschutzes hatten vor dem Eingang Aufstellung genommen, um den Gauschützenleiter Prinz Adalbert von Bayern zu begrüßen.«[128] Ohne der nationalsozialistischen Bewegung nahezustehen, wurde Prinz Adalbert aufgrund der Gleichschaltung aller Verbände durch die Berichterstattung nominell vereinnahmt.

Neue Formen von Wehrverbänden, wie die SA, hatten bereits in der Zeit der Weimarer Republik die Jugendkultur beeinflusst. Zur vormilitärischen Ausbildung der Jungen durch die Hitlerjugend gehörten neben der ideologischen Schulung »Körper-Ertüchtigung, Geländesport und Kleinkaliber-Gewehr-Übungen.«[129] Letztere umfassten das »Studium der Feuerwaffen, Schießunterricht, Verhalten am Schießstand, Betätigung als Zielrichter und Munitionsträger, Betätigung als Instruktor für Gewehrschießen, Abzug des Drückers, Anwendung der Schießscheiben, Stellungen vor dem Feuern, während des Feuerns und nach dem Feuern und alle Schießstellungen, wie Ruhe, liegend, sitzend, kniend, stehend«.[130] Die Ausbildung hatte das Ziel, die Jugendlichen auf den Einsatz ihres Lebens »für den Bestand des Reiches, wenn die Stunde den Kampf verlangt«[131] vorzubereiten.

Wenige Wochen nach Kriegsbeginn wurde für die 16- bis 18-jährigen Hitlerjungen eine zwölfmonatige Ausbildung im

---

[127] »Nymphenburger Zeitung/Neuhauser Nachrichten« vom 7. Mai 1938.
[128] »Nymphenburger Zeitung/Neuhauser Nachrichten« vom 28. Mai 1938.
[129] Pimpf im Dienst, Potsdam 1938.
[130] Ebd.
[131] Deutscher Jungendienst – Ein Handbuch, Potsdam 1933.

So Willi, jetzt setz dich mal an den Tisch; ganz nah! Laden! Stütz beide Ellenbogen auf die Tischplatte, nimm die rechte Schulter etwas zurück und umfasse mit der rechten Hand den Kolbenhals. So, jetzt faßt du mit der linken Hand den Kolben am Schaftende und ziehst das Gewehr in die Höhlung zwischen Schulter und Hals. Aber nicht auf den Arm= wulst setzen und auch nicht auf das Schlüsselbein. Halte dich doch nicht so verkrampft. Ganz locker! Deinen Kopf hast du schon von selbst leicht nach rechts genommen. Die rechte Gesichtshälfte ist an den Schaft angelehnt. Während du nun zielst, atmest du langsam durch die Nase aus. Dann hältst du den Atem an und krümmst gleichzeitig den Zeigefinger durch. Dann öffnest du das linke Auge, machst den Zeigefinger lang, nimmst den Kopf hoch, setzt ab und überlegst dir, auf welchen Punkt der Scheibe deine Visierlinie gezeigt hat, als du abgekrümmt hast. Dieser Punkt, auf den die Visierlinie bei der Abgabe des Schusses zeigte, nennen wir „Abkommen". Häufig fällt das Abkommen und der Haltepunkt nicht zusammen, weil bei den ungeübten Schützen das Gewehr und daher die Visierlinie schwankt.

Schießen mit Kleinkaliberge-wehren war ein beliebter Freizeitsport, wie der Ausschnitt aus dem Buch »Pimpf im Dienst«, 1938, zeigt.

Kleinkaliberschießen zur Vorbereitung für den Dienst in der Wehrmacht obligatorisch.

Die Nymphenburger Schießstätte wurde regelmäßig von der Hitlerjugend genutzt, die im nahegelegenen Schwanen-turm des Schlosses (Teil des heutigen Marstallmuseums im nördlichen Kavalierbau) untergebracht war. Ende März 1939 fand »unter reger Teilnahme das erste öffentliche Schießen zu Gunsten des Winterhilfswerks« (WHW) statt. Wich-tige Honoratioren waren hierbei »unter anderem unser Gauschützenführer Prinz Adalbert und Ortsgruppenlei-ter Dünzinger«.[132] Die Presse berichtete von einem »Kriegs-WHW-Schießen«, bei dem zum wiederholten Mal »unter der Leitung des Kleinkaliber-Schützenvereins, der Ortsgrup-pe der NSDAP und der HJ und des Jungvolks«[133] für diesen Zweck geschossen wurde. Die Schießstätte erfreute sich regen

[132] »Nymphenburger Zeitung/Neuhauser Nachrichten« vom 29. März 1939.
[133] »Nymphenburger Zeitung/Neuhauser Nachrichten« vom 22. März 1941.

Zulaufs. Laut muss es in Nymphenburg zugegangen sein. Damals zeigte eine Statistik: 1939 waren 45 Schützen in den Wettbewerb gestartet, 1940 waren bereits 142 und 1941 sogar 222 am Start. Allein an drei aufeinander folgenden Sonntagen sollen 4000 Schüsse gefallen sein.

»Geistiges Wehrspiel«

»Das geistige Wehrspiel muss zum Nationalspiel der Deutschen werden«. Der »Völkische Beobachter« forcierte Schach als Breitensport. (Ausgabe vom 21. August 1936

Als »Schach-Olympia 1936« wurde jene deutsche Gegenveranstaltung bezeichnet, die keine offizielle Schacholympiade des Welt-Schachbundes war. Sie fand vom 17. August bis 1. September 1936 in den Messehallen auf der Theresienhöhe statt. Rund 3000 Zuschauer aus ganz Deutschland waren mit Sonderzügen nach München gereist. Offiziell war der Anlass für dieses Großereignis die 100-Jahrfeier des »Münchner Schachclubs 1836 e. V.«.

Die Veranstaltung fand direkt im Anschluss an das Ende der Berliner Sommerolympiade (1. bis 16. August 1936) statt. Zwar verweigerten England und die USA aufgrund der nationalsozialistischen Ideologie und Politik ihre Teilnahme, jedoch nahmen 21, meist europäische Nationen mit 220 Spielern teil.

Feierlicher Abschluss war ein Konzert im Steinernen Saal des Nymphenburger Schlosses. Hier fanden sich die Leitungsgremien des Weltschachbundes, des deutschen Schachbundes, die Generalkonsuln der vertretenen Nationen sowie zahlreiche Vertreter von Partei, Staat und Wehrmacht, der »Hauptstadt der Bewegung«, der Wirtschaft und der Presse zusammen. Dieses Ereignis fand am 26. August 1936 auf Einladung der Bayerischen Landesregierung unter ihrem Ministerpräsidenten Ludwig Siebert statt, der zugleich Finanz- und Wirtschaftsminister war, sowie Reichsminister Hans Frank, der bald darauf den Beinamen »der Schlächter von Polen« führte. Auch Reichsinnenminister Wilhelm Frick war erschienen. Dieser Jurist wirkte maßgeblich an den Gesetzen zur Umsetzung der nationalsozialistischen Rassenideologie mit.

Kapitel 9 | Die größte Freiluftrevue des Jahrzehnts: »Die Nacht der Amazonen«

Insgesamt vier Veranstaltungen (27. Juli 1936, 31. Juli 1937, 30. Juli 1938 und 29. Juli 1939) trugen den Namen »Nacht der Amazonen«, alle wurden im Schlosspark Nymphenburg aufgeführt und waren in die »Rennwoche Riem« eingebunden, eine Sportveranstaltung, die von Christian Weber ins Leben gerufen und mit 100000 Reichsmark sehr hoch dotiert war. Sie sollte die deutsche Konkurrenzveranstaltung zum Derby im englischen Ascot sein »mit dem Unterschied, daß man in Riem viel mehr Spaß haben könne«.[134] In Anlehnung an das »Blaue Band« im englischen Pferdesport nannte man den Preis von Riem das »Braune Band von Deutschland«.

Sonderstempel der Deutschen Reichspost zur »Rennwoche Riem«, 1937

Die Ehrenloge in Riem zierten sogar Könige wie Faruk von Ägypten, Peter II. von Jugoslawien, Hakon VII. von Norwegen, Gustav V. von Schweden und der König der Belgier, Leopold III. Am Abend fanden sie sich auf der westlichen Freitreppe und im strahlend erleuchteten Schloss ein – in jenem »abgegrenzten VIP-Bereich, in dem Weber seine Ehrengäste mit den Amazonen bekannt machte«.[135]

Um 15000 nichtprominenten Besuchern eine bequeme Anfahrt zum Schloss zu ermöglichen, wurden die Zubringerstraßen, wie etwa die Notburga-, Menzinger- und Prinzenstraße oder die Hanfstaenglstraße mit ihren Hakenkreuzhäusern ausgebaut. Die historischen Auffahrtsalleen erhielten eine moderne, elektrische Straßenbeleuchtung. Auch hierfür wurden Mittel aus dem »Reinhardt-Programm« verwendet (siehe dazu Kapitel 3). Als künstlerischer Leiter wurde der illustre Hans Gruß gewonnen. Er verstand es wie kein ande-

---

[134] Large, David Clay: Hitlers München. Aufstieg und Fall der Hauptstadt der Bewegung, München 1998.
[135] Ebd.

rer, glamouröse Ausstattungsrevuen von amerikanischem Format zu bieten. Im Deutschen Theater hatte er gezeigt, dass er mondänes Showbiz im großen Stil verwirklichen konnte. Der Mann, der dort die Puppen tanzen ließ, war wie geschaffen, 1936 auch eine »Nacht der Amazonen« auf die Beine zu stellen.

Die erste »Nacht der Amazonen« 1936

Schon in den Tagen vor dem Riemer Rennen und seiner krönenden Abendveranstaltung in Nymphenburg ging es im »Völkischen Beobachter« seitenweise um »Die schönste Rennbahn Europas: München-Riem« – »Das bedeutendste Rennen des Kontinents: Das »Braune Band von Deutschland« – »Kamerad Pferd – Ehrentag der Kriegspferde« – »Vierbeinige Frontkameraden« (im Circus Krone) – »Der Morgen der Amazonen – Amazonen, an die Pferde! Nymphenburg lädt zum Fest«.[136] Gleichzeitig fanden Ausstellungen statt wie »Das Pferd in der Kunst« (in der Residenz München), »Das Pferd in der deutschen Wirtschaft« und ein historischer Festzug mit dem etwas erstaunlichen Motto »500 Jahre Deutsches Pferderennen in München«.

Bereits in früheren Jahrhunderten hatte sich in München eine bedeutende Festzugskultur entwickelt. An diese Tradition, die in der Prinzregentenzeit ihre Hochblüte erreichte, knüpfte nun das NS-Regime an. Mühelos ließ sich lokale Erinnerungskultur unter neue Vorzeichen stellen. Zum künstlerischen Leiter des Festzugs von 1936 und zur ersten »Nacht der Amazonen« avancierte ein Freund Christian Webers, der Maler Albert Reich.

In wochenlangen Vorbereitungsarbeiten wurden die Zuschauertribünen hinter dem Schloss gezimmert, unter dem Rasen Starkstromleitungen für mächtige Filmscheinwerfer und Wasserrohre für Fontänen-Alleen verlegt. Ein fulminanter Zeitungsartikel »Feuerbaldachin über wilden Hirten« in den

---

[136] »Völkischer Beobachter« vom 22. bis 25. Juli 1936.

86

Geheimnisse der „Nacht der Amazonen" im Tageslicht   Aufn.: Huhle

Der Morgen der Amazonen
Ein festliches Vorspiel zur Nacht

»Kosaken« bei der Probe zur
»Nacht der Amazonen«,
»Völkischer Beobachter«,
25. Juli 1936

»Münchener Neuesten Nachrichten« schilderte die Vorarbei-
ten unter Hans Gruß, dem Leiter des »Arbeits-Ausschusses
Nacht der Amazonen«. Der Reporter erlebte ihn als Power-
manager: »›200 Tonnen Sägemehl haben wir anfahren lassen
für die Pferdebeine‹, erklärt Hans Gruß. ›Das ist ein ganzer
Eisenbahnzug voll! Dieses Sägemehl wird jetzt in Nymphenburg draußen vom Reichsarbeitsdienst für die Reiterspiele
[aus]gebreitet.‹«[137]

[137] »Münchener Neueste Nachrichen« vom 16. Juli 1936.

Hans Gruß – Der Mann, der die Puppen tanzen ließ

Von 1912 an hatte Hans Gruß (1883–1959) das Künstlerkabarett und Revuetheater Bonbonnière in München zu einem der bedeutendsten Deutschlands gemacht. Hier führte das Ensemble »Die Pfeffermühle« (Magnus Henning, Therese Giehse, Klaus und Erika Mann) 1933 sein erstes Programm auf. »Mit Seide ausgeschlagen, bot sie 220 Personen Platz. Im Parkett wurde nur Champagner serviert, Herren waren nur im Frack oder Smoking zugelassen. Wer nur einen dunklen Anzug trug, ›durfte‹ gerade noch im Rang Wein trinken.«[138]

1920 übernahm Gruß auch die Leitung des Deutschen Theaters, wo er in Erweiterung der Operette mondäne Ausstattungsrevuen nach amerikanischem Vorbild inszenierte. Der Bühnenbildner und Grafiker Walter Schnackenberg gestaltete dort für ihn das noble Theaterrestaurant »Pavillon Gruß«. Es galt als das eleganteste Lokal Münchens, hier traten die berühmten Tiller-Girls auf, hier hörte man den später als Filmkomponist berühmt gewordenen, damals 19-jährigen Pianisten Peter Kreuder als »Tschäss-Musiker«. »Das Exklusivste war in München der ›Pavillon Gruß‹«: ›Nur roter Samt! Kristall überall, Spiegel bis zur Decke! Teppiche, in denen der Fuß versinkt‹ beschrieb der Besitzer Hans Gruß sein Etablissement; hier verkehrte die ›große Welt! Man diniert! Man tanzt!‹«[139]

Gruß hatte eine eigene Balletttruppe mit 36 Revuegirls ins Leben gerufen und bereicherte den Münchner Fasching durch die festlichen Bälle »Venezianische Nacht« und den »Bal paré«. Er besaß das Undosa-Wellenbad in Starnberg, dessen Festsaal er 1925 prunkvoll ausstatten ließ. Als Alois Pfaundler ist er in Lion Feuchtwangers Roman »Erfolg« porträtiert.

Hans Gruß wurde seinen Parteigenossen zunehmend suspekt, weil er weiterhin Stücke jüdischer Autoren zur Aufführung brachte. 1935 musste er als Intendant des Deutschen Theaters zurücktreten, sein Nachfolger wurde Hans Wolz. In der »Nacht der Amazonen« 1936 durfte er ein letztes Mal zeigen, was er unter »Showtime« verstand.

---

[138] Geyer, Martin H.: Verkehrte Welt. Revolution, Inflation und Moderne, München 1914-1929. Göttingen 1998.
[139] Ebd.

Hermann Fegelein: SS-Pferde für die Amazonen

Für die »Nacht der Amazonen« trainierte SS-Gruppenführer und Generalleutnant der Waffen-SS Hermann Fegelein (1906–1945) die Show-Reiterinnen und die SS-Formationen, daneben organisierte er Hunderte von Pferden. Ausgezeichnet als einer der besten deutschen Spring- und Turnierreiter war er Protegé Christian Webers.

Hermann Fegelein in Uniform eines Standartenführers der Waffen-SS mit Ritterkreuz, ca. 1942

Sein Vater Johann Fegelein (geboren 1876 in Grettstatt bei Schweinfurt), Oberleutnant a. D. und Militärreitlehrer, gründete 1926 das »Reitinstitut Fegelein«, eine Münchner Institution, in der die sogenannten Höheren Töchter und weitere Angehörige des Großbürgertums Reitunterricht erhielten. Auf dem Areal der Max-II-Kaserne in der Albrechtstraße unterhielt er eine eigene Reithalle. Ergänzend betrieb er in nächster Nähe zum privaten Wohnhaus der Fegeleins in der Johann-Sebastian-Bach-Straße 20 eine offenen Reitbahn mit ausgedehntem Parcours an der heutigen Landshuter Allee.

Nach unterschiedlichen Anläufen, beruflich Fuß zu fassen, übernahm Hermann Fegelein 1930 den Familienbetrieb. Bereits in dieser Zeit übte er in der Ortsgruppe Nymphenburg-Gern das Amt des Reitausbilders und Blockwarts aus. Seit April 1933 SS-Mitglied, erteilte er dem »SS-Reitersturm« Unterricht und lieh Pferde aus. Als wichtigster Reiterführer der SS leitete er ab 1936 die SS-Hauptreitschule in München, deren Inspekteur Christan Weber war. »Hermann Fegeleins Faible für Pferde korrespondierte direkt proportional mit seiner numerischen Neigung zu Frauen.«[140]

»Flegelein«, wie er von Kameraden auch genannt wurde, leitete als Kommandeur des SS-Totenkopf-Kavallerie-Regiments die Massaker an »etwa 40.000 jüdischen Männern, Frauen und Kindern, die in den fünf Monaten von Ende Juli bis Ende

[140] Schröther, Franz / Weyerer, Benedikt: Die ehemalige Reitschule Fegelein in Neuhausen und das Dritte Reich, in: Neuhauser Werkstatt-Nachrichten, Heft 10, München 2003.

89

Dezember 1941 auf dem Territorium der Sowjetunion ermordet wurden«.[141] So meldete Hermann Fegelein eine »Erfolgsquote« von 13788 Menschen als getötete »Partisanen«; an eigenen Verlusten führte er zwei Tote und 15 Verwundete an.

Nach einer Verwundung wurde er im Führerhauptquartier ab 1. Januar 1944 Verbindungsoffizier der Waffen-SS, Mitte des Jahres deren Generalleutnant und gleichzeitig Himmlers persönlicher Vertreter zu Hitler. Als »Typ des schneidigen Reiters«, so Hitlers Sekretärin Traudl Junge, hatte er »eine unerhört große Schnauze. [...] Wer nicht sein Freund wurde, wurde sein Feind, bis er ganz fest im Sattel saß. Er war schlau, aber rücksichtslos, hatte einige wirklich sympathische Eigenschaften, nämlich seine Ehrlichkeit, mit der er zugab, dass ihm nichts so sehr am Herzen lag wie seine Karriere und ein gutes Leben.«[142] Diese Art Begabung erleichterte ihm, sich mit Eva Brauns Schwester, Margarete »Gretl« (1915–1987), anzufreunden. Die Hochzeit der beiden wurde im Juni 1944 tagelang pompös auf dem Obersalzberg gefeiert.

Ende 1944 plante Hermann Fegelein mit dem SS-Oberst Kurt Becher den Austausch von wohlhabenden ungarischen Juden gegen die Lieferung von amerikanischem Kriegsmaterial (10000 Lkw und Winterausrüstung).[143] Nach der Devise »Blut gegen Ware« gelangten zwei Sonderzüge von Häftlingen aus Konzentrationslagern in die für sie rettende Schweiz.

Fegelein versuchte in den letzten Kriegstagen seine Schwägerin Eva Braun zur gemeinsamen Flucht aus Berlin zu überreden. Am 28. April 1945 wurde er in seiner Berliner Privatwohnung, wo er gemeinsam mit der Frau eines ungarischen Dip-

---

[141] Cüppers, Martin: Wegbereiter der Shoah. Die Waffen-SS, der Kommandostab Reichsführer-SS und die Judenvernichtung 1939–1945, Darmstadt 2005.
[142] Schröther, Franz / Weyerer, Benedikt: Die ehemalige Reitschule Fegelein in Neuhausen und das Dritte Reich; in: Neuhauser Werkstatt-Nachrichten, Heft 10, München 2003.
[143] StAM SpkA 391.

lomaten die Nacht verbracht hatte, verhaftet. In diesen Tagen hatte Fegeleins Vorgesetzter, Heinrich Himmler, Kontakt zu den Westalliierten gesucht. Hitler empfand das als Verrat des »treuen Heinrich« und ließ Fegelein als dessen Vertrauten noch am 28. April 1945 im Hof der Reichskanzlei stellvertretend für Himmler erschießen. Dies nahm seine Ehefrau zum Anlass, ihn nach Kriegsende als Opfer des NS-Regimes darzustellen.[144]

Die lokale Presse kündigt euphorisch an

»Die ›Nacht der Amazonen‹, das große Parkfest der Stadt München im Nymphenburger Schlosspark, ist am kommenden Montag, den 27. Juli. Das glanzvolle Fest, wie es München wohl noch nie gesehen hat, und auch so leicht nicht wiedersehen dürfte, beginnt um 9.00 Uhr abends, nicht wie ursprünglich bekanntgegeben, um 10.00 Uhr. Die Plätze müssen um 8.30 Uhr eingenommen werden.

So glanzvoll das Fest auch aufgezogen ist, so soll es doch ein prunkendes Spiel für alle Volksgenossen sein. 5000 billige Stehplätze zu einer Mark und 4000 billige Sitzplätze zu zwei Mark stehen zur Verfügung. Im übrigen bewegen sich die Eintrittspreise zwischen 3 und 20 Mark. Für Kriegsbeschädigte stehen 400 Plätze bereit. Die Tribünen und Stehplätze liegen rings um das langgestreckte Parterre hinter dem Schlosse, das an diesem Abend zum prachtvollen Naturtheater wird. Die den Abschluss des Festes bildende »Feuer-Höhen-Symphonie« wird, wie schon der Name andeutet, als Höhenfeuerwerk abgebrannt, so daß der glanzvolle Schluss von allen Plätzen aus gut zu sehen ist.

Punkt 8.00 Uhr zieht der Ehrendienst 40 Berittene der SS-Standarte ›Deutschland‹ unter Obersturmbannführer Ballauf vor dem Schloss auf. 8.45 Uhr marschieren alle Pagen in acht Gruppen mit je einem Kapitän gegenüber der Freitreppe des Schlosses im Schlosspark auf. Am rechten Flügel die Pagen unter Leitung von Dio Schloderer.

Punkt 9.00 Uhr wird ein Böllersalut den eigentlichen Beginn

---

[144] Ebd.

des Festes verkünden, das bis dahin durch Musik des Flieger-Orchesters eingeleitet worden ist. Gleichzeitig rücken ange-führt vom Trompeterkorps der Nachrichten-Abteilung VII, 340 berittene Fackelträger in den Uniformen aller Regimenter von der südlichen Kaserne des Schlosses durch das Chevauleger-Tor ein. Die inzwischen auffahrenden Spielgäste werden durch den Ober-Zeremonienmeister Reinald empfangen.

Die Darbietungen werden eingeleitet durch ein Tanz-spiel am Parkbrunnen (Mitwirkende: Staatsopernballett und Staatstheaterorchester unter Kapellmeister Walter Seifert). Es schließen sich an ein Venezianisches Karussell, ein Bauernritt »Zum goldenen Löwen« und ein Gladiatoren-Spiel mit gro-ßer »Abgangs-Evolution.« Den zur Huldigung aufreitenden 16 kurfürstlichen Offizieren folgen 16 Amazonen zu Pferd. Das glanzvolle Fest wird ausklingen in einem Nereiden-Bal-lett, Russisches Ballett, Dir. Iscoldoff, Staatstheaterorchester, einem nächtlichen Spiel der Hirtinnen und Hirten, in wil-den Reiterspielen der Hirten und einem großen Finale der bereits erwähnten Feuer-Höhen-Symphonie. Spielleiter ist Hans Gruß. In die Leitung der einzelnen Vorführungen teilen sich die Herren Oberleutnant Fegelein, Rittmeister Pönicke und Staatstheaterballettmeister Ornelli. Das Fest wird gegen 11.30 Uhr beendet sein. So wird sich die Nacht der Amazo-nen zu einem bunten unvergesslichen Sommernachtstraum mit Kavalieren, schönen Reiterinnen, mit Jagdhornruf und schwimmenden Gondeln gestalten.«[145]

Der zusammenfassende Pressebericht

»Schon als es dämmerte, begann die Wanderung der Mas-sen zum Park. Die Zufahrtsstraßen und die Auffahrtsallee waren gesäumt von Schaulustigen und an den Kassen dräng-ten sich die Zuschauer, die es versäumt hatten, sich rechtzei-tig eine Eintrittskarte zu sichern. Der Park war wunderbar schön. Schon strahlten die großen gelben Scheinwerfer, schon wogten die Tribünen und das Parterre von Tausenden von

[145] »Nymphenburger Zeitung / Neuhauser Nachrichten« vom 25. Juli 1936.

Menschen und geschäftig wurden überlebens-
große Figuren um das Tanzpodium aufgestellt.
Die Aufmarschmusik spielte friederizianische
Weisen, die sechs Aida-Trompeter gaben ihre
Signale drein, und schon zogen 340 Fackel-
träger auf ihren entzückenden Pferden in den
Uniformen aller Regimenter auf.

Und dann begann das große Fest, das sich
würdig den berühmten Festen des kurfürstlichen München anreiht. Hans Gruß und seine
Mitarbeiter haben ausgezeichnet gearbeitet und
wenn das Fest so eine Nummer an die andere
reihte, als müsse das so sein, so hat wohl keiner
von den rund 15.000 Zuschauern geahnt, welche Unsumme von Arbeit und künstlerischen
Einfällen in der Regie dieses Festabends steckte!

Heiter und anmutig war der Anfang mit
dem Tanzspiel am Parkbrunnen, bei dem das
Ballett der Staatsoper und das Staatstheaterorchester beteiligt waren und das den Zuschauern das Ballett am Venusberg bescherte. Dann
kam die wundervolle Leistung des venezia-
nischen Karussells um 1700. ›Der Ritt zum
Goldenen Löwen‹, den Oberleutnant Fegelein
befehligte, war ein schönes bayerisches Ritter-
spiel um 1730.

Nun gab es noch die ebenso schöne wie reiter-
technisch ausgezeichnete Huldigungsquadrille
vor dem Großen Kurfürsten, die 16 Offiziere
ritten, und dann leitete das reiterliche Vorspiel
von 16 Damen schon über zu dem Höhepunkt
des Parkfestes: zu dem nächtlichen Tanz und
Kampfspiel der Hirtinnen und Hirten mit den
wilden Hirtenreiterspielen. Das ganze Spiel mit
Hirtentänzen und Angriff und Kampf war im
Zusammenhang mit der prächtigen, unterma-
lenden Musik eine einzige große Steigerung hin
zum grandiosen Finale.

*

Ein Nachwort

Das Fest sollte die gesellschaftliche Krönung
der Münchener Jubiläumswochen des Pferdes
sein. Es wurde so groß angelegt, daß angesichts
der Weite des Raumes die physischen
Möglichkeiten des Vollbringens
überschritten waren, das heißt: der Glanz
des wahrhaft herrlichen Festes und seiner prachtvollen Darbietungen konnte von den Besuchern
nur bruchstückweise aufgenommen werden. Die
Entfernung zum Mittelpunkt der gewaltigen
Freilichtbühne war viel zu groß für das mensch-
liche Auge, zumal bei Scheinwerferlicht, sowohl
vom Schloß, dem Platze der Ehrengäste, wie
von den ihm gegenüberliegenden Tribünen
aus. So großartig, so phantastisch schön der
weite bunt belebte Rahmen war, so stark auch
beeinträchtigte er die Wirkung der
einzelnen Darbietungen. Nur ein
Fernglas vor jedem Auge und noch stärkere
Lichtquellen hätten den Erfolg verbürgen können, der bei engerem Rahmen statt zu kleinen
Pfeif- und Sprechchoreinlagen um ihr Schau-
recht kämpfender Volksgenossen unbedingt zu
einem, den Leistungen an sich gebührenden,
brausenden Ausbruch der Begeisterung hinge-
rissener Massen geführt haben würde.

Daß infolge des in den Abendstunden nieder-
gegangenen Regens die Sicherheit der Tänzer,
Reiter und Pferde gefährdet war, so daß es
auch zu einem ernsten Unfall eines Reiters kam, erhöhte die Schwierigkeiten der Leitung des Festes; diese unverschuldeten Erschwer-

nisse mußten aber wohl oder übel hingenommen
werden. Wenn man das furchtbare Unwetter
der Abendstunden vor den Toren Münchens und
die Regengüsse des folgenden Tages bedenkt,
dann stand das Fest in Nymphenburg eigentlich unter einem wunderbar glück-
lichen Stern. In der Erinnerung werden
seine leuchtenden Bilder haften, seine Erfahrungen werden künftigen Veranstaltungen ähnlicher
Art Mitgestalter sein.

Heinrich Eisen.

Der Schriftsteller Heinrich Eisen, selbst Parteigenosse, wagte im »Völkischen Beobachter« (29. Juli
1936), Kritik zu üben. Weniger künstlerischer Inhalt,
sondern eine am Publikum orientierte Form der
»Nacht der Amazonen« wurde in den Folgejahren
stets mit neuester Technik weiter optimiert.

Es war zauberhaft schön, wie gegen Schluss des Amazonen-spiels ein Feuer-Baldachin sich über Park und Zuschauer und Tanzende breitete und in einer einzigartigen Höhensymphonie 2.000 völlig neuartige Erscheinungen der Feuerwerkskunst gegen den nächtlichen Himmel warf. Als endlich der Himmel verblasste und der bunte Mantel, den das Firmament trug, zu schwinden begann, da verließen die Menschen zögernd den Park, der ihnen so schöne Stunden geschenkt hatte. Ein Bild und ein Abglanz aber wird bleiben noch für lange Zeit. Auch die Festgäste, vor allem auch die ausländischen, waren voll der Bewunderung. Zahlreiche Ehrengäste aus dem Reich und aus München waren im Steinernen Saal empfangen und auf die Terrasse des illuminierten Schlosses geleitet worden.«[146]

Die Instandsetzungsarbeiten für den ramponierten Schloss-park wurden vom Verwalter Max Diermayer auf 3511 Reichs-mark beziffert.

Die zweite »Nacht der Amazonen« 1937

Aus dem Programmheft 1937

Das Spektakel von 1936 wurde im Folgejahr am 31. Juli wie-derholt. Schwachstellen konnten verbessert werden, der tech-nische und inhaltliche Aufwand wurde im Verhältnis zum Vorjahr bedeutend angehoben. Es entstanden Tribünenplätze für 5000 Zuschauer. Auch von den billigen Plätzen aus soll-te jede Darbietung gesehen werden, Stehplätze waren nicht mehr vorgesehen. Besonders die Lichtintensität wurde gestei-gert.

Wieder war der Zeitpunkt der Aufführung mit dem Pfer-derennen von Riem um das »Braune Band von Deutschland« verknüpft.

Als Novum wurde 1937 ein Spiel im Spiel gezeigt: In die Rah-menhandlung eines Rokokofestes »Kurfürst Karl von Bayern gibt eine Hofjagd« war eine weitere, antikisch-mythologi-sche Aufführung eingebettet: »Die Nacht der Amazonen«.

---

[146] »Nymphenburger Zeitung / Neuhauser Anzeiger« vom 29. Juli 1936.

Tribünenskizze aus dem Programmheft der »Nacht der Amazonen« 1937

Die Vorbereitungen vor Ort begannen vier Wochen vor dem Ereignis. Eine ausgefeilte Lichttechnik während der Aufführung sollte die Besuchermassen faszinieren. Zahlreiche Tiefstrahler erleuchteten den gesamten Festplatz zwischen Schloss und Fontäne. Um die Zuschauer nicht zu blenden, stellte man 14 Masten mit je 13 Metern Höhe auf. Zusätzlich wurden besonders schöne Baumgruppen beleuchtet, um sie so aus dem dunklen Hintergrund hervorzuheben.

Bereits im März 1937 wusste die Presse zu berichten: »Der Kurfürst und seine Zeit ist längst dahin, aber am 31. Juli erleben wir das Schauspiel, das uns in die alten Zeiten zurückführen soll. Der ›Nacht der Amazonen‹ liegt dieser Gedanke zu Grunde. Der besagte Kurfürst gibt also seine Hofjagd und hat, wie es Sitte war, viele Gäste eingeladen. Ihnen zur Ehre veranstaltet er nach Rückkehr von der Jagd im Schlosspark Nymphenburg ein großes Fest unter dem Motto ›Nacht der Amazonen‹. Im Gegensatz zu der vorjährigen Aufführung soll heuer eine stärkere Wirkung durch die Einsetzung großer Massen von Mitwirkenden in der alten Tracht hervorgerufen werden. Den Abschluss des Festes bildet ein großes Feuerwerk.«[147]

[147] »Nymphenburger Zeitung / Neuhauser Nachrichten« vom 13. März 1937.

Titelblatt des Programmheftes
»Nacht der Amazonen« 1937

Titelblatt des Programmheftes
»Nacht der Amazonen« 1937

In Erinnerung an die Folgeschäden des Vorjahres versuchte der örtliche Verwalter Max Diermayer vergeblich zu verhindern, dass Pferde einbezogen wurden, da der Park, wie er es formulierte, vor allem durch Reiterspiele »sehr stark leidet und teilweise auch vernichtet wird«.[148] Ein weiterer Aspekt der Veranstaltung missfiel den Denkmalpflegern: Zu ihrem Leidwesen wurde das gesamte Schloss benutzt und mit Kerzen beleuchtet, die in der Zugluft entsprechend ruß-

[148] StAM SGSV 931.

96

ten. Diermayers Loyalität brachte ihm noch vor der Festnacht eine bedeutende Beförderung in die Führungsriege der Schlösserverwaltung ein. Von nun an war er nicht nur für den Nymphenburger Park, sondern für sämtliche staatlichen Gartenanlagen Bayerns zuständig.

Nach dem Fest beklagte Direktor Diermayer den Flurschaden und berechnete für die Wiederinstandsetzung 2390 Reichsmark, was dann auch vom »Verkehrsverein«[149] beglichen wurde. »Von einer Aufrechnung der entfallenen Schloßeintrittsgelder wurde ebenso wie 1936 im Hinblick auf die Werbewirkung des Festes Abstand genommen.«[150]

Unter der Schlagzeile »Taghell wird die Nacht gelichtet« berichtet die Presse am 3. Juli im Vorfeld:
»Außer diesen Lichteffekten ist auch für eine besondere Lichtwirkung im Spielfeld selbst gesorgt. So werden während des Bacchantinnentanzes 60 Mädchen in leuchtend gelben Gewändern eine 200 Meter lange, mit Weinlaub geschmückte Lichterkette von 500 Glühlampen tragen. Beim Nymphenballett hat sozusagen jede Nymphe ihren eigenen Scheinwerfer. Und gar beim Siegesfest der Amazonen werden nochmals alle Wunder des Abends in einem leuchtenden Fanal zusammengefasst.«[151]

In diesem »Siegesfest der Amazonen« versuchte der künstlerische Leiter der Veranstaltung mit der Choreografin Senta Maria Schmid bewusst, die erotisch-symbolistische Themenwelt der Gemälde Franz von Stucks aufscheinen zu lassen.

[149] Der Verkehrsverein München unterstand Christian Weber, der selbst in der Tourismusbranche als Busunternehmer tätig war.
[150] StAM SGSV 931.
[151] »Nymphenburger Zeitung / Neuhauser Nachrichten« vom 3. Juli 1937.

97

Die dritte »Nacht der Amazonen« 1938

> **»Die Proben zu dem Fest die ›Nacht der Amazonen‹ im Schloßpark Nymphenburg**
>
> Ein Meer von Licht wird sich über den Park ergießen, für dessen Bedienung allein 40 bis 50 Mann nötig sind. Der 1 ¼ km lange Weg vom Schloß bis zum Ende des Kanals gegen Blutenburg wird von 350 Lichtquellen beleuchtet sein, während der 1,8 km lange Weg von der Front des Schlosses bis zum Waisenhaus mit 2000 Lampions und 150 Riesenfackeln erhellt wird. Der Teich in der Mitte der Anlage wird mit neuen Wasserkünsten versehen; 250 Scheinwerfer werden sie erhellen, und auf dem Kanal gegen Blutenburg werden goldene Bälle treiben, die das Licht der Scheinwerfer trifft – Wenn das Feuerwerk der Zaubernacht im Park geendet hat, beginnt das großartige Schlußbild vor dem Schlosse. Es ist eine Truppenparade im Stil der Zeit, die den heimfahrenden Zuschauern und denen, die draußen harren, geboten wird.«[152]

Plakat von Albert Reich

Bei der dritten »Nacht der Amazonen« lehnte man sich an das Konzept des Vorjahrs an. Dieses Mal diente als Rahmenhandlung eine Doppelhochzeit zur Zeit des bayerischen Kurfürsten Max Emanuel, die man »mit allem Pomp der damaligen Zeit und den entsprechenden historischen Kostümen zu feiern gedachte«.[153] Um die Besuchermassen zu beeindrucken und die großräumige Szenerie zu füllen, traten 2000 kostümierte Personen und 300 Reiter auf. Als einer der Höhepunkte wurde ein riesiger »Blumenbaldachin, der den ganzen Park überspannt […] von 120 Reitern ins Spiel getragen«.[154] Als Neuerung war vorgesehen, dass sich am Ende des eigentlichen Festspiels die Besucher zusammen mit den kostümierten Darstellern ins Schlossrondell und zu den Auffahrtsalleen hin bewegen sollten.

[152] »Nymphenburger Zeitung / Neuhauser Nachrichten« vom 27. Juli 1938.
[153] »Nymphenburger Zeitung / Neuhauser Nachrichten« vom 21. Mai 1938.
[154] »Nymphenburger Zeitung / Neuhauser Nachrichten« vom 13. Juli 1938.

Auch eine neue Lichttechnik wurde eingesetzt. In diesem Jahr verwendete man Beleuchtungseffekte, »ähnlich, wie sie in Rom beim Führerempfang in Anwendung gebracht wurden«.[155] Modernste italienische Lichtregie hatte Hitler während seines Staatsbesuchs bei Benito Mussolini Anfang Mai 1938 außerordentlich fasziniert. Zusammen mit Hollywood setzte jetzt auch Rom die Standards.

Alle Anstrengungen, die Veranstaltung von 1938 noch beeindruckender als die Vergangenen zu gestalten, hatten einen besonderen Grund: Prinz Adalbert von Bayern schilderte: »Vor der Nacht der Amazonen herrschte besondere Erregung; denn diesmal soll der ›Führer‹ erscheinen.«[156] Um Hitlers Sicherheit während seiner Anwesenheit bei der »Nacht der Amazonen« zu gewährleisten, begannen Mitarbeiter der Gestapo, das gesamte Areal bereits einen Tag zuvor abzusuchen. Prinz Adalbert und dessen Familienmitgliedern wurde deshalb verboten, in diesem Zeitraum Fenster zu öffnen und Besuch zu empfangen. Als Hitler wider Erwarten nicht erschien, erlebte Adalbert eine kleine Genugtuung: »Kurz vor Beginn des Festes erscheint der Betreuer des diplomatischen Korps [...] und erklärt etwas verlegen, daß sämtliche für diese Gäste bestimmten Sitze belegt und nicht mehr frei zu kriegen seien«, man möchte »die Herrschaften doch aus unseren Fenstern zusehen lassen. Es war umso netter, als wir fast alle diese Damen und Herrn gut kannten. Als Diplomaten sagten sie nichts, aber wir verstanden ihr leises Lächeln und unterhielten uns ausgezeichnet mit ihnen«.[157]

[155] »Nymphenburger Zeitung/Neuhauser Nachrichten« vom 20. Juli 1938.
[156] Adalbert, Prinz von Bayern: Schloß Nymphenburg und seine Bewohner, München 1949.
[157] Ebd.

Auftakt: Der Tag verklingt

Um Park und Schloß Nymphenburg hat sich mit der beginnenden Dämmerung ein magischer Ring gelegt. Der Alltag ist versunken, Prunk und Pracht, Farbe und Licht leuchten auf. Kurfürst Max Emanuel hat zum Nachtfest geladen. Die Schloßwache ist aufgezogen, Rokokodamen, Edelpagen, Lakaien und Heiducken mit Hackeln harren auf den Treppen und rings um das Schloß bei klingendem Spiel der geladenen Gäste.

Bild 1: Das Fest beginnt

Fanfarensignale ertönen, in das weite Parkett des Parkes ziehen unter Vortritt von Musiken Truppen ein, die die Ankunft des Schloßherrn ankündigen. Laternenpagen säumen in weitem Bogen das Spielfeld. Max Emanuel, der prunkliebende Fürst und stolze Kavalier, betritt, umgeben von reichem Gefolge, den Plan.

Bild 2: Einzug der fürstlichen Gäste

Vom See her sprengt eine Reiterabteilung heran, ein Offizier meldet dem Kurfürsten das Nahen der Festgesellschaft. Reitergruppen, Prunkkarossen, Ehreneskorten, Läufer und Hackelträger, ein farbenfroher Einzug in kostbaren Kostümen, in glänzenden Uniformen!

Bild 3: Gäste aus fernen Ländern

Dem Befreier Wiens, dem Erstürmer Belgrads, gilt die Huldigung der eingetroffenen reichen fremdländischen Delegation. Exotischer Prunk, fremdklingende Musik! Mit Tragtieren, die mit den Kostbarkeiten ihres Landes beladen sind, so ziehen sie ein, begleitet von wilden Türken zu Pferd, von Odalisken, Tänzerinnen und Sklavinnen.

Ballett: Güntherschule. Janitscharen: Schutzpolizei (Berittmachungsstaffel). Die exotische Musik ist gestellt von der Regimentsmusik des Gebirgsjäger-Regiments 98 Mittenwald, Leitung: Musikmeister Kurz.

Bild 4: Fahnenschwingen

Den in- und ausländischen Gästen gilt der Fahnengruß des Kurfürsten in den Farben aller Delegationen, eine Sinfonie voll beschwingter Buntheit, voll wogender Farbe, voll rhythmischem Glanz.

Fahnenschwinger, gestellt vom Männer-Turn-Verein 1879, einstudiert und geleitet von Studienlehrer Gregor Keil. Fahnenpagen gestellt vom Stadtamt für Leibesübungen: Direktor Behr.

Bild 5: Türkische Reiter-Fantasia

Die fremdländischen Gesandten wollen nicht nur Schätze bringen und dem Sieger huldigen, sie wollen ihre Kunst zeigen. Eine Schar türkischer Reiter sprengt mit geschwungenen Krummsäbeln zu wildem Reiterspiel ins Mittelfeld.

Bild 6: Rückkehr von der Jagd

Dem großen Jäger gilt der Huldigungszug, der sich vom See her nähert. Eine fröhliche Jagdgesellschaft, Kavaliere und Damen zu Pferd, Beutewagen, Treiber, Bäuerinnen und Gärtner ziehen auf. Nach der Besichtigung der Strecke schwingt sich das Volk im ländlichen Reigen.

Kavaliere und Damen zu Pferd: Reitschule Kegelein. Bauern und Treiber: Schmied- von- Kochel-Gruppe. Jäger mit Hunden gestellt von der Schutzpolizei. Barsois: Frau Moser. Ballett: Hertha Meisenbach.

Bild 7: Truppenparade

Für die anwesenden Fürsten und Edelleute fremder Höfe läßt nunmehr der Kurfürst seine sieghaften Truppen und die Leibkompanie — sein besonderer Stolz — zum Exer-

zieren und zur Parade antreten. Ein seltenes militärisches Schauspiel im Glanz und Stil des 18. Jahrhunderts beginnt.

Die Fußtruppen sind gestellt vom Luftgaukommando München. (Flieger-Ausbildungs-Reg. 13, Flak-Reg. 5 und Luftnachrichten-Reg. 3). Die Leibkompanie exerziert nach altem Reglement. Ausgeführt vom Flieger-Ausbildungsregiment 13 Neubiberg.

Die berittenen Truppen sind in diesem wie in den vorhergehenden Bildern in der Hauptsache gestellt von der 15. H-Reiterstandarte unter der Führung von Obersturmführer Reiß, von der Reitbereitschaft der Reichsführung H, Sturmbannführer Braun, von der SA-Reiterstandarte 85 unter Führung des Sturmbannführers Luzatto, von der Berittmachungsstaffel der Schutzpolizei.

Bild 8: Galantes Spiel im nächtlichen Park

Über den weiten Plan vor dem Schloß gleitet ein bleicher Lichtstrahl wie Mondenschimmer. Er trifft im Hintergrund auf das anmutige Figürchen einer Rokokodame auf hohem Podest, von deren Hüften sich eine riesige weite Krinoline bis herab zum Boden bauscht. Um die Geheimnisse dieses Reifrockes zu ergründen, haben sich aus der Hofgesellschaft einige übermütige Kavaliere losgelöst und beginnen neugierig an den Rüschen und Spitzen des Rockes zu zupfen. Ihr Spiel enthüllt uns bald nicht nur die Geheimnisse, sondern auch die Wunder des mächtigen Reifrockes, aus dem Dutzende der Anmutigsten und Schönsten hervortreten, während sie im Tanz und Spiel dreihundert anmutige Tänzerinnen wiegen.

Kavaliere: Güntherschule. Damen: Güntherschule und Stadtamt für Leibesübungen.

Bild 9: Quadrille

Am Tage, da man die Amazonen feiert, fühlen sich auch die Damen des Hofes und die Offiziere der Elitetruppen bewogen, ihre Reiterkunst zu zeigen. Auf dem Mittelweg, in zwei Gruppen getrennt, führen die Paare ihre anmutigen Kavalkaden vor. Die Militärmusik begleitet mit schmetterndem Klang. Zierlich und graziös tänzeln die edlen Pferde.

Damen: Reitschule Zegelein, Leitung: Oberleutnant Zegelein. Herren: Berittmachungskommando der Schutzpolizei, Leitung: Hauptmann Lehner.

Bild 10: Gaukler und fahrendes Volk

Was an Troß und fahrendem Volk, an Gauklern, Spielleuten und Spaßmachern anläßlich der Festtage in München weilt, hat der Kurfürst ebenfalls als Mitwirkende zum Feste beschieden. In 20 Gruppen verteilt, zeigen sie ihre wagemutigen Kunststücke, ihre erstaunlichen Geschicklichkeiten, ihre fremdländischen Tänze und seltsamen Spiele.

Chineserie: Ballett Max Wellenberg, ferner zahlreiche Berufsartisten.

Bild 11: Nymphenburger Porzellane
(Rokoko – Diana)

Aus dem Dunkel der Nacht erstrahlen in eigenem Licht spukhaft statuengleich und doch lebendig auf langen Aufbauten, Pisten und Podien, die Plastiken der alten Nymphenburger Porzellanmanufaktur: Köstliche Rokokogruppen, reizvolle Schäferszenen, liebliche Tanzpaare, umgeben von der menuettanzenden Hofgesellschaft. Das lebende Bild wandelt sich, während von dem Orchesterwagen zarte Musik ertönt, in einen wiegenden Reigen. Da die holde Weise verklungen und die Gruppen abgezogen, schiebt sich am Mittelweg der Dianawagen herein, während die Brunnenschalen von dem Gefolge der Göttin besetzt werden und sich die Leichtgeschürzten zum Tanze reihen.

Menuett: Ballettgruppe Hertha Reißenbach. Bayer. Rokoko: Stadtamt für Leibesübungen, Direktor Behr.

Bild 12: Nymphenburger Porzellane
(Venus und Amazonenkönigin)

Die spielerisch-anmutige Frau des Rokoko, die Frau als kühne Jägerin, als frohe Genossin des Mannes beim edlen Weidwerk feierte das vorige Bild; der sieghaften Venus, der Beherrscherin des Mannes, und der Amazone, der göttergleichen und doch so menschennahen Reiterin, die sich dem Manne nur nach hartem Kampf ergibt, gilt das große Finale des galanten Spiels... Auf hohen Tritonenwagen, umgeben von ihren Dienerinnen, zieht die Schaumgeborene ein. Um den Schleier der Venus geht noch einmal das anmutige Tanzspiel der Nymphen.

Dann leuchten bronzen auf Arkaden herkulische Männergestalten, die großen Wagen der Königin, der streitbaren Reiterinnen werden hereingezogen und — wie ein Symbol des Festes — reiten die Studischen Amazonen auf ungesatteltem Pferd mit erhobenem Speer langsam ein...

Noch ein Tanz, ein Blitzen und Aufleuchten, schmetternde Fanfaren und wie aus Feuerschlünden steigen über das bunte figurenbesetzte Bild Hunderte von Raketen zum Himmel. Dann wird es plötzlich Nacht, der Zauber löst sich, das Spiel ist zu Ende.

Schwertertanz: Güntherschule. Nymphen und Schmetterlinge: Ballettschule Wellenberg, Zillerballett. Amazonenreiterinnen: Reitschule Zegelein. Venuswagen: Entwurf Fritz Scherbaum. Besetzung der Wagen: Bildhauer Ullmann.

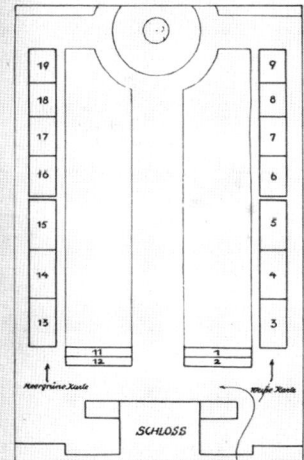

Tribünenplan

Zugang zum Felt für Fußgänger. Maria-Ward-Straße, verlängerte Hirschgartenallee, Wege im Rondell längs der Häuser.

Zufahrt. Nur für Passierscheine (Ehrengäste): Nördliche innere Rondellstraße; für die übrigen Fahrzeuge: Nördliche äußere Rondellstraße. Parkplätze nach Anweisung der Verkehrspolizei.

Am Festabend selbst sind — soweit noch Vorrat vorhanden — ab 7 Uhr an den Kassen am Zugang zum Festplatz bei der Ludwig-Ferdinand-Brücke, an der Maria-Ward-Straße und an der verlängerten Hirschgartenallee beim Schloß Karten zu haben.

Herausgegeben von Hauptbüro der „Nacht der Amazonen", München, Ottostraße 7 · Bildschmuck: J. Reich — Titelblatt: H. Huber — Druck von Knorr & Hirth K.-G., München

Programmheft vom 31. Juli 1939 mit Tribünenplan

Die vierte und letzte »Nacht der Amazonen« 1939

Es war der letzte Münchner Festsommer vor dem Zweiten Weltkrieg. Unmittelbar vor der Festnacht vom 29. Juli 1939 gab Ministerpräsident Ludwig Siebert mit Gemahlin in den Räumen des Schlosses einen Empfang für die zahlreich erschienene Politprominenz. Allein der technische Stab umfasste dieses Mal 250 Personen, dazu Reiter der Kriegsschule und 383 »Schönheiten«.

Wieder gab ein barockes Kostümfest aus der Glanzzeit Nymphenburgs den thematischen Rahmen vor. Aus Berlin waren die Original-Hiller-Girls engagiert. Diese Tanzgruppe erregte durch militärisch strukturierte Showelemente internationales Aufsehen und gab sich sehr freizügig. Wie bereits in den beiden Vorjahren wurden auch 1939 Sujets der Nymphenburger Manufaktur herausgestellt. Die charmanten Rokokofiguren der italienischen Commedia dell'arte, wie sie einst der Bildhauer Franz Anton Bustelli gestaltete, inspirierten Paul Wolz zu Tableaux vivants in dekorativen Bühnen. Diese lebenden Bilder hatten ihren stummen Auftritt in imi-

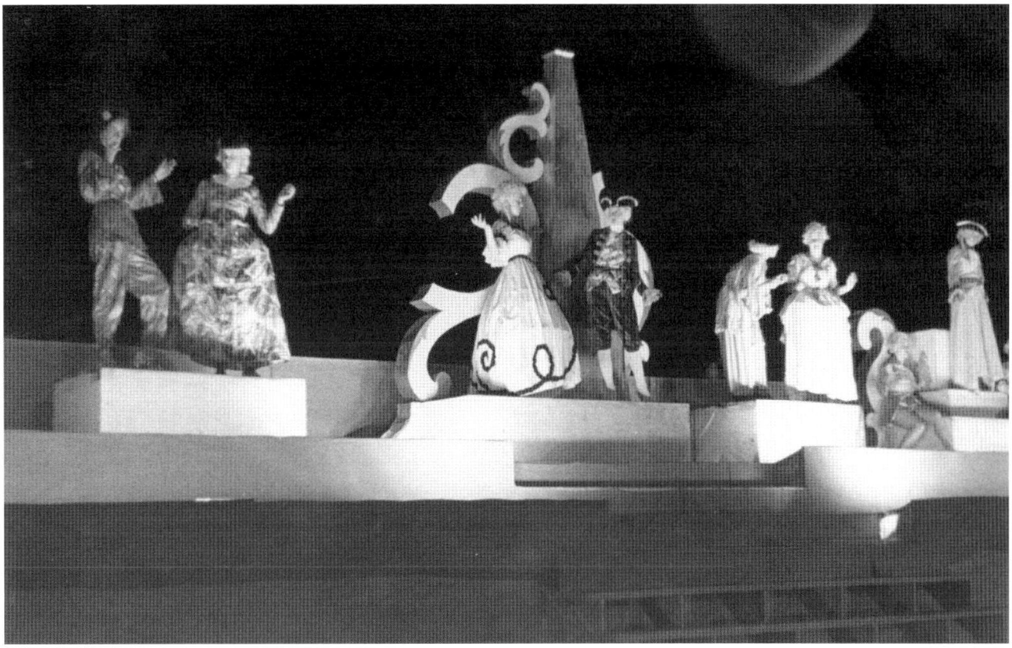

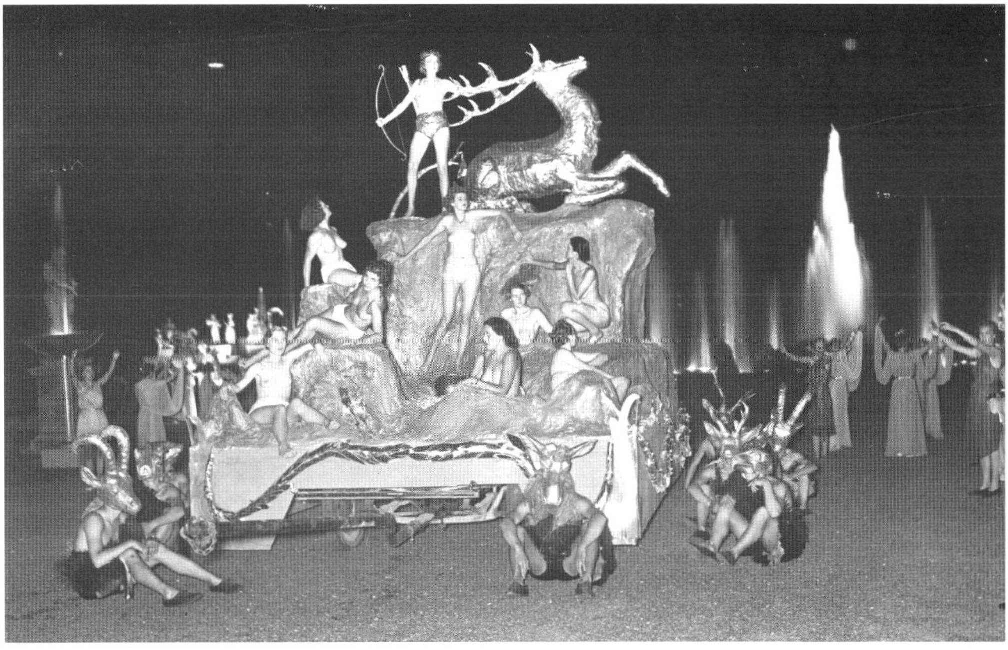

tierten Heckenalleen und meterhohen Rocaillerahmungen. Zur Ankündigung der – wie erwartet barbusigen und wiederum Franz von Stuck zitierenden – Hauptfiguren des Spiels lösten sich die starren Posen in tanzende Paare auf.

Dorle Inderfurth, eine Zeitzeugin, berichtete noch im Mai 2011 von der vierten »Nacht der Amazonen«: »Ich war damals gerade zwanzig Jahre alt und junge Ehefrau. Mein Mann hatte als Berufsoffizier über seine Dienststelle, das Luftgaukommando, Karten erhalten. Was hatte ich denn bis dahin an großen Inszenierungen außer der Fronleichnamsprozession schon erlebt? – Und dann so was, ich traute mich manchmal gar nicht richtig hinzusehen!«

Die künstlerische Leitung lag in Händen des Theaterdirektors und Regisseurs Paul Wolz (1894–1965). Er charakterisierte seine Aufgabe mit den Worten: »Es ist leichter, zehn Hamlets zu finden, als ein einziges Mädchen, das mit Anstand eine Treppe herunterschreiten kann.«[158] Wolz hatte von 1932 bis 1936

[158] Geyer, Martin H.: Verkehrte Welt. Revolution, Inflation und Moderne. München 1914–1929, Göttingen 1998.

das Münchner Gärtnerplatztheater mit Operetten bespielt und übernahm 1936 von seinem Vorgänger Hans Gruß das Deutsche Theater in München mit dessen ursprünglichem Konzept der Spielplangestaltung (Revuen, Varietés), das er auch nach den Kriegszerstörungen bis zu seinem Tod weiterführte.

Zusammenfassung

Die »Amazonennächte« waren letzte Machtdemonstrationen der performativ raumgreifenden Künste, wie sie Europa nun nicht mehr ohne Amerikas Inspirationen aufzuwenden vermochte – als Amüsement allein schon durch Technik überwältigend, in ihrer Überzeugungskraft durchaus mitreißend und gemeinschaftsstiftend, geschickt dramatisiert und auf populärem Niveau.

Die Kunstform des historischen Umzugs durch die Stadt mit zu sogenannten Lebenden Bildern aufgetürmten Szenen setzte sich im Schlosspark fort, wenn aus dem Dunkel der Parkalleen entlang des Mittelkanals die Wägen einer Artemis-Diana von Faunen ins Licht der Hauptbühne gezogen wurden. In der Verlagerung bewegter Bauten und Bilder aus den öffentlichen Stadträumen in ein elitäres Terrain erfuhr der Betrachter die umfassende Imagination der Teilhabe an historischen und mythischen – auch sexuellen – Triumphen. Auf internationalem Niveau und besonders in Anlehnung an die großen amerikanischen Filmshows begegneten diese Inszenierungen der zunehmenden Magie und Macht des Kinos, wie es bereits Leni Riefenstahl in ihren Filmen gelang.

Vieles, was am Nationalsozialismus faszinieren konnte, findet sich in den »Amazonennächten«; etwa die Vision eines Neuen Menschen, der Überkommenes hinter sich zu lassen vermag. Sie war verbunden mit der demonstrativen Freizügigkeit, die historisch gesehen, bereits im Berlin der Roaring Twenties ausgeformt wurde. Als philosophischer Hintergrund konnte fatalerweise Friedrich Nietzsches dionysischer Impetus dienen. Dass diese neue, vermeintlich arische Sittlichkeit gleichfalls nur Zweck und Instrument war, sollte nicht erkennbar sein.

Geschichtliches hingegen wurde stets zweckgebunden gefiltert und herauspräpariert. Die Deutungshoheit über vergangene Tatsachen lag bei Ideologen – sei es Joseph Goebbels oder der eher wirtschaftlich orientierte Christian Weber. Andere, dieser Obrigkeit zuwiderlaufende Interpretationen der Ereignisse blieben ausgeschlossen.

Die Erzeugung eines energetischen Flows bedurfte auch einer Modernität in technischem Sinne. Fortschritt war von Jahr zu Jahr mitzuerleben. Nicht allein die immer wieder quantitativ gesteigerte Zurschaustellung, sondern die persönliche Einbettung in die Dynamisierung der Elektrizität, jener unsichtbaren Kraft, die zeitgleich auch in der Sowjetunion als stärkste ideologische Metapher galt, sollte die faschistische Welt erschaffen.

Lichtinszenierung war wesentlicher Bestandteil der Ästhetik des Nationalsozialismus: konzentrische Kreise aus Wasser und Licht, zwölf aus Viererbündeln bestehende Fontänen und doppelt so viele Unterwasserscheinwerfer.

Ein von unten beleuchteter Bühnenboden inszenierte viel nackte Haut.

Rokoko-Inszenierung: links die SS-Reiterei von »Chef« Hermann Fegelein.

Kapitel 10 | Das Schicksal der »Englischen Fräulein« und ihrer Schule

In den Nordtrakten der Schlossanlage waren nach ihrer Erbauung im Jahr 1718 die Hofgeistlichen untergebracht. Erst vier, dann sechs Kapuziner und ein Laienbruder verrichteten hier ihren Dienst als Priester und Beichtväter.

1730 berief Kurfürst Karl Albrecht die »Congrégation de Notre-Dame de chanoinesses de Saint Augustin« nach Nymphenburg. Seine beiden ältesten Töchter hatten zu diesem Zeitpunkt das schulfähige Alter erreicht. Die in Deutschland als »Augustiner-Chorfrauen« bezeichnete Gemeinschaft betrieb bereits in Frankreich höhere Schulen für den weiblichen Adel, so auch in Versailles. Dieser exklusive Orden leitete die Mädchenerziehung in Nymphenburg bis zur Säkularisation. Dennoch blieb der Schulbetrieb unter weltlicher Leitung zwischen 1815 und 1835 bestehen.

Blick von der Maria-Ward-Straße nach Süden zur Schlossanlage. Vorne rechts das Torhaus im Schulbereich, dahinter der kurz darauf abgebrochene Kapuzinerbau und die Ostfassade der Klosterkirche 1937

Die »Englischen Fräulein« in Nymphenburg

König Ludwig I. führte die Tradition der christlich geprägten Mädchenerziehung fort. Deshalb setzte er im Jahr 1835 den Orden der »Englischen Fräulein«[159] in Nymphenburg ein. Die klösterliche Gemeinschaft der Frauen um die Engländerin Mary Ward (geboren 1585 im Mulwith/Yorkshire, gestorben 1645 in York) hatte sich ebenfalls schon im 17. Jahrhundert die – damals keineswegs übliche – schulische Bildung von Mädchen zum Ziel gesetzt. Das »Königliche Erziehungsinstitut für die weibliche Jugend« wurde in den bereits bestehenden Klosterräumen im Nordflügel des Schlosses untergebracht.

1935 konnten die »Englischen Fräulein« die 100-Jahrfeier ihres Nymphenburger Klosters und Erziehungsinstituts feierlich begehen: ein Triumph innerkirchlicher Aufklärung, individueller Durchsetzungskraft und gesellschaftspolitisch realisierter Menschlichkeit.

Nur ein Jahr darauf fielen die staatlichen Zuschüsse für klösterliche Lehrkräfte weg. Am 4. April 1937 verfügte das

Nähsaal der »Englischen Fräulein«, um 1900

[159] Seit 2004 in »Congregatio Jesu« umbenannt.

Ein üppig begrünter Garten zierte den jetzigen Pausenhof der Grundschule Maria-Ward-Straße. Links der ehemalige Kinderbau, rechts, gerade noch zu sehen, die Westfassade der heutigen Schule (Ansicht auf einer historischen Postkarte)

Ministerium die Auflösung des Internats. Im »Völkischen Beobachter« vom 5. April 1937 hieß es dazu: »Das Nymphenburger Institut erweist sich geradezu als eine Erziehungsstätte für Absonderung und Klassendünkel. Das darf nicht sein. Ich bin daher genötigt, das Mädchenerziehungsinstitut (Internat) der Englischen Fräulein in Nymphenburg mit sofortiger Wirkung zu schließen.«[160] Was war geschehen?

Die Errichtung eines Jagdmuseums in den Orangerie- und Klostertrakten im Norden der Schlossanlage war das prestigeträchtige Anliegen Christian Webers, der wie kein anderer den Nymphenburger Alltag und die Festtage während der NS-Herrschaft bestimmte. Wie bereits die NSDAP ihren Platzbedarf in der Schlossanlage behauptet hatte, wusste auch Weber seine Verbindungen zu Hitler und den lokalen NS-Größen (Ludwig Siebert, Karl Fiehler) zu nutzen, um seine Vorstellungen durchzusetzen. Oft gegen den Willen der Schlösserverwaltung (Rudolf Esterer), stets gegen die Einwände der Kirche (Kardinal Michael von Faulhaber). Auch die beiden anderen großen Glaubensgemeinschaften blieben nicht verschont. Anfang Juni 1938 wurde die Synagoge der Münchner Juden zerstört und gegen Monatsende die evangelische Matthäuskirche in der Sonnenstraße abgerissen.

[160] Gruber, Hubert: 175 Jahre Maria-Ward-Schulen in München-Nymphenburg, Festschrift, München 2010.

Katholiken in der NS-Zeit in Bayern

Sowohl die römisch-katholische Kirche als auch die Nationalsozialisten bemühten sich bereits kurz nach der Machtübernahme um eine Übereinkunft, den Abschluss des sogenannten Konkordats. Das faschistisch regierte Italien diente dabei als Vorbild. Durch den Staatskirchenvertrag vom 20. Juli 1933 mit dem Heiligen Stuhl gelang es Hitler, viele Kritiker aus dem politischen Katholizismus vorläufig ruhigzustellen und das verbreitete Misstrauen von Teilen der katholischen Bevölkerung gegen den von ihnen als unchristlich und kirchenfeindlich angesehenen Nationalsozialismus abzuschwächen. Die Haltung des bayerischen Katholizismus blieb zwiespältig. Zwar war die Abgrenzung von Rechten und Pflichten zwischen staatlicher und kirchlicher Gewalt erreicht, jedoch zeigte sich bald, dass sich SS, SA und die untere Ebene der Partei nicht an die Begrenzungen hielten. Nach Meinung des Regimes sollte sich der Nationalsozialismus als »neues Evangelium« behaupten. Um dies zu verdeutlichen, musste in den Schulen jede Religionsstunde mit den Worten »Heil Hitler« beginnen und schließen.

Die große Zahl an Klosterschulen in Bayern erregte mit ihren religiös-sittlichen Inhalten das Missfallen der Machthaber. Weitreichende Sanktionen waren die Folge, zum Beispiel waren bis März 1939 von 1600 Stellen klösterlicher Volksschullehrerinnen 1250 abgebaut.

Die antichristliche Propaganda der Nationalsozialisten und die ständigen Verletzungen des Konkordats veranlassten Kardinal Faulhaber 1937, an der päpstlichen Enzyklika »Mit brennender Sorge«[161] maßgeblich mitzuwirken. Am Tag nach dem Novemberpogrom 1938 gingen mehr »als einhundert Fenster zu Bruch, als ein aufgehetzter Mob das Erzbischöfliche Palais mit Steinen bewarf.«[162] Die Münchner Jesuiten betrieben Kirchenpolitik im Widerstand, allen voran Pater Rupert Mayer, der durch seine beeindruckenden Predigten und wegen seines sozialen Engagements große Beliebtheit genoss.

[161] Dort wurden die Verletzungen des Konkordats, neuheidnische Tendenzen des Nationalsozialismus und die Missachtung naturrechtlicher Gebote kritisiert.
[162] Hajak, Stefanie / Zarusky, Jürgen (Hg.): München und der Nationalsozialismus, Berlin 2008.

Christian Webers Objekt der Begierde

Die »Englischen Fräulein« hatten die Klosterkirche der »Augustiner-Chorfrauen« übernommen und genutzt. Es war ein Kleinod spätbarocker Ausstattungskunst. Zwischen 1734 und 1739 erfolgte die Gestaltung des zweigeschossigen Baus, der seine Längsseite nach Osten hin zum Schlossrondell präsentierte. Äußerlich in der einheitlichen Fassadengestaltung Joseph Effners aufgehend und damit vom gegenüberliegenden Marstalltrakt nicht zu unterscheiden, wies die Klosterkirche im Inneren Meisterwerke ihrer Zeit auf: Stuckaturen von Johann Baptist Zimmermann,[163] Fresken von Joseph Adam Mölck, Skulpturen von Johann Baptist Straub und ein Altarbild von Giovanni Battista Tiepolo.

Im Auftrag Christian Webers wurden der kostbare Stuck vom Plafond und das Altarblatt aus seiner säulengeschmückten Rahmung entfernt. Das Gemälde Tiepolos, heute in der Alten Pinakothek ausgestellt, ist letztes und bestes Zeugnis einer fürstlichen Ausstattung, deren übrige Schönheit erst von den Nationalsozialisten und dann von den alliierten Bomberverbänden vernichtet wurde.

Zwar klagte Kardinal Faulhaber zunächst über diesen »Weltskandal für unseren guten deutschen Namen«,[164] hatte aber versucht, im Gegenzug die ehemalige Jesuitenkirche St. Michael in der Kaufingerstraße zu erhalten. Er bot dafür eine halbe Million Reichsmark. Dieser Ersatz kam nicht zustande. Der »Klosterraub«[165] in Nymphenburg konnte ohne jede Entschädigung geschehen.

---

[163] Eckardt, M. Donatilla von: Vom Bau der Institutskirche München-Nymphenburg bis zu ihrer Zerstörung, in: Oberbayerisches Archiv 101, München 1976, S. 383.

[164] BayHStA Reichsstatthalter 506 (Telegramm an Ritter von Epp vom 27. November 1937).

[165] Neuhäusler, Johann: Kreuz und Hakenkreuz. Der Kampf des Nationalsozialismus gegen die katholische Kirche und der kirchliche Widerstand, München 1946.

Am 25. August 1937 wurde zum letzten Mal das Ewige Gelübde in der Klosterkirche feierlich begangen, am 1. November begann ihr Abbruch.

Blick auf die Altarwand: Zum Jahresbeginn 1938 ist der Altar bereits bis auf die Sockelzone entfernt. An den Schalldeckel der Kanzel erinnern nur noch zwei Balken an der Wand rechts.

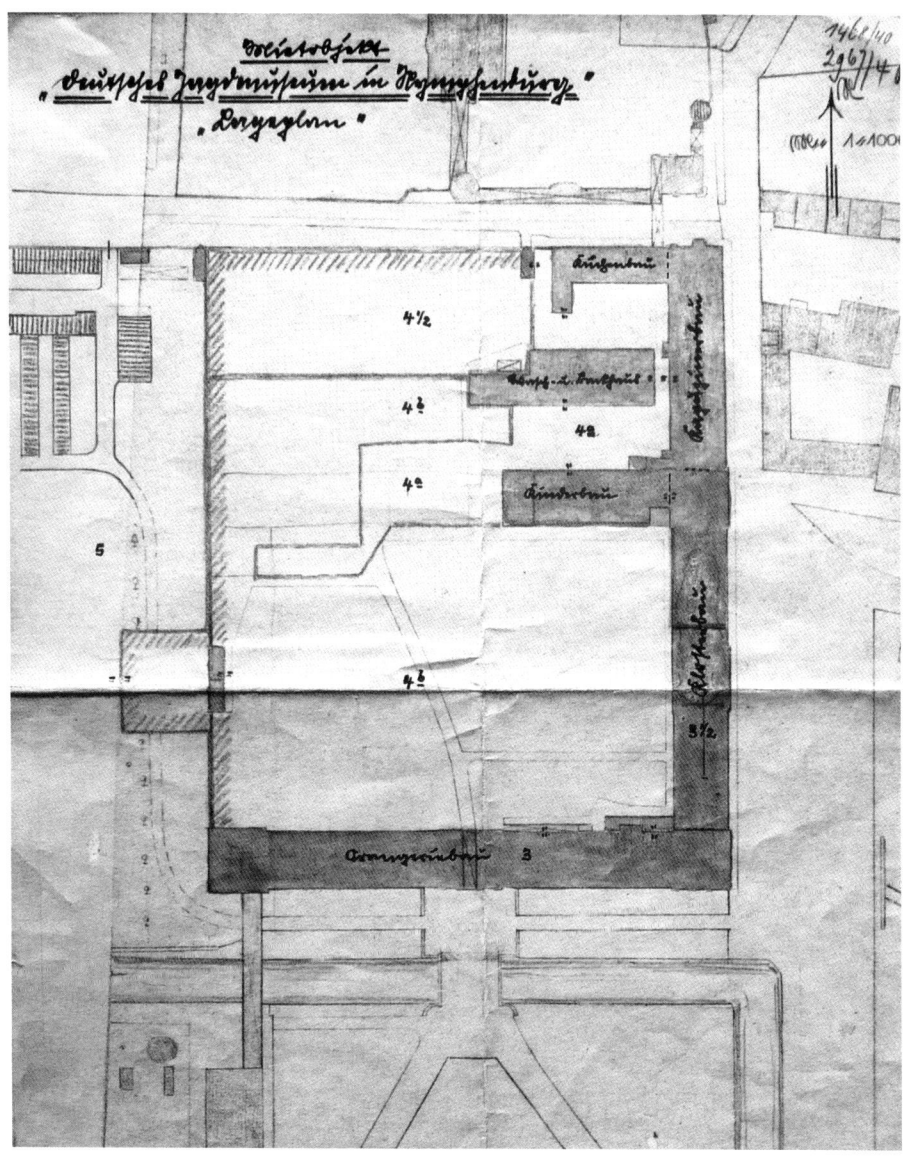

Der Lageplan des »Mietobjekts« Deutsches Jagdmuseum zeigt die Situation vor der Zerstörung. Links bereits in Schraffuren angedeutet ist die neue Form eines geschlossenen Karrees mit dem markanten Dioramenhaus. Rechts (dunkelgrau markiert): der historische Bestand. Waagrecht bezeichnet: Küchenbau, Wasch- und Backhaus, Kinderbau, Orangeriebau. Senkrecht: Klosterbau und Kapuzinerbau

In den übrigen Räumen des Klosterflügels befanden sich die Pensionatsräume, die Zellen der Ordensfrauen und die Wohnungen der Geistlichen. Mit Bildung einer Menschenkette wurde wochenlang alles geborgen, was sich in den gut 100 Jahren der Nutzung angesammelt hatte, unter anderem viele Bücher aus der »Fremdsprachen-Bibliothek der Wittelsbacher«[166], die diese dem Kloster überlassen hatten.

Wie zynisch und arrogant die neuen Machthaber mit den Ordensfrauen verfuhren, zeigt der Vorschlag, sie sollten den Sonntag vor der Kirchenräumung als Sühnetag zum Abbüßen ihrer Schuld verwenden.

Am 1. November 1937 fand dann der letzte Gottesdienst statt. In diesem Jahr war der Allerheiligentag erstmals kein gesetzlich geschützter Feiertag[167] mehr.

An diesem Tag feierte man um 6 Uhr Konventmesse, dann eine letzte Messe für die Kinder. Um 9 Uhr zeigten sich die bestellten Bauarbeiter. Während die Klosterfrauen betend im Chor knieten, wurden draußen bereits die Kirchenstufen

Abriss des Kinderbaus. Im Hintergrund links Wasch- und Backhaus, rechts der Klosterbau. Sie alle mussten der Neuplanung für das Jagdmuseum weichen.

[166] Schwaiger, Georg: Das Erzbistum München und Freising in der Zeit der nationalsozialistischen Herrschaft, München und Zürich 1984.

[167] Andere kirchliche Feiertage wurden »umfunktioniert«: Pfingsten war das »Fest des hohen Mai«, Weihnachten das »Fest des aufsteigenden Lichts«.

In wochenlanger Schwerstarbeit musste Mobiliar von rund 100 Räumen über die Maria-Ward-Straße in die Schule transportiert werden.

weggemeißelt. Gegen 10 Uhr wurde das Allerheiligste geborgen.[168] Beim Auszug stimmte der Klostergeistliche, Kaplan Peter Stadler, das »Miserere« an, die Klosterschwestern hielten schluchzend brennende Kerzen in den Händen und waren außerstande, einzustimmen. Dabei bemerkte der amtierende Priester: »Für Nymphenburg ist die Nacht angebrochen.«[169]

Räumung der Grüfte

Die Hülle der profanierten Klosterkirche wurde nun zum Bibliothekssaal des Jagdmuseums umgestaltet. Auch die darunterliegenden Keller wurden ihrer religiösen Funktion entkleidet. Dem geplanten Bierkeller stand die Gruft mit ihren

[168] Das Allerheiligste wurde in den Kinderspeisesaal des Schulgebäudes getragen, der ab diesem Zeitpunkt als Notkirche diente.
[169] Schwaiger, Georg: Das Erzbistum München und Freising in der Zeit der nationalsozialistischen Herrschaft, München und Zürich 1984.

mehrstöckigen Grabnischen im Weg. Sie erstreckte sich unterhalb der Kirche in zwei Reihen, hofseitig und zum Rondell hin. Offiziell war von einer für das Bauwerk nötigen »Entfeuchtung« die Rede. Fünf Monate nach dem Beginn der Demontage begann schließlich die Räumung der beiden Gruftbereiche. Sie erfolgte in zwei Phasen. Zunächst wurden die sterblichen Überreste von 29 »Augustiner-Chorfrauen« und 14 »Kapuzinermönchen« entnommen (2. bis 5. März 1938), danach die der »Englischen Fräulein« (26. bis 29. April 1938).

Die Aktion begann, indem Steinmetze alle Verschlussplatten der Grabnischen aufbrachen. Danach wurde der Boden geöffnet, in dem weitere verstorbene Schwestern ruhten. »Nicht alle waren so lange tot, sonst hätten die Arbeiter nicht mit Gasmasken gearbeitet.«[170] Am folgenden Tag wurde mit der Arbeit ausgesetzt. Eine Augenzeugin notierte: »Die geöffnete Gruft, Särge und Nischen sollten durchlüftet werden. An diesem Tag standen Kirche und Gruft den klösterlichen Besuchern offen. Wir gingen in kleinen Gruppen von der Straße aus zur Kirchentüre, deren Stufen bereits entfernt waren. Auch die Steinfliesen des hinteren Teiles der Kirche waren ausgehoben, die Erdmassen teilweise abgetragen und in schiefer Ebene kam man auf unsicheren Brettern hinunter in die Gruft. Die Särge, die noch in den Nischen standen, waren nicht mehr vollkommen geschlossen. Der Zersetzungsvorgang langer Jahre einerseits, der Luftzug der letzten Tage andererseits hatten das ihrige getan und so war es möglich, auch da und dort einen Blick in das Innere eines Sarges zu tun.«[171] Um mögliche Kritiker abzuschrecken, »stellte das Bestattungsamt eine Wache auf, die sich in Abständen von mehreren Stunden bei Tag und Nacht ablöste«.[172]

---

[170] Adalbert, Prinz von Bayern: Schloß Nymphenburg und seine Bewohner, München 1949, S.152.
[171] Übertragung der Gebeine unserer in der Gruft der Institutskirche beigesetzten Mitschwestern in den Westfriedhof (Moosach), Anonymes Schreibmaschinenmanuskript im Nymphenburger Archiv (»Congregatio Jesu«).
[172] Ebd.

In zwei abendlichen Aktionen, getrennt nach Ordenszugehörigkeit, wurden sämtliche 115 Verstorbene in den Westfriedhof nach Moosach transportiert. Die Beisetzung der »Augustiner-Chorfrauen« und der »Kapuziner« in nur sechs Särgen und insgesamt drei Gräbern fand am 5. März 1938 statt. Ihnen folgten am späten Nachmittag des 29. April 1938 die sterblichen Überreste der »Englischen Fräulein«. Aus mangelndem Respekt und wohl auch aus Kostengründen hatte man sie in 24 neue Särge eingefüllt und in drei Reihen übereinander geschichtet bestattet, zum Teil auch mehrere Personen zusammen in einem Sarg. Im Beisein des Direktors des Bestattungsamts, der Provinzialoberin mit fünf älteren Schwestern und Kaplan Peter Stadler geschah dies nach der Schließung des Friedhofs unter dem Einsatz von Scheinwerferlicht. Die gesamte Koordination der Vorgänge lag beim Städtischen Bestattungsamt, das bereits kurz nach der Machtübernahme aus triftigen[173] Gründen systematisch mit Parteigenossen besetzt worden war.

Mitarbeiter des Städtischen Bestattungsamtes zum Teil mit Gasmasken scharrten die Gruftnischen leer. Im Vordergrund eine Transportkiste mit Gebeinen für den Westfriedhof.

Nur fünf Monate darauf und äußerst planmäßig feierte das Deutsche Jagdmuseum am 16. Oktober 1938 seine Eröffnung.

[173] Die »Abwicklung« der Toten des Konzentrationslagers Dachau und der Euthanasieopfer stand an.

Hilfskrankenhaus

Mangelnde stationäre Krankenversorgung in München

Mit Kriegsbeginn beanspruchte die Wehrmacht 1270 der vorhandenen Betten in städtischen Krankenhäusern. Damit entstand ein eklatanter Mangel für die Zivilbevölkerung. Zum Ausgleich wies Oberbürgermeister Karl Fiehler das Gesundheitsamt an, vier Hilfskrankenhäuser[174] mit 1800 bis 2000 Betten einzurichten. Es wurde diskutiert, wie Kinderheime und Schulen umgenutzt werden könnten und ob auch Barackenbauten sinnvoll wären. Um die Anzahl der Patienten zu beschränken, war vom »Auskämmen der Krankenhäuser«[175] die Rede. Für die Belegung von Krankenhausbetten galt nun, bereits »bei der Einlieferung den schärfsten Maßstab anzulegen«.[176] Zunehmend wurden alte Menschen und unheilbar Kranke nicht mehr stationär aufgenommen. Mit den Kriegsjahren verschärfte sich die Situation, sodass Oberbürgermeister Fiehler am 4. März 1942 die Anordnung erließ, »sofort das gesamte Krankengut zu sichten«.[177] Nun wurden kranke Münchner in dreiwöchigem Abstand wie Stückware kontrolliert.

Im September 1939 beschlagnahmte das Münchner Gesundheitsamt die Schule der »Englischen Fräulein«, nachdem Kommissionen wiederholt alle Häuser des Orden taxiert hatten. Ein Überlassungsvertrag regelte immerhin die monatliche Vergütung von 3700 Reichsmark, jedoch mussten die Schwestern »selbst die Wirtschaftsführung des

---

174 Das waren neben der Schule der »Englischen Fräulein« ein für das Gymnasium Max-Josef-Stift vorgesehenes Gebäude in Bogenhausen (Mühlbaurstraße 15), der Ostflügel des jesuitischen Berchmanskollegs in Pullach (Wolfratshauserstraße 30/32) und ein Hitlerjugend-Heim in Pasing (Aubinger Straße 15).
175 StadtAM Krankenanstalten 197 (zusammenfassende Niederschrift vom 31. Januar 1939).
176 StadtAM Krankenanstalten 197 (Dezernat 4 am 26. Januar 1939).
177 StadtAM Krankenanstalten 25 (Krankenhausversorgung der Zivilbevölkerung).

Hilfskrankenhauses übernehmen«.[178] Dann wurde deren erst wenige Jahrzehnte altes Nymphenburger Schulhaus in bester ruhiger Lage ab 1. Oktober 1939 zu einem Hilfskrankenhaus umgewandelt. Auf Veranlassung des Gesundheitsamtes wurden neben einer »Röntgenstation und einem zentralen Laboratorium [...] Bäder, elektrische Signalanlagen, Luftschutzeinrichtungen, [...] Stationszimmer mit Teeküchen und eigene Ärzte-, Verband- und Untersuchungszimmer eingerichtet«.[179] Zusätzlich zu den Klassenzimmern waren auch der Musiksaal und die Aula mit Betten belegt. Am 26. März 1940 wurden die ersten Patienten eingeliefert. Dem Internisten Dr. Hans Rösch oblag die ärztliche Leitung der als »Hilfskrankenhaus Nymphenburg an der Maria-Ward-Straße«[180] bezeichneten Anstalt.

Aus der Schule der »Englischen Fräulein« war nun eine Zweigstelle des Schwabinger Krankenhauses und die Typhusstation des Pasinger Krankenhauses mit einer Aufnahmekapazität für 284 Kranke geworden.

Unter pflegerischer Anleitung von »Barmherzigen Schwestern« bemühten sich die »Englischen Fräulein« nun um die Krankenpflege. Auch verschleppte Polen und Franzosen, etwa ein Apotheker aus Paris, waren hier tätig. Ohne Zulagen aus der im Ordensbesitz befindlichen Ökonomie und häufig ohne Lohn arbeiteten die Schwestern in harter, zwölfstündiger Arbeit. »Meist waren es Alte und hoffnungslos Kranke, die von den anderen Kliniken Münchens als Pflegefälle abgeschoben wurden. In den wenigen Jahren der Krankenhausbesetzung starben deshalb über 3.000 Patienten.«[181]

Seit dem Frühjahr 1941 befürchteten alle Ordensgemeinschaften die Auflösung ihrer Klöster. Um dieser Gefahr zu

[178] Christians, Annemone: Amtsgewalt und Volksgesundheit, Göttingen 2013, S. 244.
[179] »Völkischer Beobachter« vom 29. Juni 1940.
[180] Ebd.
[181] Gruber, Hubert: Festschrift 175 Jahre Maria-Ward-Schulen in München-Nymphenburg, München 2010.

begegnen, forderten die »Englischen Fräulein« von der Wehrmacht kriegswichtige Arbeit an. Kurz darauf wurde das Mutterhaus in Nymphenburg mit 10 000 Paar Soldatenhandschuhen beliefert, die auf die Filialen verteilt wurden, um von jenen Ordensfrauen ausgebessert zu werden, die für einen regulären Einsatz zu gebrechlich waren.

Das Bespitzelungssystem der Gestapo reichte bis in die Säle der Sterbenden. Wiederholte Verhöre der Klosterfrauen waren die Folge. Die Gestapo warf Ordensschwester Hereswitha Hengstl[182] und einer weiteren Klosterfrau vor, sterbenden Patienten den Empfang der Sakramente nahegelegt zu haben: Der Pfleger habe doch gesehen, wie alle das Kreuzzeichen machten! Mit der Behauptung, das beanstandete Weihwasser sei nur eine »Flasche mit Kiefernduft, notwendig für den Männersaal«[183] gewesen, konnte Schlimmeres abgewendet werden.

---

[182] Sr. Hereswitha Hengstl wurde später Schuldirektorin in München-Nymphenburg.

[183] Schwaiger, Georg: Das Erzbistum München und Freising in der Zeit der nationalsozialistischen Herrschaft. Sonderdruck, München/Zürich 1984.

Kapitel 11 | Das Deutsche Jagdmuseum

Christian Weber kämpfte jahrelang mit Vehemenz für die Gründung und Errichtung eines »Deutschen Jagdmuseums« – sein persönliches Prestigeprojekt. Es sollte eines der größten seiner Art werden und diente bestens seiner Profilierungssucht.

Lange Jahre war Weber beruflich wenig erfolgreich gewesen. Die Wendung kam erst in der Frühzeit der NSDAP, als er sich, mit Gummiknüppel und Pistole bewaffnet, als Saalordner im wahrsten Sinn des Wortes durchs Leben schlug. Bereits in dieser Zeit konnte er sich durch mafiöse Geschäftspraktiken ein Jagdgebiet im Berchtesgadener Land und später in Krün leisten. Auch die Fischerei hatte es ihm angetan und so sicherte er sich an mehreren Abschnitten der Würm die Fischwasserrechte. Bei der Vergabe repräsentativer Ämter in den Jagd- und Forstorganisationen blieb der passionierte Jäger nach der Machtübernahme Hitlers stets unberücksichtigt.

Um seine Idee zu forcieren, gründete Weber am 22. Oktober 1934 den Verein »Deutsches Jagdmuseum e. V. – Forschungs- und Lehrstätte für Jagdkunde«. Dieser war »von der Stadt München mit einem Baugrund, einer halben Million Reichsmark als Bauzuschuss und mit einem jährlichen Etat von 60.000 Reichsmark«[184] ausgestattet.

Monate zuvor, am 26. April 1934, befasste sich der Münchner Stadtrat auf Betreiben Webers mit dem Erwerb der Jagdtrophäensammlung des Grafen Maximilian von Arco-Zinneberg. Am selben Tag beantragte Weber einen Ort zu deren Unterbringung: die Schaffung und Einrichtung eines Deutschen Jagdmuseums in München, in dem das gesamte Jagdwesen technisch und geschichtlich dargestellt werden sollte. Kurz darauf, am 14. Mai 1934, verkündete er in einer weiteren

---

[184] Schätzl, Lothar/Schickel, Gabriele: Das Deutsche Jagdmuseum von Christian Weber im Schloß Nymphenburg, München 1998.

Sitzung des Münchner Stadtrats die »Bildung eines Ausschusses zum Zwecke der Errichtung eines Deutschen Jagdmuseums«.

Christian Weber verstand es, wichtige Persönlichkeiten für seine Projekte zu gewinnen, und Hitlers Rückendeckung war ihm stets gewiss. Hermann Göring, der die Position eines Reichsforst- und Jägermeisters bekleidete, empfand das

Ansinnen allerdings als Einmischung in seine Kompetenzen und versuchte, es zu verhindern. Dies änderte sich, als das Jagdmuseum formell unter seine Zuständigkeit fiel und er zum Schirmherrn ernannt wurde. Auch wurden Vertreter von Staat und Behörden beteiligt. Dafür durfte sich Weber, der mit Göring die Vorliebe für einen opulenten Lebensstil, Uniformen und die Jagd teilte, über die Ernennung zum Präsidenten und Vorstand auf Lebenszeit freuen. Finanziell war das Projekt gut ausgestattet. »Beachtlich waren auch die Mittel, die Christian Weber über seine verschiedenen Ämter dem Jagdmuseum zuführte. Der Kreistag von Oberbayern, der Verein Ausstellungspark, der Verein Hubertus für Jagd- und Sportschießen, das ›Braune Band‹ und die Münchner Kammerspiele übernahmen entweder die Sicherung von Krediten für das Museum oder leisteten Stiftungen und Zuschüsse. Auch Webers Beziehungen zur Münchner Wirtschaft verschafften dem Jagdmuseum neben den Vereinsbeiträgen der Mitglieder einen steten Zufluss an finanziellen Mitteln.«[185]

Die Wahl des Standorts

Schwieriger erwies sich die Suche nach einem geeigneten Standort. Weber hätte dafür gerne das Areal des Prinz-Leopold-Palais nahe des Münchner Siegestors (heute Mensagelände der Ludwig-Maximilians-Universität) gehabt, um darauf einen Neubau mit 20000 Quadratmetern Nutzfläche zu erstellen. Zu diesem Zeitpunkt hatte die Stadtverwaltung bereits »für die Museumsausstattung die Geweihsammlung des Grafen Maximilian von Arco-Zinneberg erworben«. Auch die Wittelsbacher Erbprinzen Georg und Konrad von Bayern hatten sich bereit erklärt, »für das neue Museum die berühmte Trophäensammlung ihres Vaters, des Prinzen Leopold[186] von Bayern mit 2.000 Rothirschgeweihen, zahlreichen exotischen

---

[185] Berg, Thomas von: Korruption und Bereicherung. Politische Biographie des Münchner NSDAP-Fraktionsvorsitzenden Christian Weber, München 2003, S. 75.
[186] Prinz Leopold (1846–1930) war der zweitälteste Sohn von Prinzregent Luitpold.

Gehörnern, sowie sieben Jagdgobelins und die Jagdbibliothek von etwa 200 Bänden aus dem Leopold-Palais zu stiften«.[187]

Hitler hatte jedoch eigene Pläne und legte sein Veto zum Neubauvorhaben im Leopoldpark ein. Weber empfand diese Entscheidung nicht besonders tragisch, da »ihn die Stadt München für das Grundstück, das sie ihm selbst kostenlos überlassen hatte, mit 500.000 Reichsmark entschädigte«.[188]

Auf der Suche nach einer Alternative fiel seine Wahl auf eine Unterbringung im Nordflügel des Nymphenburger Schlosses.

Weber hatte ein Faible für den repräsentativen Aspekt von Schlössern. Noch zu Beginn der 1940er-Jahre bemühte sich er sich erfolgreich um den Ankauf eines Hauses in unmittelbarer Schlossnähe an der Südlichen Auffahrtsallee 79. Die

[187] Schätzl, Lothar/Schickel, Gabriele: Das Deutsche Jagdmuseum von Christian Weber im Schloß Nymphenburg, München 1998.
[188] Berg, Thomas von: Korruption und Bereicherung. Politische Biographie des Münchner NSDAP-Fraktionsvorsitzenden Christian Weber, München 2003, S. 75.

noble Adresse war ihm gerade recht, um hier die Geschäftsstelle vom »Braunen Band« einzurichten.

Möglicherweise hatte Weber von Anfang an den Standort
Nymphenburg für das Jagdmuseum favorisiert. Die »Nymphenburger Zeitung/Neuhauser Nachrichten« berichtete
bereits am 17. Mai 1934: »In der großen Tagespresse war
heute zu lesen, dass in München die Errichtung eines deutschen Jagdmuseums zur Durchführung kommen sollte und
die Stadt auch bereits eine Beteiligung mit ca. 500.000 Mk.
[Mark] zugesagt habe. Wo wird das Museum errichtet, ist
die nächste Frage, aber das weiß man noch nicht. Fast eine
Selbstverständlichkeit wäre es, wenn dieses Museum, das
durch seine Eigenart Anspruch auf einen besonderen Platz
macht, im Bezirk Neuhausen/Nymphenburg errichtet würde. Es gibt in München keinen Stadtteil, der durch seine
Eigenart und Bezüglichkeit auf das Waidwerk eine vorneh-
mere und würdigere Repräsentation bieten könnte, als Nymphenburg.«

Gigantomanie und geplanter Vandalismus

Im Mai 1935 bat Weber den bayerischen Ministerpräsidenten
und Finanzminister Ludwig Siebert, »man möge das Schloß
Nymphenburg nebst dem Schloßpark und allen Zubehörun-
gen dem ›Deutschen Jagdmuseum‹ unentgeltlich zum Eigen-
tum übertragen«. Später ergänzte er noch, »daß das Schloß
aufgrund seiner Größe die für die Unterbringung des Jagdmuseums erforderlichen Räume habe und für den beabsichtigten
Zweck adaptiert werden könne, ohne daß die Außenseite des
Schlosses irgendwie in Mitleidenschaft gezogen werden müsse. Das Innere des Schlosses würde aber durch die Ausgestaltung zum Jagdmuseum sicherlich eine würdigere Verwendung
erhalten, als dies bisher der Fall war«.[189]

[189] Schätzl, Lothar/Schickel, Gabriele: Das Deutsche Jagdmuseum von
Christian Weber im Schloß Nymphenburg, München 1998.

Das gesamte Areal hatte zu diesem Zeitpunkt einen Wert von rund 11 Millionen Reichsmark. Bei Webers Ansinnen ist es nicht verwunderlich, dass bereits wenige Wochen darauf eine Ortsbegehung zustande kam. Teilnehmer waren Vertreter des Finanzministeriums als Eigentümer der Liegenschaft, Oberbürgermeister Karl Fiehler und Stadtbaurat Fritz Beblo. Man kam zu der Ansicht, dass »an den Stilräumen zwar nichts geändert werden dürfe, daß man diese Räume aber sehr gut zu Repräsentationszwecken verwenden könne«.[190]

Bauplanungen mit Hindernissen

Die Übernahme der südlichen und nördlichen Flügelbauten war für Webers Projekt durchaus problematisch. Die Gebäude wurden von unterschiedlichsten Nutzern mit ausgedehnten Wohnrechten belegt, besonders von der Schlösserverwaltung und dem Wittelsbacher Ausgleichsfonds. Zudem besaß der Orden der »Englischen Fräulein« das Dauernutzungsrecht für einen Teil der Bauten am Nordflügel.

Aus diesen Gründen und weil das in Aussicht gestellte Nordareal von Schloss Nymphenburg nach zweijähriger Planungsphase Christian Weber eigentlich zu klein erschien, nutzte er 1937 den Ball am Faschingsdienstag, um den Hirschgarten als neuen Standort anzupreisen. Er schilderte seine Befürchtung, dass das Jagdmuseum »gleichsam im Schatten des Nymphenburger Schlosses« stehen würde, auch müsse sich der Umbau nach der Architektonik richten und die Umbaukosten seien »erfahrungsgemäß nicht viel billiger, als ein Neubau«.[191]

Ein weiterer Vorteil in Webers Augen war die größere Fläche dieses Standorts. Sie hätte es ermöglicht, »daß dieses fast 100 Tagwerk große Areal in jeder Hinsicht gewinnen würde, wenn das Jagdmuseum mit seinen Pavillons verstreut in den Hirschpark käme und dort neben Restaurationen, Garten-

---

[190] BayHStA, MF 309 (Bericht Rineckers vom 4. Juni 1935).
[191] StadtAM Christian Weber 495 (Schreiben vom 17. Februar 1937).

anlagen und Wildgehegen ein prächtiger Aufenthaltsort für die Münchner wie auch die Fremden [...] und das Projekt dadurch eine ganz andere Zugkraft gewinnen würde«.[192]

Der Wittelsbacher Ausgleichsfonds, in dessen Besitz sich der Hirschgarten befand, stellte sich nicht offen gegen dieses Ansinnen. Er hätte sich »prinzipiell« mit einem Tausch gegen andere »Realien abgefunden«.[193]

Letzten Endes verhinderten Hitlers Ausbaupläne für die »Hauptstadt der Bewegung«, dass der Hirschgarten dem Bau des Jagdmuseums zum Opfer gefallen wäre. Hitler entschied, »daß die Autobahn mitten durch den Hirschgarten eingeführt wird. Nachdem der südliche Teil des Hirschgartens für den Bahnhofumbau benötigt wird, wird eine anderweitige Verwertung des Hirschgartens ausscheiden«.[194] Am 18. November 1935 wurde Ministerpräsident Siebert mitgeteilt, »daß der Führer mit der Verwendung von Schloß Nymphenburg zu einem Jagdmuseum einverstanden sei«.[195]

Um Platz für einen repräsentativen Treppenaufgang zu schaffen, wurde das Bauvolumen des Uhrturms zum Hof hin erweitert.

Geschickte Manöver und vollendete Tatsachen

Als »jagdliche Forschungs- und Lehrstätte« sollte das Museum neben einer umfangreichen Trophäensammlung und vielen anderen Ausstellungsstücken aus den Beständen des Münchner Stadtmuseums, des bayerischen Armeemuseums sowie aus Privatsammlungen auch Informationsräume, einen Hörsaal, eine Fachbibliothek, einen Festsaal und Verwaltungsräume beherbergen. Um den Platzbedarf zu decken und den weiteren Ausbau des Schlosses zu ermöglichen, hatte es Weber auf die vom Orden der »Englischen Fräulein« genutzten Trakte einschließlich der denkmalgeschützten Klosterkirche abgesehen und versuchte, sie räumen zu lassen. Beschwerden durch Kardinal Faulhaber bei Ritter von Epp und Hitler hatten nur

[192] Ebd.
[193] StadtAM Christian Weber 495 (Schreiben vom 15. April 1937).
[194] Ebd.
[195] Schätzl, Lothar/Schickel, Gabriele: Das Deutsche Jagdmuseum von Christian Weber im Schloß Nymphenburg, München 1998..

kurzzeitig Erfolg.[196] Um das Projekt der Kirchenvernichtung abzuwenden, bemühten sich auch Rudolf Esterer, Leiter des Baureferats der Schlösserverwaltung, und viele andere.

Weber hatte sich »vollständige Ellbogenfreiheit«[197] ausbedungen. Anstelle der Kirche sollte ein zweigeschossiger Bibliothekssaal eingerichtet werden. Weber siegte schließlich.

Am 17. Juli 1937 berichtete die »Nymphenburger Zeitung / Neuhauser Nachrichten« linientreu von den bereits begonnenen Bauarbeiten: »Das herrlich gelegene und architektonisch einzigartig daliegende Schloß Nymphenburg wird um eine Sehenswürdigkeit bereichert. In einem Seitenbau am Nördlichen Schloßrondell an der Maria-Ward-Straße wird Raum geschaffen für die Unterbringung des Jagdmuseums. Die Arbeiten zum Umbau der Innenräume sind bereits in vollem Gange. Der Haupteingang zum neuen Museum befindet sich bei der Einfahrt 5 unter dem Uhrturm.«

Als Bauherr fungierte der Verein »Deutsches Jagdmuseum e. V.«, die oberste Leitung der Bauarbeiten lag bis September 1937 in den Händen der »Verwaltung der staatlichen Schlösser, Gärten und Seen«. Dann lud Christian Weber zu einer Zusammenkunft, um die Ausgestaltung des Museums und die in seinen Augen nötigen Zusatzbauten zu besprechen. Mit dem Vorwand aufgetretener Meinungsverschiedenheiten und aus Ungeduld entledigte er sich der Bauaufsicht durch die Schlösserverwaltung. In Personalunion mit seinem Vorsitz im Verein »Deutsches Jagdmuseum e. V.« übertrug er sich selbst die oberste Leitung des Projekts.

Für die neue Gesamtplanung wurde ein Kuratorium unter der Führung von Prof. Dr. Oswald Bieber gegründet. Er war für den Entwurf der Ausbau- und Neubaumaßnahmen und die künstlerische Leitung zuständig. Im Kuratorium waren die für die praktische Umsetzung nützlichen Personen ver-

---

[196] BayHStA, Reichsstatthalter Epp 576.
[197] BayHStA, MF 70309 (Schreiben vom 10. April 1937).

treten: Friedrich Gablonsky (Oberste Baubehörde), Hermann Reinhard Alker (Stadtbaurat), Rudolf Esterer (Baureferat Bayerische Schlösserverwaltung) und Leonhard Gall (Architekt und Bürochef des Atelier Troost).

Oswald Bieber (1876–1955)

Nach Studienjahren an der Baugewerksschule Chemnitz arbeitete der gebürtige Sachse bei unterschiedlichen Architekten, wie zum Beispiel beim Münchner Stadtbaurat Hans Grässel und bei Georg Meister. Von 1911 bis 1930 unterhielt er gemeinsam mit einem Partner ein Architekturbüro. Nach der Zeit des Ersten Weltkriegs wurden ihm zahlreiche Ehrungen zuteil. Bereits 1918 wurde er zum Titularprofessor ernannt.

Bieber hinterließ im südbayerischen Raum ein bedeutendes und umfassendes Lebenswerk, zu dem in der Landeshauptstadt das Gebäude der Münchner Rückversicherung, das Landeskirchenamt und die gemeinsam mit Bernhard Borst erstellte Wohnanlage »Borstei« zählen.

In der NS-Zeit gehörte er unter der Leitung von Hermann Giesler zu den Vertrauensarchitekten des Generalbaurats in München. Hier errichtete er neben den Um- und Neubauten für das Deutsche Jagdmuseum das Haus des Deutschen Rechts, die Kaserne der SS-Standarte 1 »Deutschland« in München-Freimann und das Kaffeehaus am Alten Botanischen Garten.

Nach dem Krieg beschäftigte er sich in München mit Wiederaufbauarbeiten, unter anderem an verschiedenen Kirchen und am Deutschen Museum.

Wie man aus der Presse entnehmen konnte, hatte man mit den Planungen und ersten Baumaßnahmen zu diesem Zeitpunkt längst begonnen, die vorhandenen Bautrakte des ehemaligen Orangeriegebäudes und des östlich daran anschließenden Klosterflügels umzubauen und durch umfangreiche Neubauten zu ergänzen. Hitler, dem die Jagd nichts bedeutete und der sie als »grüne Freimaurerei« abtat, hatte das Projekt Ende April 1938 »besichtigt, gebilligt und genehmigt«.[198]

[198] BayHStA MF 70309.

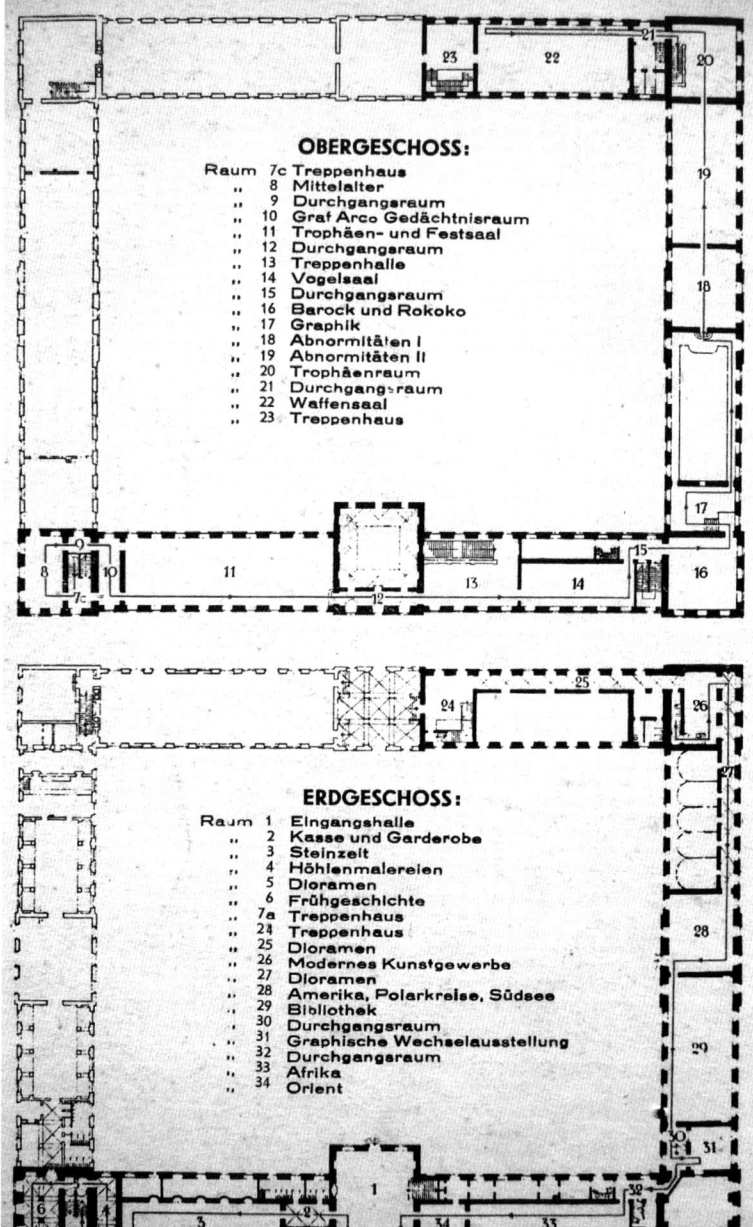

OBERGESCHOSS:

Raum 7c Treppenhaus
" 8 Mittelalter
" 9 Durchgangsraum
" 10 Graf Arco Gedächtnisraum
" 11 Trophäen- und Festsaal
" 12 Durchgangsraum
" 13 Treppenhalle
" 14 Vogelsaal
" 15 Durchgangsraum
" 16 Barock und Rokoko
" 17 Graphik
" 18 Abnormitäten I
" 19 Abnormitäten II
" 20 Trophäenraum
" 21 Durchgangsraum
" 22 Waffensaal
" 23 Treppenhaus

ERDGESCHOSS:

Raum 1 Eingangshalle
" 2 Kasse und Garderobe
" 3 Steinzelt
" 4 Höhlenmalereien
" 5 Dioramen
" 6 Frühgeschichte
" 7a Treppenhaus
" 24 Treppenhaus
" 25 Dioramen
" 26 Modernes Kunstgewerbe
" 27 Dioramen
" 28 Amerika, Polarkreise, Südsee
" 29 Bibliothek
" 30 Durchgangsraum
" 31 Graphische Wechselausstellung
" 32 Durchgangsraum
" 33 Afrika
" 34 Orient

Grundriss des Deutschen Jagdmuseums mit Führungslinie aus dem Jahr 1938. Die weiteren Anbauten fehlen noch.

Umbauten

Als erster Bauabschnitt wurde der Umbau des Orangerietrakts in Angriff genommen. Hier befanden sich seit der Erbauung im 18. Jahrhundert zwei lange Säle im Erdgeschoss, die zur Überwinterung der kostbaren Orangenbäume dienten, und weitere Nebenräume. Mehrere Treppenhäuser führten ins Obergeschoss, in dessen östlichem Teil eine Zimmerfolge für fürstliche Gäste untergebracht war. Das westliche Obergeschoss nahm einen Komödiensaal auf, der heute als Hubertussaal bezeichnet wird. Als weiterer Gesellschaftsraum diente das Kaffeezimmer, das mit einem Deckenfresko des Hofmalers Joseph Adam Mölck ausgestattet war und sich im westlichen Eckrisalit, dem Pater-Frank-Turm befand. Ohne großen Aufwand sollte der heutige Hubertussaal als Ausstellungsraum übernommen werden. Um einen repräsentativen Eingangsbereich für das neue Museum zu schaffen, erachtete man es für nötig, statt der vorhandenen Tordurchfahrt im Mittelrisalit eine dreiachsige Eingangshalle mit Windfang einzubauen.

Auch der ehemalige Klosterbereich wurde nun trotz heftigster Proteste umgebaut. Im Sommer 1938 begannen die Bauarbeiten, bei denen die kleinteiligen Raumstrukturen der Klosterzellen für die Einrichtung der Museumsräume herausgebrochen wurden. Die profanierte Kirche wurde zur Bibliothek für Jagdliteratur umfunktioniert.

Die Umbau- und Instandsetzungskosten des Orangeriebaus im Jahr 1937/38 kosteten laut einer Aufstellung des Werk- und Fiskalreferats 533 000 Reichsmark, die des Klosterflügels 469 050 Reichsmark und die Baukosten für die Brücke und den Platz vor dem Museumseingang betrugen 101 000 Reichsmark.

Neubauten

Oswald Bieber orientierte sich bei seiner Planung an Joseph Effners Gesamtkonzept zum Nymphenburger Schloss. Dieser hatte 1715/16 – ähnlich wie im südlichen Bereich am Marstall- und Schmiedehof – weitere Bauten vorgesehen, die jedoch nicht verwirklicht wurden. Mit Erweiterungsbauten

nahm man diese ehemaligen Planungen wieder auf und schuf damit ein erstes neues Hofgeviert.

Die Neubauten für das Deutsche Jagdmuseum lehnten sich größtenteils an die Dach- und Fensterformen, Achsen- und Geschossgliederungen des historischen Vorbilds an. Ergänzend dazu wurden sie jedoch vollständig unterkellert und mit Betondecken erstellt. Biebers Arbeit war von der »schöpferischen Denkmalpflege« Rudolf Esterers beeinflusst, die beiden Architekten pflegten ein freundschaftliches Verhältnis mit regelmäßigem Gedankenaustausch.[199]

Als zweiter Bauabschnitt sollte die Umbauung und Schließung eines zweiten kleineren Hofs erfolgen, abweichend von Effners Planung jedoch mit derselben Geschosshöhe wie im ersten Hof. Die Fassaden der beiden Innenhöfe, auch die historischen Bauteile, erhielten einen Glattputz und blieben ohne Fassadengliederungen. Bieber sah für den zweiten, kleineren Hof eine Nutzung als Parkplatz und Wirtschaftshof vor, der größere erste Hof war als Gartenhof geplant.

[199] Freundliche Mitteilung von Frau Ursula Nagel, geborene Esterer.

Im Erdgeschoss des neuerbauten Westtrakts sollte ein »Kaffee-Restaurant« mit drei Sälen und Platz für 500 Personen geschaffen werden. Sämtliche Räume in den Obergeschossen waren als weitere Ausstellungsflächen vorgesehen. Das Projekt wuchs in den Planungen zusehends, denn es sollte nach Webers Wunsch an die Ausbaupläne der »Hauptstadt der Bewegung« heranreichen. Um das Museum inhaltlich zu erweitern, überlegte er bereits im November 1936, auch »alle möglichen Verkehrsmittel vergangener Zeiten unterzubringen, darunter auch die Kutschensammlung des Marstallmuseums aus der Reithalle der Münchner Residenz, da er diesen Bau in Anlehnung an die Wiener Hofreitschule für große Reitveranstaltungen, Turniere und Reiterspiele freibekommen wollte«.[200] Das Marstallmuseum sollte im Nordtrakt, der die beiden Höfe verbindet, eingerichtet werden. Deshalb wurde auch dort im Mittelrisalit eine weitere repräsentative Gewölbehalle erbaut. Hofseitig fällt ein historisierendes Portal mit Rustikagliederung und Sprenggiebel auf.

Als das Marstallmuseum 1939 schließlich auf Webers Anregung hin nach Nymphenburg verlagert wurde, brachte man es jedoch in den ehemaligen Stallungen, also direkt gegenüber dem Jagdmuseum, unter. Weitere Gebäude sollten sich nach Webers Vorstellung auf dem Gelände der Schlossgärtnerei, im Bischofsgarten, um zwei neue Höfe gruppieren. Dieses Ansinnen stieß bei den staatlichen Behörden aus Gründen des Denkmalschutzes und aufgrund des erneuten Finanzbedarfs auf wenig Anklang. Sogar das Kuratorium verweigerte seine Zustimmung und war lediglich zur Errichtung des Großen Dioramas zu bewegen.

Die erneuten Arbeiten begannen ohne formelle Baugenehmigung und Beteiligung der Schlösserverwaltung im Frühjahr 1939. Wie rigoros Weber bei seinen Projekten vorging, zeigt

---

[200] Schätzl, Lothar / Schickel, Gabriele: Das Deutsche Jagdmuseum von Christian Weber im Schloß Nymphenburg, München 1998. Die Exponate des heutigen Marstallmuseums waren seit 1923 in der ehemaligen Hofreitschule der Münchner Residenz ausgestellt.

die Einschätzung des Ministerpräsidenten Siebert: »Präsident Weber hat seit einiger Zeit den Plan, den größten Teil des Bischofsgartens zu überbauen. Nach den bisherigen Erfahrungen ist damit zu rechnen, daß er diesen Plan nicht aufgeben, sondern ihn stückweise und allmählich verwirklichen wird. Die jetzige Genehmigung [des Dioramenhauses] von irgendwelchen Bedingungen in dieser Hinsicht abhängig zu machen, wäre zwecklos. Die Bedingungen werden nicht gehalten.«[201]

Alleine für die Neubaumaßnahmen im Jahr 1939 hatte Weber 3½ Millionen Reichsmark veranschlagt.

Außenanlage

Zur Verschönerung des ersten Hofs ließ Oswald Bieber in dessen Mitte einen Springbrunnen mit einem Becken aus kreisrundem Kalkstein setzen. Die Wege waren kreuzförmig auf ihn ausgerichtet, der Garten jedoch nur mit schlichten Rasenflächen ausgelegt.

Der Vorplatz am Haupteingang des Museums wurde mit großen Steinplatten aus Muschelkalk versehen und mit Balustraden aus Tuffstein begrenzt. Um einen angemessen axialsymmetrischen Eingang zu schaffen, wurde die schmale, aus der Prinzregentenzeit stammende Brücke über den Kanal gegen eine wesentlich breitere ersetzt. Im Gegensatz zu heute bestand der Museumseingang aus zwei weiteren flankierenden Eingängen, die dadurch entstanden, dass die Fensterbrüstungen herausgenommen und durch Eichentüren ersetzt wurden. Wie ein Entwurfsmodell von Bieber zeigt, wäre das Giebelfeld über dem Eingang mit einem mächtigen Hirschgeweih geziert gewesen.

Seit Kriegsbeginn wurde das Projekt nur noch als »Stillhaltebaustelle« betrieben. Die öffentlichen Stellen, allen voran das übergeordnete Finanzministerium, bedauerten dies nicht.

[201] Schreiben vom 7. März 1939 an der Bayerische Verwaltung der Schlösser, Gärten und Seen. In: Schätzl, Lothar / Schickel, Gabriele: Das Deutsche Jagdmuseum von Christian Weber im Schloß Nymphenburg, München 1998.

Innengestaltung

Erste Umbauarbeiten im Bereich des Haupteingangs waren bereits erfolgt, als die Entscheidung für den Einbau einer weit größeren, repräsentativen Halle fiel. Zusätzliche, massive Umbauten wurden nötig, um hier einen über zwei Geschosse reichenden zentralen Empfangsraum mit einer Höhe von 10,80 Metern zu schaffen. Um einen »quadratischen Grundriß zu ermöglichen, wurde der Uhrenpavillon in Richtung Hofraum erweitert«.[202] Auf einer Grundfläche mit den Maßen 12,20 mal 12,20 Metern wurden Bodenplatten aus rotem Marmor und hellem Jurakalkstein diagonal verlegt, deren Zentrum von einem zehnstrahligen Stern in einem Kreisrahmen geziert wird.

Die heute weiß gekalkten Wände waren ursprünglich gelblich-weiß gestrichen. Die vier klassizistisch anmutenden Türen sind aus Eichenholz gefertigt. Sie erhalten ihre optische Leichtigkeit durch filigrane Stabornamentik und Rosetten. An der Ostseite der Eingangshalle befindet sich der Treppenaufgang, der mit rotem Marmor ausgelegt ist. Der Fußboden des oberen Foyers, ursprünglich als »Treppenhalle« bezeichnet, ist mit demselben zweifarbigen Stein wie in der Halle des Erdgeschosses ausgelegt.

Den Plafond schmückt eine heute weiß getünchte Kassettendecke. Sie war ursprünglich in Rot-, Grün- und Ockertönen gehalten und mit Gemälden von Jagdwild in 24 Deckenfeldern geziert. Diese stammten von Richard Klein, einem Mitglied des Kuratoriums, der als »Gottbegnadeter«[203] hohes Ansehen genoss. Dennoch wurde der Maler jahrelang bespitzelt, weil er als »Judenfreund« und »politisch nicht zuverlässig« galt.

---

[202] Götz, Ernst: Geschichte des Orangeriebaus, in: Hubertussaal und Orangeriesaal im Nordflügel von Schloss Nymphenburg, Baudokumentationen der Bayerischen Schlösserverwaltung, Band 3, München 2003.

[203] In der »Gottbegnadeten-Liste« waren 1041 Künstler aufgeführt, die für den Fronteinsatz unabkömmlich waren. In Sonderlisten war »überragendes nationales Kapital« aufgeführt. Die Liste wurde 1944 von Hitler und Goebbels erstellt.

Jagddekor als Herrschafts-
signal: das obere Foyer »Treppenhalle« mit den Gemälden
des »Gottbegnadeten« Richard
Klein in der Kassettendecke

Blick aus dem Hubertussaal ins
obere Foyer, 2013

138

Skizze zu einem Kassettenfeld für die »Treppenhalle« des Deutschen Jagdmuseums. Zum ersten Mal seit 1944 kann damit wieder ein Eindruck von der Malerei Richard Kleins für das Deutsche Jagdmuseum vermittelt werden. Alle Gemälde wurden 1944 ausgebaut und sind seit 1946 verschollen.

Noch 2003 beinahe übertüncht, heute zunehmend zerkratzt: die erhaltenen Fresken des Jagdmuseums im Eingangsbereich zum Museum Mensch und Natur, 2013 (s. S. 140)

Westlich hinter dem Orangeriesaal, am heutigen Zugang zum Museum Mensch und Natur, befindet sich an den Wänden ein weitgehend unbeachtetes Relikt des Deutschen Jagdmuseums. Es scheint, als ob die Rekonstruktionszeichnungen von Ferdinand Nockher[204] eigens für den Zugang des heutigen Museums angebracht worden wären. Sie sind jedoch originalgetreue Kopien von Höhlenmalereien aus Südfrankreich und Spanien. Nachdem einige Originale dem spanischen Bürgerkrieg zum Opfer fielen, sind diese »Altamira-Malereien« von einzigartigem Wert. Sie wurden bereits 1938 geschaffen, um die Anfänge der Jagd zu illustrieren und wurden aufgrund der wissenschaftlichen Forschungen von Prof. Hugo Obermaier (Madrid) und Prof. Henri Breuil (Paris) ausgeführt.[205]

Museumskonzept und Beutekunst

Zu Beginn des Jahres 1938 gab Weber in der Mitgliederversammlung des Vereins »Deutsches Jagdmuseum e. V.« einen Überblick über dessen bisherige Entwicklung. 6000 Trophäen aus allen Ländern der Welt, eine historische Waffensammlung von 450 Gegenständen, 122 historische Feuerwaffen, über 100 jagdliche Gebrauchsgegenstände und mehr als 800 Gemälde, Plastiken und Originalzeichnungen für die Abteilung »Jagd und Kunst« mit einem geschätzten Wert von 3 bis 4 Millionen Reichsmark waren bereits vorhanden.

Wenig später, im Schatten des Zweiten Weltkriegs, konnte Präsident Weber die Sammlung weiter anreichern. Bereits kurz nach Kriegsbeginn entwendete das formell dem Auswärtigen Amt in Berlin unterstellte »Sonderkommando Künsberg« aus dem Heeresmuseum Warschau wertvolle Jagdwaffen zugunsten des Deutschen Jagdmuseums. Über das Heeresmuseum Berlin (Admiral Lorey) verschaffte sich Weber Feuerwaffen aus Beständen in Paris. In der Bilder-

---

[204] Ferdinand Nockher (1877–1965) stammte aus dem Elsass, studierte und arbeitete als Gebrauchsgrafiker und Maler in München.
[205] Vgl. dazu: Vorläufiger Führer durch das Deutsche Jagdmuseum, München 1938, S. 4.

sammlung des Museums befanden sich bei Kriegsende weitere Objekte nationalsozialistischen Kunstraubs.[206]

Für die Präsentation der Exponate standen 21 Säle zur Verfügung, die teils nach unterschiedlichen Zeitepochen, teils nach Ländern und Erdteilen thematisch geordnet waren. Daneben gab es zwei Räume, um »Abnormitäten« auszustellen sowie den »Graf-Arco-Gedächtnisraum«, in dem die gleichnamige Sammlung untergebracht war, und je einen Raum für »modernes Kunstgewerbe« und für die »Graphische Wechselausstellung«.

Webers Ziel war es, das Museum im Herbst 1938 zu eröffnen. Im Spätsommer begann man mit dem Aufstellen der Ausstellungsgegenstände. Eine der Hauptattraktionen war die Trophäensammlung des Grafen Arco-Zinneberg.[207] Hitler steuerte zur Eröffnung einen ausgestopften Steinadler bei.

Die örtliche Presse beschrieb die fortschreitende Einrichtung des Museums: »Wer die Räumlichkeiten jetzt betritt, läuft Gefahr, von Hirschgeweihen oder einem wilden Eber aufgespießt zu werden. Immer neue Ladungen treffen ein, werden sorgsam geprüft, geordnet und erhalten ihren Platz. Die Zusammenstellung und Ausstellung erfolgt unter botanischen und künstlerischen Gesichtspunkten. So gibt es einen historischen Saal, einen Saal mit Abnormitäten, einen anderen mit Jagdwaffen und dann den Raum für Jagdgemälde. Vom Riesenmammut bis zum Eichkätzchen wird alles vertreten sein, was dem Jägersmann von frühester Zeit bis zum heutigen Tag schießenswert erschien.«[208]

Seinem alten Kameraden und Duzfreund Weber schenkte Hitler einen ausgestopften Adler von hohem Symbolwert. (»Völkischer Beobachter«, 14. Oktober 1938)

---

[206] Hier liegt ein weiterer Schwerpunkt künftiger Provenienzforschung, wie sie von Klaus Bäumler 2010 angeregt wurde, der detaillierte Hinweise dankenswerterweise zur Verfügung gestellt hat.

[207] Maximilian Joseph Bernhard Graf von Arco-Zinneberg (1811–1885), genannt der »Adlergraf«, war passionierter Jäger und Besitzer einer berühmten Sammlung von Jagdtrophäen. Ludwig Ganghofer hat ihn in seinem Roman »Schloss Hubertus« verewigt.

[208] »Nymphenburger Zeitung/Neuhauser Nachrichten« vom 31. August 1938.

Die Eröffnungsfeierlichkeiten am 16. Oktober 1938

»Die Eröffnung des Jagdmuseums findet bekanntlich am 2. Oktober statt, der zugleich Oktoberfest-Hauptsonntag ist. Im Mittelpunkt der Festlichkeiten befindet sich ein Trachtenzug von ungewöhnlichem Ausmaße«,[209] so lautete die ursprüngliche Terminplanung.

Aufgrund der Sudetenkrise, des Einmarschs deutscher Truppen und der »Befreiung« des Sudetenlands wurde dieses Datum um zwei Wochen verschoben. Christian Weber nutzte die neuen politischen Verhältnisse, um sie medienwirksam

[209] »Nymphenburger Zeitung/Neuhauser Nachrichten« vom 15. Oktober 1938. Der eigentliche, traditionelle Trachtenzug, damals als »Oktoberfest Schützenzug« bezeichnet, fand wie immer, am ersten Wiesnsonntag statt.

142

in die Einweihungsfeierlichen einzubinden, und erwirkte bei seinem alten Kampfgenossen, Oberbürgermeister Fiehler, die Verlängerung des Oktoberfests um eine vollständige Woche. Unter dem Motto »1000 Jahre Jagd und 1000 Jahre Tracht« fand am 16. Oktober 1938 ein Festzug von ungewöhnlichem Ausmaß statt. Offiziell 12 000 Teilnehmer »aus allen Gauen« präsentierten ihre traditionellen Trachten. Im gemeinsamen Erleben aller Anwesenden und durch die Berichterstattung der Presse wurden damit das Heimatgefühl und die traditionelle Verbundenheit innerhalb des »Großdeutschen Reichs« als kollektives Erlebnis zelebriert.

Es ist wenig verwunderlich, dass wie so oft in der NS-Zeit auch dieses Mal für alle Straßen Münchens eine Beflaggung angeordnet wurde. Dies sollte der Bevölkerung laut offiziellem Jargon wieder einmal ermöglichen, »ihrer Freude über das Großdeutsche Volksfest und zur Eröffnung des Deutschen Jagdmuseums Ausdruck zu geben«.[210]

Bei der Museumseröffnung war die Anwesenheit der gesamten Stadtverwaltung obligatorisch. Die Ratsherren mussten im kompletten Ornat erscheinen. Um 10 Uhr morgens hatten sich zahlreiche Ehrengäste am Schloss Nymphenburg eingefunden. Christian Weber empfing sie mit Fanfarenklängen, um sie in den Festsaal des Museums zu begleiten. Der Münch-

Werbung aus dem »Völkischen Beobachter«: Nicht etwa Schwerbehinderte oder Rentner, sondern Uniformierte zahlten den halben Eintrittspreis.

[210] »Nymphenburger Zeitung / Neuhauser Nachrichten« vom 15. Oktober 1938.

ner Oberbürgermeister Karl Fiehler und Gauleiter Adolf Wagner hielten Ansprachen, die von Ouvertüre und Jägerchor aus der Oper »Freischütz« von Carl Maria von Weber umrahmt wurden. Danach eröffnete Ministerpräsident Ludwig Siebert das Museum offiziell. Als hochrangigster Ehrengast kam der zum Schirmherrn gekürte Hermann Göring, Christian Webers langjähriger Rivale.

Ein Festzug von gigantischem Ausmaß

Der anschließende Festzug wurde als »Markstein in der Geschichte der Hauptstadt der Bewegung« tituliert. Der künstlerische Leiter war der von Hitler geschätzte Maler Albert Reich. Die Gesamtleitung hatte Christian Weber, der hoch zu Ross an der Spitze einer Kavalkade von grünbefrackten Jägern und roten Parforce-Reitern auftrat.

Der Weg führte die Festteilnehmer vom Schloss Nymphenburg zum Alten Rathaus und erfolgte über eine seltsame Route entlang der Nördlichen Auffahrtsallee zur Ludwig-Ferdinand-Brücke in die Südliche Auffahrtsallee, Hubertusstraße, Washingtonstraße, Steubenplatz, Wilhelm-Hale-Straße, Friedenheimer Brücke, Landsberger Straße in die Innenstadt. Bewusst wurde auf die jahrhundertelang von der Monarchie benutzte Route entlang der Nymphenburger und Brienner Straße verzichtet und dafür bereits angelegte Strecken innerhalb der Neuplanung Münchens verwendet.

Schon im nebeligen Morgengrauen hatten die Vorbereitungen zu diesem 50000 Reichsmark teuren Spektakel ihren Anfang genommen. Die Presse schilderte den Ablauf: »Die Hauptstadt der Bewegung wird am kommenden Sonntag der Mittelpunkt eines Festes der Freunde und der Zusammengehörigkeit der Kunst und des deutschen Volkstums sein. Schon um 7 Uhr früh werden die allzu Schläfrigen geweckt durch ein großes, von Trachtenvereinen und Schützenkapellen veranstaltetes Wecken. Um 9 Uhr beginnt die Auffahrt zur Eröffnung des Jagdmuseums in Nymphenburg. Die Nördliche und die Südliche Auffahrtsallee tragen reichen Fahnenschmuck. [...] Die Eröffnung des Museums erfolgt

durch den bayerischen Ministerpräsidenten Siebert. Gegen
11 Uhr setzt sich dann der Festzug in Bewegung, der sich
während der Eröffnungsfeierlichkeiten zwischen Nymphenburg und Stiglmaierplatz zusammengestellt hat. Den ersten
Teil des Zuges bilden die Schützen, den zweiten die große
historische Abteilung und im dritten Teil ziehen geschmückte Wagen einher, gefolgt von Tausenden von Männern, Frau-
en und Kindern aus dem Altreich, aus der Ostmark und aus
dem befreiten Sudetenland in ihren Trachten. Es wird ein
Zug sein, wie ihn München noch nie gesehen hat. […] Auf der
Festwiese selbst wird sich ein Leben und Treiben entwickeln,
das gleichfalls alles Vorhergegangene übertreffen wird.«[211]

Hunderte von abkommandierten »Dianen« aus dem BDM-
Werk »Glaube und Schönheit« trotzten leichtbekleidet dem
zunächst nasskalten Oktoberwetter. Zusammen mit dem
Fahnenschmuck säumten sie die Auffahrtsalleen bis zum
Jagdmuseum.

Das »Großdeutsche Volksfest«

Der »Deutsche Gemeindetag« hatte alle Städte und größeren
Gemeinden zur Mitwirkung aufgerufen. Bei freier Fahrt und
Verpflegung gab es viel mehr Bewerber als Plätze, Christian
Weber und Karl Fiehler trafen die Auswahl der Personen, die
in 20 Sonderzügen anreisten. Allein aus der »Ostmark und
dem Sudetenland kamen rund 6.000 Männer und Frauen mit
sieben Sonderzügen in die ›Stadt des Friedens‹«.[212] Das Oktoberfest wurde in »Großdeutsches Volksfest« umbenannt.

Der 16. Oktober 1938 war sowohl ein Tag des Triumphs
für Christian Weber als auch für das »Dritte Reich«: Im März
war der Anschluss Österreichs erfolgt und in der Nacht zum
30. September wurde das Münchner Abkommen unterzeich-
net, das die militärische Besetzung des Sudetenlands durch
deutsche Truppen ermöglichte.

In der Einleitung zum Festprogramm dieses Tages findet
sich das Gedicht:

Das Oktoberfest wurde 1938
auf drei Wochen verlängert,
um mit der Eröffnung des
Jagdmuseums zu enden. In
diesem Jahr hieß es aus aktu-
ellem Anlass »Großdeutsches
Volksfest«.

[211] Ebd.
[212] »Völkischer Beobachter« vom 12. Oktober 1938.

»Im März kam ohne Schwerterstreich
zurück das deutsche Österreich
Und jetzt, nach schicksalsschweren Tagen
Die Herzen alle höher schlagen
– Sudetenland ist deutsch und frei
Von Fremdherrschaft und Tyrannei!«[213]

Nach dem Umzug ging es auf der Theresienwiese weiter. Wo sonst auch wäre es möglich gewesen, so zahlreiche Menschenmassen zu verköstigen? Nach drei Wochen Oktoberfest hatten die Einnahmequellen der Bierbrauer und Wiesnwirte lang und stark gesprudelt. Deshalb zeigten sie sich besonders großzügig und übernahmen zusammen mit der Partei die Bewirtung[214] der 12 000 Trachtler.

Ohne Pferderennen und »Wehrsportschießen« mit der Parole »'s gehört zu einem deutschen Mann, daß er auch tüchtig schießen kann«[215] konnte dieser Nachmittag ganz nach Christian Webers Geschmack nicht enden.

Als letzter Programmpunkt fand auf der Festwiese für das breite Publikum ein Feuerwerk statt. Dabei erschien glühend der Schriftzug »Ostmark«, begleitet vom »Kaiserjägermarsch«. Dann »leuchtete das heilige Wort ›Sudentenland‹ auf, untermalt vom Egerländer Marsch und schließlich löst sich aus der Symphonie von Licht und Farbe in riesigen Buchstaben allumfassend das Wort ›Großdeutschland‹. Während die Musik die Nationalhymnen intoniert, senkten sich Fallschirme mit Hakenkreuzfahnen auf die Zehntausende, um symbolhaft den Gedanken ›Großdeutschland‹ zum Ausdruck zu bringen.«[216] Für prominente Gäste Christian Webers fand im Deutschen Theater der »Festball des deutschen Jagdmuseums« statt, mit dem die Eröffnungsfeier offiziell ausklang.

---

[213] Festprogramm Großdeutsches Volksfest, München 1938. Der Autor der häufig in Versform formulierten Festschrift ist übrigens »Dr. E Roth«, also der Schriftsteller Eugen Roth.
[214] Festprogramm Großdeutsches Volksfest, München 1938.
[215] Ebd.
[216] »Völkischer Beobachter« vom 12. Oktober 1938.

Kapitel 12 | Pläne für eine Hochschulstadt in Nymphenburg

In der Weimarer Republik erweiterte die Technische Hochschule in München ihr Fächerspektrum, litt jedoch zunehmend an Geld- und Raumnot, weshalb ab dem Ende der 1920er-Jahre selbst kleinere Baumaßnahmen wie die Einrichtung eines neuen Dampfkessels und die Errichtung einer Landeswetterwarte nicht mehr möglich waren. Das Baubüro für die Erweiterungsbauten der Technischen Hochschule wurde am 1. Dezember 1931 aufgelöst.

Nach Hitlers Machtübernahme änderten sich die Lehr- und Forschungsinhalte der Technischen Hochschulen, der Platzbedarf stieg immens, die angespannte Wirtschaftslage erholte sich.

Der 1930 mit dem Nobelpreis ausgezeichnete Hans Fischer, Lehrstuhlinhaber für Organische Chemie, nutzte als einer der ersten Professoren der Technischen Hochschule München die neuen Gegebenheiten. Mit einem Schreiben vom 29. März 1934 bat er den bayerischen Kultusminister Hans Schemm, »39.000 RM für ein erstklassiges Laboratorium in dem Arbeiten, die für die Landesverteidigung und Abwehr notwendig sind«[217] zu erhalten. Die Hochschulleitung unterstützte dieses Anliegen und schlug »aus Gründen der Geheimhaltung« am 11. Mai 1934 die erwünschte Verlagerung des »Giftgaslaboratoriums in eine unbesiedelte Gegend«[218] vor, nämlich auf die im Besitz der Hochschule befindlichen Felder in Obermenzing, die von der Straßenbahnhaltestelle am Botanischen Garten »nicht länger wie 10 bis 15 Minuten«[219] entfernt lagen. Fischer wehrte sich gegen die räumliche Trennung zu seinem Hauptlaboratorium. Jedoch war die Idee geboren, Felder östlich des Botanischen Gartens, die im Staatsbesitz waren, als Baugründe für Hochschulbauten zu nutzen.

[217] BayHStA MK 40098.
[218] Ebd.
[219] Ebd.

Im September 1935 war der Plan, die Technische Hochschule vom beengten Stammgelände in der Münchner Maxvorstadt komplett zu verlagern, bereits gediehen. Der politische Druck auf die Hochschule wuchs. Bald war im bayerischen Kultusministerium von »unhaltbaren Raumverhältnissen«[220] die Rede, lag die alte Hochschule doch in interessanter Nähe zu den sich ausdehnenden Parteibauten. Die wachsende Rüstungsindustrie und eine erhöhte Zahl von Forschungsvorhaben bildeten weitere Argumente.

Rasch stellte sich die Frage nach der nötigen Größe des Baugeländes, das »kaum weniger als ½ qkm = 50 ha betragen dürfe«,[221] man ging von Studentenzahlen in »Höchstbelegung«[222] aus. Als Vorbild diente die damals größte Hochschule Europas, La Sapienza, die »neue Universität in Rom mit einer Grundfläche von 67 ha«.[223]

Letztendlich wurde die Notwendigkeit, rasch einen Standort festzulegen, durch Berlin bestimmt. Die Reichsregierung regte die Einrichtung eines geregelten Lehr- und Forschungsbetriebs für das Flugwesen an der Technischen Hochschule München an. Zwar gab es dafür bereits seit 1929 eine ordentliche Professur, jedoch war sie lange nicht besetzt. Willy Messerschmitt, der Direktor der Flugzeugwerke Augsburg, erfüllte lediglich einen Lehrauftrag. Nach der Machtübernahme Hitlers wurde die Ausbildung von qualifizierten Ingenieuren für die Luftfahrtindustrie als vordringliches Interesse der Landesverteidigung forciert. Große Bedeutung hatten dabei die zahlreichen staatlichen Aufträge an die Bayerischen Motorenwerke, neben Junkers und Daimler-Benz einer der größten deutschen Flugmotorenhersteller.

Verhandlungen zwischen dem Reichsministerium für Wissenschaft, Erziehung und Volksbildung und dem bayerischen Kultusministerium kamen zu dem Ergebnis, dass Berlin für die einmaligen Ausgaben des geplanten Instituts, das heißt für die erforderlichen Neubauten und deren apparative Ein-

[220] BayHStA MK 40096 (Schreiben vom 13. September 1935).
[221] BayHStA MK 40096 (Schreiben vom 23. November 1935).
[222] BayHStA MK 40098 (Schreiben vom 21. Dezember 1937).
[223] BayHStA MK 40096 (Schreiben vom 28. November 1935).

richtung in Höhe von insgesamt 250 000 Reichsmark aufkam. Bayern stellte den Bauplatz und erklärte sich bereit, die laufenden Kosten zu bestreiten.

Bei der Standortfrage schied zunächst das ländliche Weihenstephan wegen der großen Entfernung zu München aus. Daher wurden Baugelände in Oberföhring, in der Hirschau, in Forstenried / Maxhof, am östlichen Perlacher Forst, in Freimann westlich der Ungererstraße und in Nymphenburg anvisiert. Gegen Nymphenburg sprach dessen Westlage zum Stadtkern, da man innerhalb der neuen Technischen Hochschule auch »fabrikmäßige Anlagen« ansiedeln wollte. Zudem sollte das Areal für eine eventuelle Vergrößerung des Landesamts für Maß und Gewicht und des Botanischen Gartens reserviert bleiben.

Schließlich trug Kultusminister Adolf Wagner dem »Führer« am 25. Juni 1936 die anstehende Auswahl vor und Hitler entschied sich für das »städtische Gelände westlich der Ungererstraße«.[224] Einen Monat später, am 27. Juli 1936, fand dort eine Ortsbesichtigung statt. Sie ergab, dass das Gelände bereits »zum großen Teil mit Gebäuden der Militärverwaltung besetzt worden ist und der Rest des Geländes für einen Neubau der Technischen Hochschule kaum mehr zureichen«[225] könne.

Der zunehmende Druck, den die Reichsregierung zum Bau des Instituts für Flug- und Kraftwagenmotoren ausübte, beschleunigte die Klärung der Platzfrage für die neue Hochschule. Wegen des Lärms der Motorenprüfstände sollten die Bauten zwar auf Abstand gehalten, jedoch in den Gesamtkomplex der Hochschule integriert sein. Das sogenannte Kapuzinerhölzl nahe dem Nymphenburger Schloss wurde zudem wegen der Nähe zum damaligen Münchner Flugplatz auf dem Oberwiesenfeld als günstig erachtet. Das Kultusministerium drängte die Hochschulleitung im Frühjahr 1936 noch mit einem weiteren Argument: Kleinere Technische Hochschulen wären bereits im Vorsprung, München könne

---

[224] BayHStA MK 40096 (Schreiben vom 1. Juli 1936).
[225] BayHStA MK 40096 (Schreiben vom 31. Juli 1936).

diesen jedoch aufholen. Deshalb sollten rüstungsrelevante Einrichtungen wie die »gesamte Abteilung der Chemie, das notdürftig untergebrachte Hochspannungslaboratorium und Laboratorien der Fakultät für Maschinenwesen vorrangig verlagert werden«.[226]

Am gleichen Tag schrieb das Kultusministerium: »Unverschieblich ist die Entscheidung über den Bauplatz des neu zu errichtenden Instituts für Flugmotoren. Die Professur […] wurde soeben geschaffen. Das Programm für das Institut wurde vom Reichsluftfahrt- und vom Reichsunterrichtsministerium aufgestellt. Das Reich verlangt zur Durchführung seines Ausbildungsplanes für die Luftingenieure alsbaldige Aufnahme der Lehr- und Forschungsarbeit. Es steht zu hoffen, dass die Kosten des Institutsbaus (etwa 250.000 RM) vom Reich zur Verfügung gestellt werden (die Betriebskosten gehen in jedem Falle zu Lasten Bayerns). Der Bauplan für das Institut wird zur Zeit bearbeitet. Nun muss entschieden werden, wo es seinen Platz finden soll. Es wird wegen der Gesamtausbildung der Studenten auf die Dauer nicht von der Hochschule losgelöst werden können, der Lärm der laufenden Motoren fordert allerdings Rücksicht auf die Nachbarschaft. Jenes Gelände im Perlacher Forst böte die Möglichkeit beidem gerecht zu werden […].«[227]

Ende 1936 entschied Hitler schließlich nach einer Unterredung mit Architekt Roderich Fick die Platzfrage der neuen Technischen Hochschule. »Der Führer war mit dem Entschluss für den Platz in Nymphenburg durchaus befriedigt, da jede andere Lösung auch große Zeiträume erfordern würde und ihm daran liegt, die Gebäude der jetzigen Technischen Hochschule in absehbarer Zeit für die Partei frei zu bekommen.«[228]

[226] BayHStA MK 40096 (Schreiben vom 7. März 1936).
[227] Ebd.
[228] BayHStA MK 40096 (Schreiben vom 15. Januar 1937).

150

NS-Architektur in der »Hauptstadt der Erdbewegung«[229]

Hitler, der sich nach »Geburt, Herkunft und Abstammung« als »ein Bajuware«[230] betrachtete und seinen Hauptwohnsitz stets in München behielt, verstand sich als Künstler und Architekt. Auf Bauprojekte für die »Führerstadt München« nahm er regelmäßig Einfluss. Die Dienststelle des Generalbaurats für die »Hauptstadt der Bewegung« war ihm mit dessen Leiter Hermann Giesler direkt unterstellt. So war es ihm möglich, seine dezidierten Ansprüche umzusetzen. Unterschiedliche Monumental-, Industrie- und Verkehrsbauten, aber auch Kasernen und Siedlungen, wurden mit der jeweils nötigen Infrastruktur geplant. Um freies bebaubares Gelände zu erhalten, waren Eingemeindungen von Orten[231] aus dem Umland nötig. Sie vergrößerten das Stadtgebiet um etwa die Hälfte, München wurde zur drittgrößten Stadt im Reich.

Architektur und Politik waren in der NS-Zeit aufeinander bezogen, das Bauen symbolisierte die geplante Expansion zur Weltherrschaft. Wie für alle weiteren »Führerstädte« Berlin, Hamburg, Nürnberg und Linz, wurde auch für die Umgestaltung Münchens ein monströser Plan mit radikalen Eingriffen in die städtebauliche Substanz ausgearbeitet. Dabei war es Hitlers Ziel, durch »zentrale Mittelpunkte« der »Bewegung den magischen Zauber eines Mekka oder Rom« zu schaffen, um so »die Kraft zu schenken, die in der inneren Einheit und der Anerkennung einer diese Einheit repräsentierenden Spitze begründet liegt«.[232] So wäre an Stelle des Hauptbahnhofs ein 175 bis 250 Meter hohes »Denkmal der Bewegung« als weithin sichtbarer Orientierungspunkt errichtet worden. Dessen »Gruft« hätte als Aufbewahrungsort der »Blutfahne«[233] gedient. Der neue Hauptbahnhof mit einer Lichtkuppel von 250 Metern Spannweite sollte nach Laim

[229] Large, David Clay: Hitlers München, München 2001.

[230] Rede vom 24. Februar 1933 im Münchner Ausstellungspark, zitiert in: Preis, Kurt: München unterm Hakenkreuz. Die Hauptstadt der Bewegung: zwischen Pracht und Trümmern, München 1980.

[231] Diese waren 1938: Pasing, Solln, Großhadern, Ober- und Untermenzing, Allach und Feldmoching; 1942 Aubing.

[232] Hitler, Adolf: Mein Kampf, München 1944, S. 381.

[233] Die »Blutfahne« hatte den Status einer Reliquie. Sie wurde 1923 beim missglückten Putsch und der Schießerei vor der Feldherrnhalle mitgeführt und Hitler bei der Neugründung der NSDAP 1925 übergeben.

verlagert werden. Mit dieser Maßnahme wäre es möglich gewesen, eine 120 Meter breite Aufmarschstraße vom neuen Bahnhof ins Stadtzentrum zu legen. Auch der Umbau des Hofgartens in Verbindung mit der Errichtung eines neuen Opernhauses war bereits 1934 geplant, das Nationaltheater wäre dem Schauspiel umgewidmet worden. Breite Straßenschneisen hätten verschiedenste Bauten im gesamten Stadtgebiet miteinander verbunden, die Theresienwiese war als einer dieser Ausgangspunkte geplant und hätte als Aufmarschforum gedient. Die gesamte Planung beabsichtigte, »die mythisierenden Ursprünge der Bewegung – Bürgerbräukeller, Blutfahne und Feldherrnhalle – in den Stadtgrundriss einzuschreiben«.[234] Im Herbst 1940 hatten sich die Planungen für München bereits soweit verstiegen, dass der Kostenanteil allein der Stadt auf 2 bis 2 $\frac{1}{2}$ Milliarden Reichsmark geschätzt wurde.

Alle Bauten des NS-Regimes wurden in ihrer architektonischen Ausdrucksform nach unterschiedlichen Bauaufgaben getrennt:

»1. Staatliche Repräsentation: antikisierend, klassizistisch;
2. Bauten für Jugend und Erziehung: völkisch, ›Blut und Boden‹;
3. Wohnen/Alltagsarchitektur: handwerklich, traditionell, im Sinne der Stuttgarter Schule;
4. Technik, Rüstung, Luftwaffe: kontrolliert modern;
5. Sakralbau: romanisch«[235]

Trotz der unterschiedlichen Gestaltung standen die Repräsentationsbauten den Bauwerken der Technik gleichberechtigt gegenüber. Architektur stellte nach den Worten von Joseph Goebbels immer ein »erstrangiges Propagandainstrument« dar.

Planungen

Die Planungen für die neue Technische Hochschule waren in der Tat gewaltig: Zwei Bauflügel entlang der Menzinger Straße hätten sich zu einem Ehrenhof von 100 Metern Seitenlänge

[234] Nerdinger, Winfried in: Hajak, Stefanie / Zarusky, Jürgen (Hg.): München und der Nationalsozialismus, Berlin 2008.
[235] Ebd.

hin geöffnet. Dahinter waren neben zahlreichen Bauflügeln für die unterschiedlichen Fakultäten auch Verwaltungsgebäude geplant, ein 13-achsiger Bibliotheksbau, ein großer Physikhörsaal und die Aula. Von einer Hochschulstraße aus, in der Planung als »Ehrenstraße für die Gefallenen der Hochschule« (1914–1918) bezeichnet, sollten die Bauten Zugang bekommen. Die Fakultät für Landwirtschaft, in einem großen Querbau untergebracht, hätte den nördlichen Abschluss gebildet. In westlicher Richtung, auf dem Gelände des Kapuzinerhölzls, war ein großes Sportgelände mit Freibad vorgesehen.

Am 21. Mai 1938 besichtigte Hitler die Modelle und Fassadenzeichnungen im Bayerischen Innenministerium. Die Arkaden des Innenhofes sollten nach seinem Wunsch »wuchtiger gestaltet und neben dem Freibad auf dem Sportgelände noch ein Hallenbad errichtet werden«.[236] Die Sportanlagen sollten dazu dienen, den wissenschaftlichen Nachwuchs zu körperlicher Tüchtigkeit zu erziehen, um Mutgefühl und Angriffsgeist zu wecken. Hitler bemängelte in seiner Hetzschrift »Mein Kampf«, dass die »höhere Schulbildung grundsätzlich nicht Männer heranzog, sondern vielmehr Beamte, Ingenieure, Techniker, Chemiker«.[237]

Zu dem zaghaft vorgetragenen Argument der knappen Finanzen für das Großprojekt äußerte er: »[...] dabei spielt die derzeitige Bedürfnislage keine Rolle; in erster Linie haben architektonische Wirkungen für die Gestaltung dieses monumentalen Baucs maßgebend zu sein.«[238] So forcierte er eine Neuplanung, zu der ausgewählte Architekten wie Oswald Bieber, Clemens Klotz, Fritz Norkauer und Hermann Giesler gebeten wurden, weil Hitlers Wunschkandidat Roderich Fick wegen Überlastung abgelehnt hatte. Am 1. Oktober 1937 übernahm der am Landbauamt München tätige Baurat Max Schmitt die Leitung des Baubüros und arbeitete zusammen

---

[236] Bärnreuther, Andrea: Revision der Moderne unterm Hakenkreuz: Planungen für ein »neues München«, München 1993, S. 163.
[237] Hitler, Adolf: Mein Kampf, München 1944, S. 455f.
[238] Bärnreuther, Andrea: Revision der Moderne unterm Hakenkreuz: Planungen für ein »neues München«, München 1993, S. 163.

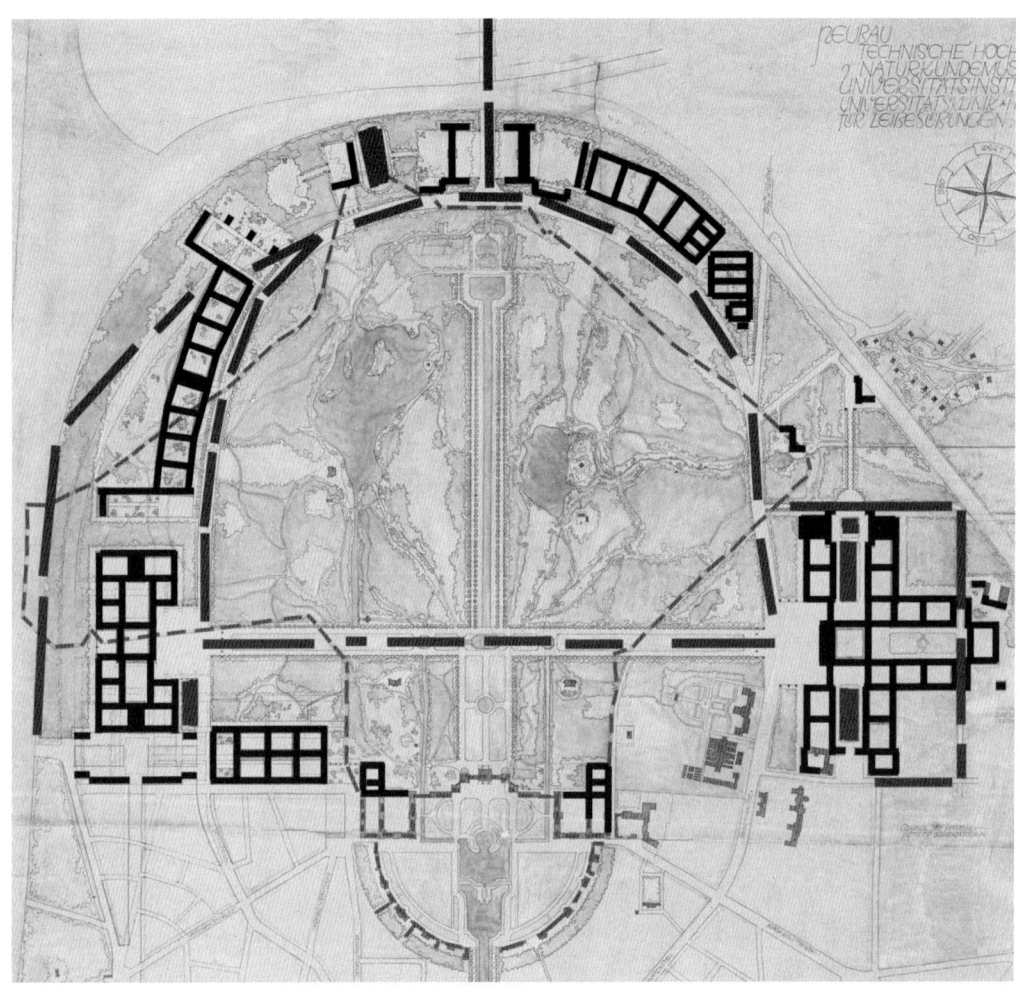

Vorbild »La Sapienza« in Rom: Im Vergleich zum historischen und heutigen Bestand (Schlossmauer) zeigt sich das erdrückende Bauvorhaben der Nationalsozialisten. kurz gestrichelt=Schlossmauer schwarz=geplante NS-Bauten lang gestrichelt=geplante NS-Infrastruktur

mit seinen Kollegen Dominikus Weißkirchen und Horst Wünscher an der Planung. In der begutachtenden Fachkommission befanden sich der Adjutant des Innenministers Friedrich Gablonsky, German Bestelmeyer und Roderich Fick. Die Bauphase des Großprojekts sollte »5 bis 6 Jahre«[239] betragen. Im Juni 1938 wurde Clemens Klotz auf Hitlers Wunsch hinzugezogen.

[239] BayHStA MK 40098 (Schreiben vom 21. Dezember 1937).

154

Adolf Hitler verstand sich als Künstler und Architekt der »Totalität«. Nach seiner Vorstellung sollte der gesamte Nymphenburger Park lediglich ein zentraler Stadtpark sein, der mit einer kolossalen Ringstraße umfasst und umbaut werden sollte. Dieses Ansinnen hatte er bereits 1937 im Zuge der geplanten Verlegung des Münchner Hauptbahnhofes nach Westen hin geäußert. Am 17. Juli 1938 verfügte er, dass auch Einrichtungen der Ludwig-Maximilians-Universität nach Nymphenburg verlagert werden sollten. Dort würden auch Institute der Forst- und Landwirtschaft sowie die Tiermedizin in einer Art »Grünem Zentrum«[240] vereinigt werden. Quer durch den Schlosspark wäre eine Achse zu schlagen, um die unterschiedlichen Hochschulbauten miteinander zu verbinden. Die Technische Hochschule auf der Nordseite wäre so mit den im Süden geplanten naturwissenschaftlichen Instituten, einem naturwissenschaftlichen Museum und der forstlichen Versuchsanstalt axial aufeinander bezogen gewesen. Als westliche Umbauung des Parks war eine zentrale Hochschulsportanlage mit weiteren Instituten geplant. Auch über die Verlagerung der Institute der medizinischen Fakultät und der Innenstadtkliniken, der geisteswissenschaftlichen Fakultäten an der Ludwigstraße, der Universitätsbibliothek und der Universitätshauptverwaltung wurde nachgedacht. Für den erhöhten Platzbedarf standen die damals weitgehend unbebauten Flächen südwestlich des Schlossparks zu Verfügung. An dem Gedanken der imposanten Hochschulstadt hielt Hitler stets fest. Private Bauvorhaben in dieser Gegend wurden abgelehnt, »mit der Begründung, dass das Ministerium hier Planungen vorhabe, welche Bebauung hindern«.[241]

Gehemmte Realisierung

Stolz meldete am 4. Dezember 1937 die örtliche Presse: »Die diesjährige Jahresfeier der Technischen Hochschule München, die am Freitagvormittag im Großen Hörsaal der Technischen

[240] Papst, Martin / Fuchs, Margot: Technische Universität München – Geschichte eines Wissenschaftsunternehmens, Berlin 2006.
[241] StadtAM, Christian Weber 321.

Hochschule stattfand, gewann ihre große Bedeutung dadurch, dass der Rektor Prof. Dr.-Ing. A[lbert]. W[olfgang]. Schmidt nähere Einzelheiten über den Neubau der Technischen Hochschule in Nymphenburg mitteilte. Danach steht der in der Nähe des Botanischen Gartens zu errichtenden Hochschule ein Gelände von 460 000 Quadratmetern zur Verfügung, während die jetzige Hochschule eine umbaute Fläche von nur 39 000 Quadratmeter, also ungefähr ein Zwölftel der neuen Baufläche besitzt. Der Grundstein zu dem gewaltigen Gebäudekomplex wird voraussichtlich im nächsten Jahr, dem 70. Gründungsjahr der Technischen Hochschule in München, gelegt.«[242]

1938 erfolgte die Grundsteinlegung für die Hauptgebäude der neuen Technischen Hochschule, doch die weiteren Arbeiten verlangsamten sich mehr und mehr. Die geschätzten Kosten waren enorm. In den Ausbauplänen für München waren sie mit rund 80 000 000[243] Reichsmark angesetzt. Abzüglich 12 500 000 Reichsmark als Erlös für die Bauten der Technischen Hochschule am Stammgelände in der Maxvorstadt hätte der Neubau also mindestens 67 000 000 verschlungen. 5 000 000 Reichsmark, so wurde überlegt, könnte man bei den »Ausgaben für kirchliche Zwecke einsparen«.[244] Vorsichtig hatte der Dekan der medizinischen Fakultät noch darauf hingewiesen, dass das Projekt, alle Hochschulen zu verlagern, »betriebstechnisch kaum sinnvoll sein könnte«.[245] Hitler äußerte sich zu diesen kritischen Stimmen mit Befremden: »[…] in Wirklichkeit müßten Berlin und München doch dankbar sein, daß sie einen Monumentalbau nach dem anderen durch die Partei- und Staatsstellen bekämen, ohne daß sie wesentlich dazu beitragen würden.«[246]

[242] »Nymphenburger Zeitung / Neuhauser Nachrichten« vom 4. Dezember 1937.
[243] BayHStA KM 40096 (Schreiben vom 1. September 1938, Auflistung der Ausbaupläne für München nach »Weisungen des Führers« vom 18. Juni 1938).
[244] BayHStA MK 40096 (Schreiben vom 25. April 1938).
[245] Bärnreuther, Andrea: Revision der Moderne unterm Hakenkreuz: Planungen für ein »neues München«, München 1993, S. 165.
[246] StadtAM Protokoll der Besprechung mit Hitler auf dem Obersalzberg am 13. November 1937.

Mit Kriegsbeginn wurden in Deutschland zahlreiche Bauprojekte nicht weiter vorangetrieben. Trotzdem hielt Hitler noch bis ins vierte Kriegsjahr an seinen Bauplänen fest. 1941 notierte Rudolf von Freyhold zum Neubauvorhaben der Technischen Universität: »Um das Hochschulgelände besser zu ordnen, versuchte ich, das geplante Straßennetz zu verbessern. Insbesondere sollte die Maria-Ward-Straße aufgehoben werden.«[247] In seinem Jahresbericht schreibt Hans von Hanffstengel 1942: »Mit Kleinefenn zusammen machte ich verschiedene Vorschläge, für die Anlage einer neuen Technischen Hochschule in Nymphenburg. [...] Der Führer entschied aber bei einer Besprechung in der Dienststelle, daß die ursprüngliche Planung mit einer Ausrichtung der Anlage auf eine Querachse des Nymphenburger Parks beibehalten werden sollte.«[248]

Kriegsbedingt fehlte für das weitere Vorantreiben der Hochschulstadt Baumaterial, Personal und Geld. Anfang Oktober 1942 wurde der »Neubau der Technischen Hochschule München bis Kriegsende zurückgestellt«.[249]

Andere Planungen rückten in den Vordergrund: Nach der Bombenkatastrophe von Hamburg begannen auch in München Überlegungen zu Bestattungsmöglichkeiten von Luftkriegsopfern und zur Durchführung eines Notwohnungsbaus – die Studentenzahlen waren durch den Krieg längst dezimiert.

Das einzige Relikt

Bis auf den Gebäudekomplex mit der heutigen Adresse Schragenhofstraße 32,[250] der bereits 1938 bezogen wurde, blieb das

---

[247] Jahresbericht zur Grünflächenplanung in: Rasp, Hans-Peter: Eine Stadt für tausend Jahre. München – Bauten und Projekte für die Hauptstadt der Bewegung, München 1981 (Anhang, S. 213).

[248] Jahresbericht zur Grünflächenplanung in: Rasp, Hans-Peter: Eine Stadt für tausend Jahre – München Bauten und Projekte für die Hauptstadt der Bewegung, München 1981 (Anhang, S. 216).

[249] Vgl. BayHStA MK 67577.

[250] Damals Pasinger Straße 111.

Pförtnerhaus zum Motoren-labor des Lehrstuhls für Verbrennungskraftmaschinen, dem ehemaligen Institut von Prof. Dr. Kurt Schnauffer, 2013

Prof. Dr. Kurt Schnauffer

gigantische Bauvorhaben München erspart. Wo sich heute das Motorenlabor des Lehrstuhls für Verbrennungskraftma-schinen befindet, war ursprünglich das für den Ausbau der Rüstungsforschungen 1936 gegründete Institut für Flug- und Kraftwagenmotoren [sic!] untergebracht. Der erste dafür berufene Professor war Kurt Schnauffer, der als Pionier der modernen Motorenversuchstechnik gilt. Bereits bei dessen Planung, Ausstattung und selbst bei der Anstellung des Per-sonals wurde er miteinbezogen. Nach seiner Aussage führ-te er dort in den Folgejahren »sehr viele geheimzuhaltende Arbeiten durch«.[251] Dabei arbeitete er mit Luftwaffe, Marine und Heer zusammen. Das Institut verfügte über vier Ein-zylinder-Motorenstände, die Arbeiten ersteckten sich aus-schließlich auf Kolbenflugmotoren. Ein wichtiger Großauf-trag war die Entwicklung von Wasserstoffperoxid-Antrieben für Torpedos, die in der Ostsee durch französische Kriegsge-fangene erprobt wurden.

Aus wohlüberlegten Gründen wurden die Gebäude etwas versteckt in einem Wäldchen, im sogenannten Kapuziner-hölzl, errichtet. Vor Luftangriffen gut getarnt, weist die locke-re Bebauung generell Satteldächer auf, die keinerlei Hinweise auf einen kriegswichtigen Bereich liefern sollten. Nach Ende der Bauarbeiten wurde die nahe Umgebung mit einer großen Zahl von Eichen begrünt, die zusätzlich kaschierten. Trotz der vordergründig abgeschiedenen Lage war das Institut verkehrstechnisch ideal gelegen. Die nahe Menzinger Straße führte direkt zum Beginn der Autobahn nach Stuttgart, in geringer Entfernung befindet sich heute noch die Zugstrecke München-Ingolstadt-Nürnberg, die damals die »erwünschte Gelegenheit zum Gleisanschluß«[252] bot.

---

[251] BayHStA MK 67577 (Schreiben vom 11. Januar 1938, Schnauffer an den Rektor der Technischen Hochschule).
[252] BayHStA MK 40096 (Schreiben vom 21. Februar 1937).

Kurt Schnauffer (1899–1981) – der »fliegender Professor«

Der gebürtige Thüringer absolvierte eine Schlosserlehre, nach deren Ende er zum Kriegsdienst im Ersten Weltkrieg einberufen wurde. Danach studierte er Maschinenbau am Polytechnischen Institut in Arnstadt. Nach dem Examen war er als Konstrukteur bei den Siemens-Schuckert-Werken, danach als Projektingenieur für die Koholyt AG in Berlin tätig. 1923 bestand er als Externer das Abitur und studierte danach erneut Maschinenbau an der Technischen Hochschule Berlin. Von 1926 bis Ende 1935 war er Versuchsingenieur in der Motorenabteilung der Deutschen Versuchsanstalt für Luftfahrt (DVL) in Berlin-Adlershof. Dort entwickelte er unter anderem Messgeräte für die Feststellung rasch ablaufender Vorgänge bei Motoren und promovierte 1931 über »Verbrennungsgeschwindigkeiten von Benzin-Benzol-Luftgemischen in raschlaufenden Zündermotoren«.

Prof. Dr. Kurt Schnauffer war Mitglied der NSDAP und der SS. 1936 erfolgte seine Berufung an die Technische Hochschule München, wo er dem eigens neu gegründeten Lehrstuhl für Flug- und Kraftwagenmotoren vorstand. Der begeisterte Pilot war Inhaber sämtlicher Motor- und Segelflugscheine. Bei Kriegsbeginn meldete er sich freiwillig als Flugzeugführer. Obwohl er »uk« (unabkömmlich) gestellt wurde, flog er immer wieder Einsätze und erhielt den Rang eines Luftwaffenmajors der Reserve.

1945 wurde er seines Amts enthoben. Eine Wiedereinstellung erfolgte nicht. Im September 1959 wurde er als ordentlicher Professor, also mit vollem Gehalt, emeritiert. Im Auftrag der »Arbeitsgemeinschaft für die Geschichte des deutschen Verbrennungsmotorenbaues«, einer Vereinigung aus Vertretern der führenden deutschen Motorenfabriken, verfasste Schnauffer eine Dokumentation in 63 Bänden zur Geschichte des Verbrennungsmotors und weitere wissenschaftliche Werke. Daneben arbeitete er als selbstständiger Ingenieur. So war er für den Bau der Großflughäfen in Kopenhagen (1973) und München-Freising (1974–79) beratend tätig.

Forschung für den »Endsieg«

Trotz des Ausgabenstopps versuchte Kurt Schnauffer noch im Frühjahr 1944 eine Ausnahmebewilligung für einen splitter- und bombensicher auszustattenden Neubau einer weiteren Transformatorenstation zu erhalten. Seinen Aussagen zufolge sollte sie »30.000 bis 40.000 RM plus 3.000 für Installationsarbeiten«[253] kosten und »ausschließlich für Forschungsarbeiten auf dem Gebiete des Flugmotorenbaus«[254] zur Verfügung stehen. Die Ablehnung des Vorhabens würde »womöglich die Stillegung des Institutsbetriebes nach sich ziehen«.[255] Das Kultusministerium begrüßte das Bauvorhaben und stellte eine Ausnahmebewilligung vom Bauverbot für diese »äußerst kriegswichtige Baumaßnahme« in Aussicht. Schnauffers Elan, am Endsieg teilzuhaben, kam fünf Wochen später durch den Einmarsch der Amerikaner zum Erliegen.

[253] BayHStA MK 67577 (Schreiben v. 23. März 1945).
[254] Ebd.
[255] Ebd.

Kapitel 13 | Die Porzellanmanufaktur Nymphenburg

Luxusproduktion für die NS-Prominenz

Wer Stilbewusstsein zum Ausdruck bringen wollte, auch Rang und Namen hatte, kaufte in der Porzellanmanufaktur Nymphenburg. Deren künstlerische Qualität und Modernität stand auch in der Zeit des Nationalsozialismus außer Zweifel. Neben ihrem einzigartigen traditionellen Sortiment war die Manufaktur stets erfolgreich bemüht, zeitgemäße Formen zu entwickeln. Nymphenburg stand gleichermaßen für künstlerisches Niveau, technische Innovation und handwerkliche Meisterschaft. Private Sammler und öffentliche Stellen wussten dies zu schätzen.

Zwar sind Wandbrunnen für die städtischen Schulen in Ramersdorf, Harlaching und Trudering Nebenschauplätze der Kunstgeschichte, so sehr sie auch die persönliche Lebensqualität vieler Münchner mitbestimmten. Dass neben Bustellis Porzellanen ausgerechnet Terrakotta-Wandschmuck und Majolikafiguren populäre und präsente Zeichen, wenn nicht Inbegriff der Porzellanmanufaktur Nymphenburg wurden, mag zwar mit der Ideologisierung »deutscher Erde« zusammenhängen, gehört jedoch gewiss nicht zur Schmach, sondern zum Ruhm dieser Manufaktur.

Die Porzellanmanufaktur Nymphenburg blieb vom Terror unangetastet. Zwar hatte man bis 1938 Banken und Industrieunternehmen in jüdischem Besitz geschont, nicht jedoch den Einzelhandel, kleinere und mittlere Unternehmen. Im Dezember 1938 wurde die »Zwangsarisierung« der restlichen jüdischen Betriebe in Deutschland zum 1. Januar 1939 beschlossen.

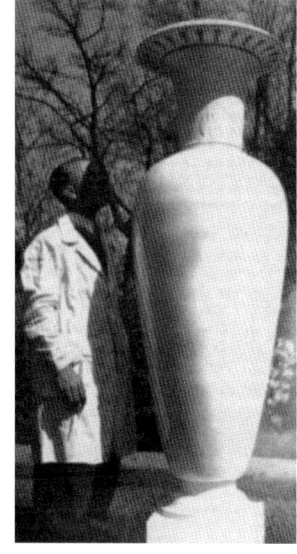

Vase für die Neue Reichskanzlei nach einem Entwurf von Albert Speer. Die geradezu sensationelle Größe dieser Vasen erforderte die Konstruktion eines eigenen Brennofens.

»Arisierung« in München

Im Zusammenspiel von Politik und Wirtschaft erfolgte die »Arisierung« Deutschlands. Mit größter Systematik und juristisch gedeckt, fand so die Existenzvernichtung der jüdischen Bevölkerung statt. Die rechtlichen Grundlagen für den wohl größten Fall von »Besitzwechsel« waren die »Erste Verordnung zum Gesetz zur Wiederherstellung des Berufsbeamtentums« (11. April 1933) und die »Erste Verordnung zum Reichsbürgergesetz« (14. November 1935). Hier wurde definiert, wer als »Arier« oder »Nichtarier« galt oder in eine der beiden Zwischenkategorien als »Mischling ersten Grades« oder »Mischling zweiten Grades« eingeordnet wurde.

Die Entrechtung verlief in verschiedenen Schritten. Bereits am 1. April 1933 wurde durch die Parteileitung der NSDAP im ganzen Reich zu einem Boykott jüdischer Geschäfte, Ärzte und Anwälte aufgerufen. In München, der »Hauptstadt der Bewegung«, war der Eifer besonders groß. Durch einen Beschluss des Münchner Stadtrats und eine ausdrückliche Weisung von Oberbürgermeister Karl Fiehler wurden jüdische Firmen bereits im Frühjahr 1933 von öffentlichen Aufträgen ausgeschlossen. Ein Jahr später begann die systematische Erfassung jüdischer Betriebe.

Hermann Göring bestimmte als geschäftsführender Reichswirtschaftsminister im Dezember 1937, dass die »antijüdische Säuberungsaktion in der deutschen Wirtschaft« bis März 1938 beendet sein sollte. Göring ordnete an, dass die Gelder aus dem sogenannten Entjudungsprogramm dem Rüstungsbudget zufließen sollten. Jüdisches Vermögen von mehr als 5 000 Reichsmark musste gemeldet werden.

Der Mord an Ernst Eduard vom Rath, Sekretär an der deutschen Botschaft in Paris, durch den polnischen Juden Herschel Grynszpan am 7. November 1938 war Vorwand für die Novemberpogrome. Als Ausgangspunkt diente München, weil sich hier alljährlich, am 9. November 1938, die Führungsriege der NSDAP zum Gedenken an den Hitlerputsch versammelte. Nach einer Hetzrede des Propagandaministers Goebbels im Saal des Alten Rathauses begannen die Ausschreitungen der »Reichskristallnacht« in München. »Eine komplette Liste der Münchner Geschäfte, die in jüdischem Besitz oder unter jüdischer Leitung waren, hatten die örtlichen Parteiführer bereits in

Händen.«[256] Das renommierte Möbel-, Teppich- und Antiquitätenge-
schäft der jüdischen Familie Bernheimer belieferte viele NS-Größen.
Einer der Kunden war Hermann Göring, der dort auch Stücke für sein
Gut Carinhall orderte. Es schien, als sollte der Betrieb verschont bleiben. »Die SA-Leute hatten gerade ein Fenster bei Bernheimer einge-
worfen, eine wundervolle Vase zerschlagen und einen Gobelin mit
ihren ›Ehrendolchen‹ aufgeschlitzt, als eine Gruppe von Görings SS-
Leibstandarte auftauchte. Sie machte kurzen Prozess mit den Plünde-
rern. Ein SA-Mann wurde getötet, einige wurden ins Krankenhaus eingeliefert und auch ein paar Schwarzuniformierte wurden verletzt.«[257]
Gemessen an der Gesamteinwohnerzahl war die Anzahl der jüdischen
Einwohner Münchens nicht hoch. Laut einer Bevölkerungsstatistik
vom Februar 1933 zählte man 10 737 Juden bei insgesamt 735 388 Ein-
wohnern. Trotz der aggressiven Verfolgungspolitik des NS-Regimes
waren nach einer Aufstellung der jüdischen Gemeinde vom 16. März
1938 nur 3574 Juden ausgewandert. Eine massenhafte Deportation
und Vernichtung der Münchner Juden ab 1941 war die Folge.

»Am 20.3.1935 richtete Erich Geldner, Leiter der Reichsfachgruppe Glas und Porzellan, angeblich im Namen zahlreicher
deutscher Händler an den Beauftragten der Wirtschaftsfragen«
eine offizielle Anfrage an Rudolf Heß, »ob die Behauptung,
es handle sich bei der Manufaktur um einen ›jüdischen Pacht-
betrieb‹ richtig ist. […] Sollte es den Tatsachen entsprechen,
daß die Bäumls Juden sind, dann müßte m. E. auch festgestellt
werden, wann der Pachtvertrag zu Ende geht, beziehungsweise wann der unwürdige Zustand, daß sich eine Staatl. Porzellanmanufaktur in jüdischen Händen befindet, beendet werden
kann‹. Nicht ohne Stolz fügte er hinzu, daß er schon im Vorjahr bei der Rosenthal AG dafür gesorgt habe, ›daß der Einfluß
des jüdischen Geheimrats [Philipp] Rosenthal durch dessen
Ausschluß als Generaldirektor beseitigt wurde.‹ Nachdem das
Schreiben über verschiedene Stellen weitergeleitet worden war,

---

[256] Pope, Ernest R.: Munich Playground, New York 1941.
[257] Ebd.

erteilte Finanzminister Ludwig Siebert am 8.4. die knappe Auskunft: ›Die Akten geben über die arische oder nichtarische Abstammung der Familie Bäuml keinen Aufschluß.‹«[258]

Arbeit und Angst

Mit einer kaufmännischen Ausbildung war der aus der Gegend von Karlsbad stammende Albert Bäuml nach München gekommen. Als junger Ehemann und Vater war er auf der Suche nach einer selbstständigen Tätigkeit. München kannte er bereits seit 1884, als er in der Sonnenstraße 28 wohnte, seine Einbürgerung erfolgte am 28. Oktober 1887.[259] Im Mai 1888 wurde er Pächter der »Porzellanfabrik«. Als Wohnsitz wurde ab diesem Zeitpunkt das damals noch nicht eingemeindete Nymphenburg geführt. Die Tatsache, dass Nymphenburg noch eine kleine ländliche Gemeinde war, ist wohl der Grund dafür, dass Albert Bäuml die Angaben über seinen Vater auf dem Meldebogen abweichend von seinem Bruder formulierte. Der Vater wurde mit »Ignaz Bäuml, Privatier in Karlsbad« eingetragen. Jedoch wird er in einem anderen Dokument[260] als »Isac Bäuml, Oekonom« bezeichnet. Es ist der Meldebogen von Josef Bäuml, Alberts Bruder. Unter der Rubrik »Confession« steht bei Josef Bäuml »mos.«, für mosaisch. Josef Bäuml wurde aufgrund der »Nürnberger Gesetze« ausgebürgert und für staatenlos erklärt. Damit war es möglich, sein Vermögen jederzeit einzuziehen. Er erhielt einen Fremdenpass und starb 1938 in München.[261]

[258] Ziffer, Alfred: Nymphenburger Moderne. Die Porzellan-Manufaktur im 20. Jahrhundert, Eurasburg 1997.
[259] StadtAM Polizeilicher Meldebogen Albert Bäuml.
[260] StadtAM Polizeilicher Meldebogen Josef Bäuml.
[261] Josef Bäuml lebte seit 1890 in München. Er betrieb zunächst eine Kohlenhandlung und Warenagentur, später erwarb er umfangreichen Grundbesitz in Puchheim/Gröbenzell mit Fischzucht, Herrenhaus und Park. Seine unverheiratete Schwester Franziska lebte bis zu seinem Tod in seinem Haushalt und ging kurz darauf nach Prag. Im Juni 1942 wurde sie nach Theresienstadt deportiert und im Oktober 1942 im Vernichtungslager Treblinka ermordet. (Freundliche Mitteilung von Herrn Erich Hage)

Albert Bäuml, der Alleinpächter der Nymphenburger Porzellanmanufaktur, führte diese in 40 Jahren mit bewundernswertem Eifer aus einer damals künstlerisch und wirtschaftlich bedeutungslos gewordenen Fabrik erneut zu Weltgeltung. Großzügigkeit und soziales Engagement zeigte er gerade in der Weltwirtschaftskrise, indem er testamentarisch seiner Stammbelegschaft »achtprozentige Goldpfandbriefe je in Stückbeträgen von 200 bis zu 500 Mark als Geschenk«[262] hinterließ.

Noch 1928, ein Jahr vor seinem Tod, war der ursprüngliche Pachtvertrag abgelaufen und eine »stillschweigende Verlängerung« vereinbart worden. Mit Wirkung vom 1. März 1931 wurde der Pachtvertrag für weitere 30 Jahre zwischen dem bayerischen Finanzministerium und der Manufaktur als offener Handelsgesellschaft geschlossen. Die drei Söhne Fritz, Albert und Kurt führten nun die Geschäfte gemeinsam weiter. Dr. Fritz Bäuml war der künstlerische Leiter der Manufaktur, Alfred Bäuml kaufmännischer Leiter und Kurt Bäuml war für technische und administrative Belange zuständig. Die drei Brüder steuerten die Staatliche Porzellanmanufaktur Nymphenburg A. Bäuml oHG durch die Zeit von Judenverfolgung, Krieg und Zerstörung. Sie waren, wenn nicht latent jederzeit,[263] so doch zuletzt im Herbst 1944 in Gefahr, wegen ihrer jüdischen Abstammung von der Gestapo ins Konzentrationslager Buchenwald (Mittelbau-Dora) verschleppt zu werden. Ihre »unwiderruflich angeordnete Verschickung in ein thüringisches Bergwerk«[264] konnte verhindert werden. »Auch dieses Mal«, so Fritz Bäuml, »hat Frau Troost uns vor dem K.Z. bewahrt«.[265]

---

[262] »Münchner Post« vom 7. Juni 1929.

[263] Der Runderlass des Reichsinnenministerium vom 4. Oktober 1936 machte deutlich, dass der Übertritt zum Christentum keine Bedeutung für die Rassenfrage hatte. Der »Stürmer« stellte fest: »Taufwasser vermag die Merkmale der jüdischen Rasse nicht abzuwaschen.« (»Der Stürmer«, 11. Jg., Nr. 35, 1933).

[264] StAM SpkA 1844 (Schreiben vom 27. Oktober 1947).

[265] StAM SpkA 1844 (Eidesstattliche Erklärung von Dr. Fritz Bäuml vom 10. Oktober 1947).

Unter den Fittichen von Gerdy Troost

Es mögen Anklänge faschistischer Ästhetik im Werk Joseph Wackerles gesehen werden, der wie kein anderer Künstler die Produktion der Nymphenburger Manufaktur im 20. Jahrhundert bestimmte.[266] Wackerle machte seinen engen Freund Paul Ludwig Troost mit Albert Bäuml bekannt. Der 1934 verstorbene Architekt Troost spielte eine wirtschaftlich maßgebliche Rolle für die Porzellanmanufaktur Nymphenburg. Nicht nur private Raumausstattungen[267] in der Zeit eines »Rosenkavalierstils«, sondern öffentliche Aufträge einer bald konsolidier-

Die Bordküche in Hitlers Salonwagen der Deutschen Reichsbahn. Die »Vereinigten Werkstätten für Kunst und Handwerk« lieferten zur Aufbewahrung des wertvollen Nymphenburger Porzellans meisterhafte Einbauten.

[266] Sein Kunstschaffen schien damals so unverzichtbar, dass er in die sogenannte Gottbegnadeten-Liste aufgenommen wurde, eine 1944 von Hitler und Goebbels erstellte Personenliste für 1041 Künstler, die für den Fronteinsatz unabkömmlich waren. Hier galt Joseph Wackerle als einer der fünf wichtigsten Bildhauer des NS-Staates.

[267] Paul Ludwig Troost hatte Interieurs für die »Vereinigten Werkstätten« in München entworfen und sich mit der Ausstattung von Ozeandampfern des Norddeutschen Lloyds einen Namen gemacht. Bereits 1929 hatte Troost die innerstädtischen Verkaufsräume der Nymphenburger Porzellanmanufaktur am Odeonsplatz umgebaut. Als Hitlers bevorzugter Architekt entwarf er in München das Haus der Deutschen Kunst, den Verwaltungsbau der NSDAP und den sogenannten Führerbau in der Arcisstraße in München.

166

ten NSDAP waren von nun an Fundament und Schicksal der Nymphenburger Porzellanmanufaktur.

Bereits in den 1920er-Jahren lieferte Nymphenburg das Geschirr unter anderem für die deutschen Botschaften und Konsulate in Bukarest, Peking, Mailand und Buenos Aires. Der schwierigen Wirtschaftslage um 1932 begegnete die Manufaktur mit dem preiswerten »Volks-Service« des Architekten und Designers Wolfgang von Wersin. Seine Entwürfe gehören zum Inbegriff der klassischen Moderne. Von der allgemein verbesserten Kaufkraft nach der Machtübernahme und den folgenden Großaufträgen profitierte die Manufaktur erheblich.

Gerdy Troost entwarf die Dekore für Hitlers Tafelgeschirr und stimmte sie farblich auf die Innenräume der jeweiligen »Führerhäuser« ab. (Links und Mitte) Das Speiseservice »Perl« (Teller rechts) stand in der Reichskanzlei für 230 Personen zur Verfügung.

1934 erhielt die Manufaktur den Auftrag zur Fassadenrenovierung des Maximilianeums. Eigens dafür wurde eine neue Tonmischung entwickelt. Die 14 Viktorienplastiken der Attika wurden unter Mitwirkung von Hans Goebl als Neuschöpfungen ausgeführt. Es war der umfangreichste Terrakotta-Auftrag des Jahrzehnts.

Nach dem Tod ihres Mannes avancierte Gerdy Troost zur persönlichen Beraterin Hitlers in allen Themen der Innenausstattung. Sie war maßgeblich an der Einrichtung des NSDAP-Verwaltungsbaus und des sogenannten Führerbaus

167

Gebrauchsporzellan für die Deutsche Reichsbahn auf dem Niveau von gutem Hotelgeschirr. Hitler persönlich speiste nicht davon, sondern bevorzugte in seinem rollenden Speisesaal die Form »Rokoko« ohne Hakenkreuzdekor.

in München sowie der Reichskanzlei in Berlin beteiligt. »1934 bis 1937 gab sie in der Porzellanmanufaktur Nymphenburg umfangreiche Servicebestellungen für die verschiedenen Wohnsitze Adolf Hitlers, etwa den Berghof auf dem Obersalzberg bei Berchtesgaden, in Auftrag.«[268] So das Service »Perl« für Hitlers Wohnung am Münchner Prinzregentenplatz 16 für 36 Personen, für die Kanzlerwohnung in der Berliner Reichskanzlei, aber auch für das Restaurant und Bierstüberl im Haus der Deutschen Kunst (Figuren von Wackerle).

Das Auswärtige Amt in Berlin bestellte Prunkvasen mit Dekoren von Paul Ludwig Troost – als beliebte Staatsgeschenke auch in doppelter oder dreifacher Größe ausgeführt. Mit besonderem Luxus sollten die Gäste der deutschen Botschaft in London beeindruckt werden. In München orderte Gauleiter Wagner für das Prinz-Carl-Palais und seinen Dienstsitz in der Kaulbachvilla. Das neu gestaltete Münchner Künstlerhaus wurde mit Geschirren für 1350 Personen ausgestattet. Ebenfalls aus Nymphenburg stammte das Geschirr für einen Salonwagen und den Privatspeisewagen Hitlers, für die Neue Reichskanzlei in Berlin und für den »Führerbau« in München. Nymphenburg

[268] Ziffer, Alfred: Nymphenburger Moderne. Die Porzellan-Manufaktur im 20. Jahrhundert, Eurasburg 1997.

168

war zum »Hoflieferanten der politischen Elite des ›Dritten Reichs‹«[269] geworden.

Wo Staatsprestige solche Maßstäbe setzte, stand die Stadt München in keiner Weise zurück und präsentierte Ehrengeschenke wie im Fall der Olympiasiegerin Gisela Mauermayer, der ein »wunderbares zwölfteiliges Nymphenburger Tafelservice übermittelt«[270] wurde.

Die für Berlin geplanten 1000 Teller mit Hakenkreuzemblem wurden nicht verwirklicht, jedoch stellte man martialische Motive wie die »Fliegergruppe« als Zentrum eines Tafelaufsatzes her.

»Der Frühling«: Bildhauer Roland von Bohr schuf 1939 diesen Tafelschmuck in der Tradition barocker Surtouts für die Frau von Joachim von Ribbentrop.

Nach dem militärischen Debakel vor Moskau wurden bereits Ende 1941 zu fast 80 Prozent kriegswichtige Gegenstände hergestellt. Notwendiger als Kunst und Kitsch waren Isolatoren und Tauchformen für Gummihandschuhe, Präservative und Schnuller geworden. Wo immer möglich, etwa bei Handgranaten, wurde Metall durch Porzellan ersetzt.

Waren 1936 100 Mitarbeiter beschäftigt, hatte sich deren Zahl in den ersten drei Kriegsjahren mehr als halbiert, die Umsätze waren noch drastischer eingebrochen. Für einfache Hilfsarbeiten waren in der Manufaktur ab Ende 1942 acht Zwangsarbeiter tätig, sie wohnten zum Teil auf dem Betriebsgelände. Die Lagerdokumentation des Stadtarchivs München nennt den Lagernamen »KZ-Nebenlager Porzellan-Manufaktur«.

Auch in der Porzellanmanufaktur Allach, von Nymphenburg nur 10 Kilometer entfernt, arbeiteten Gefangene aus dem Konzentrationslager Dachau. Hier betrieb die SS eine Porzellanmanufaktur mit politischem Profil. Dabei stand weniger die Erwirtschaftung von Gewinn im Vordergrund, vielmehr galt es, den »nationalsozialistischen Menschen« her

[269] Ziffer, Alfred: Meißen und der braune Fleck, in: »Handelsblatt« vom 23. Januar 2010.
[270] »Nymphenburger Zeitung / Neuhauser Nachrichten« vom 19. August 1936.

auszubilden und ihm geschmacks- und stilbildende Einrichtungsgegenstände für die Wohnung an die Hand zu geben. Darüber hinaus wurden Präsente für öffentliche Stellen hergestellt. Daher weist das Allacher Porzellan solche Kleinplastiken wie »SS-Reiter, Pilot, BDM-Mädel, Jul-Leuchter« auf, die von namhaften Künstlern entworfen wurden.[271] Einen Anknüpfungspunkt zur Nymphenburger Manufaktur bildete die Person des künstlerischen Leiters von Allach, Theodor Kärner. Ein außerkünstlerischer Faktor war jedoch wesentlich gefährlicher: Heinrich Himmler war von seinem Allacher Projekt beflügelt und plante, die Nymphenburger Manufaktur an sich zu reißen, um sie seinem SS-Betrieb anzugliedern. Als Himmler daher »Hitler einen diesbezüglichen Vorschlag machte, war Frau Troost Zeuge dieses Gespräches und verhinderte durch ihr tatkräftiges Eingreifen in die Unterhaltung dieses Vorhaben. Damit hat sie die staatliche Porzellan Manufaktur Nymphenburg vor dem Untergang gerettet«.[272]

Nach dem vernichtenden Bombardement vom Aschermittwoch 1943 arbeitete man notdürftig in den Ruinen

Besichtigung des Hauses der Deutschen Kunst vor seiner Eröffnung durch Adolf Hitler. Daneben Gerdy Troost und der Präsident der Akademie der Bildenden Künste Adolf Ziegler. Rechts außen Joseph Goebbels am 5. Mai 1937.

[271] Darunter Carl Diebitsch, Prof. Theodor Kärner, Richard Förster, Ottmar Obermeier, Prof. Benno von Arent, Prof. Wilhelm Krieger, Adolf Röhring, Wilhelm Neuhäuser, Prof. Willy Zügel.
[272] StAM SpkA 1844 (eidesstattliche Erklärung von Dr. Fritz Bäuml vom 10. Oktober 1947).

weiter, nach dem Krieg »zunächst ausschließlich für die Besatzungsarmee«,[273] die auch dafür sorgte, dass das böhmische Kaolin weiterhin aus der sowjetisch besetzten Tschechoslowakei bezogen werden konnte.[274]

Gerdy Troost (1904–2003) prägte als Gestalterin zwischen kaltem Pathos und Heimatstil entscheidend das Erscheinungsbild von Innenausstattung und Kunstgewerbe im NS-Staat. Nach dem Tod ihres Ehemanns Paul Ludwig Troost im Jahr 1934 führte sie mithilfe von Leonhard Gall das Architekturbüro weiter und vollendete das Haus der Deutschen Kunst und die Umgestaltung des Königsplatzes mit seinen Ehrentempeln. Als Zeichen der Hochachtung Hitlers für den Verstorbenen wurde die Galeriestraße am Hofgarten noch 1934 in Trooststraße umbenannt. Gerdy Troost war Vorstandsmitglied im Haus der Deutschen Kunst und seit 1938 im Beirat der Bavaria Filmkunst GmbH. Staatsgeschenke, unter anderem für Benito Mussolini, besonders jedoch die Inneneinrichtung und Ausstattung der von Hitler genutzten Bauten, wurden von ihr entworfen. Die persönliche Nähe zu Hitler und dessen Wertschätzung brachten ihr den Professorentitel ein. Die überzeugte Nationalsozialistin war eine der wenigen Frauen, die maßgeblichen Einfluss auf Adolf Hitler ausüben konnten. Ihr wurde eine nahezu diktatorische Stellung im Kunstleben der NS-Zeit nachgesagt. Letztlich ist es wohl nur Gerdy Troost zu verdanken, dass die Familie Bäuml von den Verfolgungen der NS-Zeit verschont blieb. Im Rahmen der Entnazifizierung wurde sie nach fünfjährigem Prozessieren von der Hauptspruchkammer München als »Minderbelastete« eingestuft, obwohl 1949 weiteres belastendes Material sichergestellt worden war. Nach Ablauf eines zehnjährigen Berufsverbots arbeitete Troost wieder und lebte bis zu ihrem Tod im Chiemgau. Gewissermaßen als Gegenleistung zur Protektion der Bäumls konnte Gerdy Troost gegen Kriegsende den Nachlass ihres Mannes auf dem Manufakturgelände verbergen, über das Kriegsende hinaus herrschte bestes Einvernehmen und finanzielle Unterstützung.

[273] Krafft, Barbara: 250 Jahre Porzellan-Manufaktur Nymphenburg, München 1997.
[274] »Süddeutsche Zeitung« vom 29. Juli 1947.

Kapitel 14 | Der Schlosspark wird zum Nutzgarten

Kurz nachdem Hitler die Regierungsgeschäfte übernommen hatte, begann auch innerhalb der SGV Nymphenburg ein neuer Wind zu wehen. Der Verwaltungschef Max Diermayer[275] war nicht nur Mitglied der NSDAP, sondern auch SA-Mann und setzte eine der ersten Amtshandlungen seines neuen Präsidenten Dr. Emil Brand um, »zwei Hitlerbildnisse«[276] für die linientreue Ausschmückung des Betriebs anzuschaffen. Gemäß Baldur von Schirachs Ausspruch »Ich bin weder Protestant noch Katholik, ich glaube nur an Deutschland«[277] wurden sie anstelle der Kruzifixe aufgehängt.

> **»Führer befiehl, wir folgen dir!«**
> Zwei historische Aufnahmen eines unbekannten Fotografen (siehe S. 173 oben) zeigen Personalräume der Schlossgärtner, die sogenannten Gefolgschaftsräume. Bezeichnenderweise wird im Wortschatz des »Dritten Reichs« der Begriff »Gefolgschaft« entscheidend wichtiger als etwa der von Gemeinschaft, Genossenschaft, Belegschaft, Bevölkerung oder Gesellschaft. Eine rassisch definierte »Volksgemeinschaft« und eine autoritär-diktatorisch geführte »Gefolgschaft« sollten Denken und Handeln prägen.

[275] BayHStA SchlV 1643.
[276] StAM SGSV 483 (Schreiben vom 5. Oktober 1933) und StAM SGSV 479. Der Präsident der Hauptverwaltung hatte die »beschleunigte« Anschaffung von »möglichst vielen« Bildern von Heinrich Hoffmann, Hitlers Hoffotograf, empfohlen. Am 2. Juli 1935 hakte er nach. So mussten auch für die Pachtgaststätten »umgehend entsprechend große Bilder zu beschaffen und an hervorragender Stelle in den Wirtschaften« angebracht werden. So erhielten Hartmannshofen und Moosach drei, die Schlossschwaige Nymphenburg vier Bilder im Format 40 mal 50 Zentimeter.
[277] Neuhäusler, Johann: Kreuz und Hakenkreuz. Der Kampf des Nationalsozialismus gegen die katholische Kirche und der kirchliche Widerstand, München 1946, S. 255.

links: Mentalitätsgschichte und Erinnerungskultur: Hatte hier ein Gärtner den Herrgottswinkel umgeformt? Freilich musste jetzt das Führerporträt eine prominente Stelle besetzen, während das Krufifix verbannt wurde. Vielleicht war es ein Gärtner mit katholisch-konservativem – und in Nymphenburg möglicherweise noch mit monarchistischem – Hintergrund, der den entweihten Ort mit einer Zimmerpflanze kaschierte. Für den »Dienst zu ungünstigen Zeiten« waren Jour-Zimmer und Schlafgelegenheiten vorgesehen.

rechts: Staats-Decorum: die schlichte Einrichtung eines weiteren Gefolgschaftsraums wurde durch martialisch wirkende Hakenkreuzembleme »geziert«. Dabei handelt es sich um das Symbol der »Deutschen Arbeitsfront«, jener NS-Einheitsgewerkschaft, die mit der Abschaffung des Streikrechts und der freien Gewerkschaften 1933 gegründet wurde.

Frühbeete in der Schlossgärtnerei. Links dahinter ist das wohl älteste Gewächshaus Bayerns aus dem Jahr 1755. Der mächtige Bau im Hintergrund ist das heutige Maria-Ward-Gymnasium.

Um die Belegschaft auf die »neue Zeit« einzuschwören, gab es laut einer Aktennotiz des Garteninspektors Andreas Reiter am 10. November 1933 sogar eine offizielle Dienstbefreiung. »Zum Anhören der Rede des Herrn Reichskanzlers« hatte »das gesamte Personal der Schloss- und Gartenverwaltung geschlossen die Rede im Schreinereiraum angehört«.[278] Hitler hielt diese wichtige Grundsatzrede nach neunmonatiger Amtszeit medienwirksam vor der versammelten Arbeiterschaft der Siemenswerke in Berlin und pries die bereits halbierten Arbeitslosenzahlen. Das Ereignis fand seinen Abschluss im Singen des Horst-Wessel-Lieds. Für die Belegschaft der Schlossverwaltung galt bereits: »Es ist allgemein Übung geworden, beim Singen des Liedes der Deutschen und des Horst-Wessel-Liedes den Hitlergruß zu erweisen ohne Rücksicht darauf, ob der Grüßende Mitglied der NSDAP ist oder nicht. Wer nicht in Verdacht kommen will, sich bewußt ablehnend zu verhalten, wird daher den Hitlergruß erweisen.«[279] Dies galt sowohl für die Amtsräume als auch für das Gartengelände.

Zur gleichen Zeit ergaben sich Änderungen in den Richtlinien zur Auftragsvergabe. Ab sofort durften alle Behörden, so auch die SGV Nymphenburg, »nicht arische oder nicht rein arische Firmen innerhalb der Wirtschaft« nicht mehr berücksichtigen, sondern mussten »ab sofort arische Betriebe«[280] bevorzugen. Um politisch stets linientreu zu sein und ideologisch regelmäßig indoktriniert zu werden, erlaubte man den Behördenmitgliedern ab 1. Juli 1934 sogar, im Dienst regelmäßig Zeitung zu lesen. Als geeignete Lektüre galt der »Völkische Beobachter«, alle deutschen Behörden mussten ihn ab Juni 1934 abonnieren.

Trotz aller Bemühungen, die SGV Nymphenburg »gleichzuschalten«, waren die politischen Meinungen innerhalb der Belegschaft nicht homogen. An der Form der Ausübung des für alle Arbeitnehmer des öffentlichen Dienstes zur Pflicht

[278] StAM SGSV 483 (Schreiben vom 5. Oktober 1933).
[279] StAM SGSV 479 (Die Mitteilung im Bayerischen Staatsanzeiger Nr. 179 vom 5. August 1933 wurde gegen Unterschrift jedem Mitarbeiter bekanntgegeben.)
[280] StAM SGSV 483 (Schreiben vom 5. Oktober 1933).

gewordenen »Deutschen Grußes« zeigte sich die innere Einstellung jedes Einzelnen. Nach offiziellem Willen sollte damit »die Verbundenheit des ganzen Volkes mit seinem Führer auch nach außen hin klar in Erscheinung treten«.[281] Äußerst unterschiedliche politische Einstellungen hatten etwa die Gärtner Friedrich Riedel, SA-Mitglied, und Jakob Schlammer, ein erklärter Regimegegner und bayerischer Separatist. Riedel schilderte das Miteinander: »Dagegen hatte ich mit Schlammer öfters Auseinandersetzungen, weil Schlammer nie mit dem ›Deutschen Gruß‹ grüßte und weil dieser auch öfters von der Main-Linie gesprochen hatte. Als SA-Mann habe ich diese Gedankengänge des Schlammer immer schärfstens zurückgewiesen.«[282]

Insgesamt verhielt sich die Belegschaft der SGV Nymphenburg linientreu, denn schließlich waren 16 von 25 Mitarbeitern in der NSDAP. Wie viel vorauseilender Gehorsam bei den Gärtnern mitschwang, ist ungewiss. 1934 ließen sie es sich jedenfalls nicht nehmen, bei der festlichen Ausschmückung der Turnhalle des TSV Neuhausen-Nymphenburg mitzuwirken. Der nahe des Schlosses gelegene Verein[283] stellte sie wiederholt und bereitwillig für Kameradschaftsabende zur Verfügung. Die Presse schilderte diesen Abend: »So füllten mit dem Führerstab der SA, SS, NSKK[284] […] den schön geschmückten Saal, dessen festliches Gesicht die Schloßgärtnerei Nymphenburg und die Kunstgärtnerei Horak gar wirkungsvoll gestaltet haben. Da leuchtete groß von der Stirnseite des Saales aus dem dunklen Gebüsch des Lorbeers das lebenswahre Oelbildnis des Führers.«[285]

---

[281] Erlass des Ministeriums für Wissenschaft, Kunst und Volksbildung vom 22. Juli 1933, veröffentlicht im »Bayerischen Staatsanzeiger« Nr. 179 vom 5. August 1933.
[282] StadtAM Polizeidirektion Nr. 1066 (Verhörprotokoll vom 18. Oktober 1939).
[283] An der Stievestraße / Ecke Pilarstraße gelegen.
[284] Das »Nationalsozialistische Kraftfahrkorps« (NSKK) war eine paramilitärische Unterorganisation der NSDAP, deren Mitglieder die Uniform der ehemaligen Motor-SA trugen.
[285] »Nymphenburger Zeitung / Neuhauser Nachrichten« vom 26. September 1934

*Mischkultur im Eisernen Haus:
Tomaten wurden mit Kopfsalat
unterpflanzt.*

Der Park wird aufgehübscht

Im Winter 1933 / 34 setzte die SGV Nymphenburg neu bereit-
gestellte Finanzmittel in Höhe von 81 000 Reichsmark für
Arbeiten im Park ein. So fanden »Uferinstandsetzungen, das
Reinigen des Bassins und Mittelkanals im Park, Verbesserung
der Grundstücke durch Rigolen, Ablesen von Steinen und dgl.,
Umsetzen und teilweises Durchwerfen der umfangreichen
Erdmagazine«[286] statt. Die meisten Kosten dürften jedoch
die »Pflanz- und Durchlichtungsarbeiten«, also die Pflege im
Baumbestand des Landschaftsparks verursacht haben. Zusätzlich standen noch weitere 10000 Reichsmark für »Inventar,
weiteres Material und Fuhrwerk aus einem besonderen Fonds
zum Zweck der Arbeitsbeschaffung«[287] zur Verfügung.

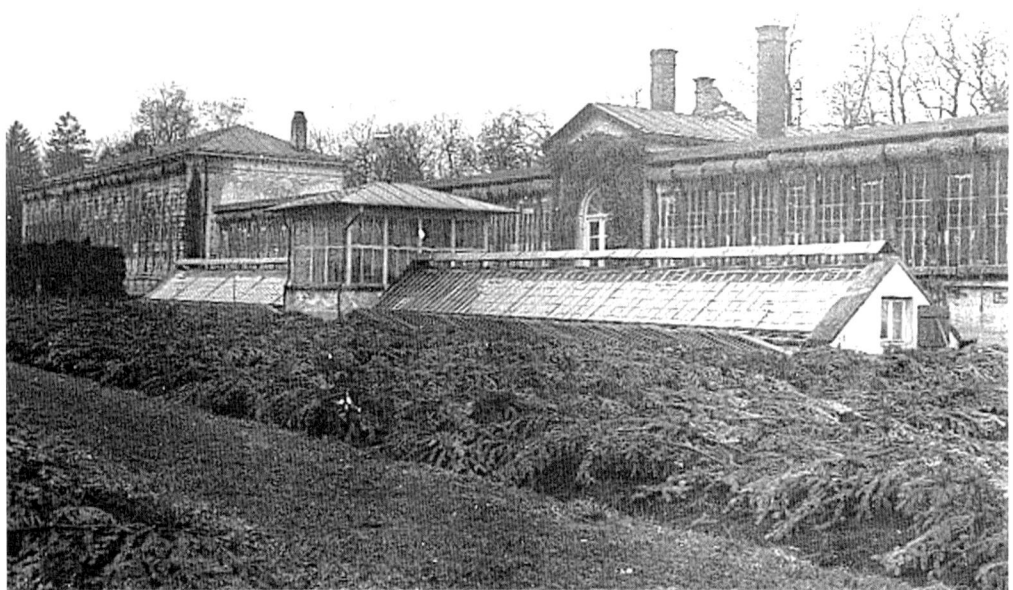

*An der Promenade vor dem
Geranienhaus bestand seit 1886
dieses eingetiefte Treibhaus
mit seinem pavillonartigen
»Blumensalon«. Davor eine Win-
terabdeckung mit Daxen.*

[286] StAM SGSV 479.
[287] Ebd.

Zwei Attraktionen werden verbunden

Ein schmales und niedriges, oben gerundetes Tor in der Umfassungsmauer des Schlossparks verbindet diesen mit dem Botanischen Garten. Im Frühjahr 1935 wurde diese Pforte in die noch aus dem 18. Jahrhundert stammende Schlossmauer eingefügt und ein neuer Weg über die Magdalenenklause zur sogenannten Südkasse des Botanischen Gartens geführt. Der Grund für diese Änderungen war, das Areal insgesamt attraktiver zu gestalten und beiderseitig von größeren Besuchermassen zu profitieren. Am Pfingstsonntag 1935 war es dann soweit. Die lokale Presse berichtete: »Es können jetzt also Schloß, Schloßpark und Botanischer Garten in einem Zuge besucht werden.«[288]

Mit einer modernen Boden-fräse wurden Flächen für den Gemüseanbau kultiviert. Im Hintergrund links das Werkstattgebäude, daneben das Dienstwohngebäude für Beamte und Gärtner, das sogenannte Gelbe Haus, rechts eine seltene fotografische Ansicht des einstigen Georgi-Krankenhauses.

[288] »Nymphenburger Zeitung / Neuhauser Nachrichten« vom 9. Juni 1935.

Flüchtige Fauna

Stets war der Nymphenburger Park ein Hort für seltene Pflanzen und Tiere. Um Liebhaber besonderer Spezies anzulocken, versuchte die Schlossverwaltung, »Schwäne und Trompetengänse[289] schenkungs- oder leihweise aus dem Riemer See«[290] zu erhalten. Die Anfrage ging bezeichnenderweise an Christian Weber, den Gebieter über Riem und Daglfing. Anders als heute, wo sich große Mengen an Wasservögeln offensichtlich trotz Fütterungsverbot in Nymphenburg wohlfühlen, flüchteten die überlassenen Tiere. War ihnen die Geräuschkulisse während der wochenlangen Vorbereitungen zur ersten »Nacht der Amazonen« ein Gräuel? Sie flogen zurück und wurden erneut angefordert. Ob dieser zweite Versuch glückte, ist in den Akten nicht vermerkt.

Die Verbindung zwischen Schlosspark und Botanischem Garten besteht seit 1935. Spuren des einstigen Durchbruchs sind nach annähernd 80 Jahren noch deutlich erkennbar.

»Der Aufenthalt von Juden ist verboten«

Unter Einsatz eines großen Finanzvolumens hatte man Ende der 1930er-Jahre eine Komplettsanierung des Nymphenburger Schlosses, der Parkburgen und des Parks erzielt. Alles war schön wie kaum zuvor. Kurz nach der Vollendung des Projekts wurde einer Menschengruppe der Zugang verwehrt. »Der Aufenthalt von Juden ist verboten« hieß es 1941 pflichtschuldigst an allen Parkeingängen. Im Amtsdeutsch nannte man dies »Verkehrsbeschränkung«.[291]

Metall für den Endsieg

Durch das neue Medium Rundfunk verkündet, trat am 29. März 1940 um 20 Uhr eine Verordnung[292] in Kraft, die

---

[289] Gemeint ist Branta canadensis = Kanadagans. Die Art stammt ursprünglich aus Nordamerika. Brutpaare in freier Wildbahn beobachtet man erst seit den 1970er-Jahren.
[290] StadtAM Christian Weber 47.
[291] StAM SGSV 985.
[292] Verordnung zum Schutz der Metallsammlung des Deutschen Volks vom 29. März 1940.

das Volk dazu aufrief, Metallreserven für die Rüstung zur Verfügung zu stellen. Göring hatte bereits am 4. März 1940 an die Bevölkerung appelliert, den »Feindstaaten mit dieser Maßnahme die innere Geschlossenheit Deutschlands zu demonstrieren und ihren Hoffnungen auf Rohstoffmangel die rechte Antwort«[293] zu erteilen. Laut Gesetz bedeutete die Metallsammlung »ein Opfer des deutschen Volkes für den ihm aufgezwungenen Lebenskampf«.[294] Um die Angst vor unsachgemäßer Bereicherung zu verringern und die Bedeutung der Sammlung zu betonen, wurde eine drastische Strafe angedroht: »Wer sich am angesammelten oder vom Verfügungsberechtigten zur Sammlung bestimmten Metall bereichert, oder solches Metall sonst seiner Verwendung entzieht, schädigt den großdeutschen Freiheitskampf und wird mit dem Tode bestraft.«[295]

Bereits ein Jahr vor Kriegsbeginn, im Herbst 1938, fand eine »Aktion zur Schrotterfassung« mit Sichtung von »unbrauchbaren Gegenständen aus Eisen und Stahl« statt. Die Schloss- und Gartenverwaltung Nymphenburg gab eine Auflistung heraus, in der die »eisernen Barrieren entlang der Inneren und Äußeren Parterres, Fontänenbecken, Auffahrtsalleen und anderer Rasenbänder als entbehrlich« klassifiziert wurden. Der Abbau wurde von der Hauptverwaltung mit Schreiben vom 24. Dezember 1938 veranlasst und im Januar 1939 als Alteisen im Gewicht von 4450 Kilogramm der »Wiederverwendung zugeleitet«.

Im Frühjahr 1940 wurden auch Gegenstände aus anderen Metallen wie Kupfer, Messing, Zinn und Bronze eingesammelt. Die Aktion sollte am 20. April, Hitlers Geburtstag, enden. Außer Privatleuten hatten sich Firmen, Vereine, Kirchengemeinden, Klöster und öffentliche Stellen zu beteiligen. Auch die SGV Nymphenburg bemühte sich redlich, zum »Geschenk der Nation« beizutragen. Im April 1940 wanderten als für ent-

---

[293] Werle, Gerhard: Justiz-Strafrecht und polizeiliche Verbrechensbekämpfung im Dritten Reich, Berlin 1989.
[294] Verordnung zum Schutz der Metallsammlung des Deutschen Volks von 29. März 1940.
[295] Ebd.

*Kilometerlange eiserne Schutz-
begrenzungen im Schlosspark
wurden bereits Monate vor
dem Beginn des Zweiten Weltkriegs zur Materialgewinnung
abgebaut*

behrlich gehaltene 362 Paare Türgriffgarnituren, 321 Fenster-
griffe und 80 Paare Gardinenstäbe in die Metallschmelze.[296]
Noch heute sind in manchen Räumen des Schlossbereichs die
seither fehlenden Türschilder zu bemerken.

Dennoch wurde diese Aktion als unzureichend empfunden. Die Hauptverwaltung der bayerischen Schlösser, Gärten und Seen als übergeordnete Stelle bat jedenfalls noch am
7. Mai 1940[297] ihre gesamten Außenstellen um eine Auflistung
des zusätzlich noch verwertbaren Materials. Man erinnerte
sich an insgesamt sieben vorhandene Glocken im Bereich von
Schloss Nymphenburg und drei weitere in der Kapelle der im
Schlossbesitz befindlichen Blutenburg.

Kurz darauf, am 26. Juni 1940, ging das Museumsreferat
der Verwaltung auf die Thematik ein. Mithilfe des Landesamts für Denkmalpflege wurde ein Großteil der Glocken als
»historisch wertvoll« deklariert, sodass »nur zwei Glocken
der ehemaligen Klosterkirche der Englischen Fräulein und
zwei vom Turm, bzw. Uhrwerk der Blutenburg abgegeben

[296] StAM SGSV 483 (Schreiben vom 13. April 1940).
[297] StAM SGSV 483.

180

werden mußten«.[298] Die Abnahme der Glocken erfolgte im Sommer 1942.[299]

Anfang 1943 wurden auch vom Wittelsbacher Ausgleichsfonds insgesamt »1.084 kg Kupfergeräte und 141 kg Zinngeräte«,[300] möglicherweise Kochgeschirr aus ehemaligen Hofküchen verschiedener Schlösser, an die Firma Süddeutsche Kraft zur Ablieferung an die Metallgroßhandlung Rau & Co. München abgegeben.

Maulbeerhecken im Versuchsgarten

Die hochspezialisierten Nymphenburger Schlossgärtner bemühten sich bereits im 18. und 19. Jahrhundert um die Kultur von Maulbeerbäumen als Grundlage für die erhoffte heimische Seidenproduktion. Mit dem klimabedingten Scheitern des Seidenbaus in Bayern um 1860 hatten auch die Maulbeerbäume in Nymphenburg ihre Bedeutung verloren. Ein »Seidenbaumspalier«, das 1784 an der oberen Kaskade gepflanzt worden war, oder die »Maulbeerplantage«, von der etwa 1831 berichtet wurde, mussten schließlich aufgegeben werden.

Bereits in der Zeit der Weimarer Republik stieg der Bedarf an Seide kontinuierlich. Ab 1933 wurde der Seidenbau deutschlandweit erneuert. Die Anlage von Maulbeerkulturen, die Zucht des Seidenspinners und die Preise für Kokons waren nun als Aufgabe des »Reichsnährstandes« gesetzlich geregelt. Seide diente zur Herstellung von Fallschirmen und war damit ein kriegswichtiger Rohstoff.

---

[298] StAM SGSV 483.

[299] Laut freundlicher Auskunft von Ordensschwester Lucina Moche (»Congregatio Jesu«) überdauerte eine dieser Glocken auf der Altane des Schulhauses, die andere, aus der Zeit Maria Wards stammend, wurde dem Münchner Stadtmuseum übereignet. Beide Glocken hängen heute an der Glockenwand der Kloster- und Institutskirche zur Heiligen Dreifaltigkeit in München-Nymphenburg.

[300] StAM SGSV 483 (Schreiben des WAF an die SGV Nymphenburg vom 20. Januar 43 und Bestätigung der SGV Nymphenburg an den WAF vom 12. Februar 1943).

1934 glückte in der Schlossgärtnerei an der Maria-Ward-Straße die Anzucht von Jungpflanzen. Sie wurden im Frühjahr 1937 im »Kulturgarten an der Zuccalistraße« ausgepflanzt. Als Novum in der Geschichte der Kultur von Maulbeerpflanzen bildeten sie eine 350 Meter lange Maulbeerhecke. In einem Bericht von 1938, der außerdem die »entsprossenen 17.000 kräftigen Sämlinge im sog. Küchengarten des Schlosses«[301] aufführte, hieß es: »Eine großartige Anlage betreute Schloßgartendirektor Diermayer in Nymphenburg. Er schuf sie auf Veranlassung der ›Reichsfachgruppe Seidenbau in Celle‹, die den Samen lieferte.«[302]

Der Gärtnereibetrieb zur Friedenszeit

Bereits in der ersten Planungsphase von Schloss Nymphenburg, 1662/63, hatte der bayerische Kurfürst Ferdinand Maria mit dem eigentlichen Bauplatz umfangreiche landwirtschaftliche Flächen der ehemaligen Hofmark Kemnaten erworben. Die Felder, Wiesen und Wälder reichten bis zu den ehemaligen Dörfern Laim, Neuhausen und Moosach, zum Kapuzinerhölzl und bis zur Blutenburg. Der Schwaigbetrieb und die angeschlossene Nutzgärtnerei erwirtschafteten in der Zeit der Kurfürsten und Könige die für die Hofhaltung benötigten Lebensmittel und auch Zierblumen für die festliche Ausschmückung der Innenräume.

Nach dem Ende der Monarchie wurde der Gärtnereibetrieb aufrechterhalten und erwirtschaftete 1933 aus dem Verkauf von Schnittblumen und Topfpflanzen seinen »Hauptertrag«.[303] Dieser Anbau von Zierblumen in großem Umfang war nötig, denn die Schlossgärtnerei hatte die Aufgabe, alle wichtigen staatlichen Ereignisse innerhalb Münchens floristisch zu dekorieren. Im Februar 1934 standen in den Treibhäusern 3000 kurz vor der Blüte stehende Hortensien bereit, ein Überschuss, den die Gärtnerei gerne

[301] »Nymphenburger Zeitung/Neuhauser Nachrichten« vom 3. April 1937.
[302] Ebd.
[303] »Bayerischer Staatsanzeiger«, Nr. 179, vom 5. August 1933.

abgegeben hätte und deshalb einer anderen Gartenbaufirma anbot.

Grund dafür war die Abneigung der neuen Machthaber gegen die Farben Weiß und Blau. Bisher war es gebräuchlich, Rednerpulte und Bühnen mit Hortensien in den bayerischen Landesfarben zu schmücken. Für Hitler war dies ein gegen die »Gleichschaltung« ausgerichtetes Symbol. Der mächtige Gauleiter Wagner zeigte unverhohlen seinen »Haß auf Bayern und das Hause Wittelsbach« [304], indem er sogar weißblaue Hortensien verbot.

Gärtnerei und Ökonomiebetrieb in den Kriegsjahren

Kurz nach Ausbruch des Zweiten Weltkriegs wurde der Etat für die Nutzgärtnerei und die Bewirtschaftung der damals noch umfangreichen landwirtschaftlichen Flächen aufgestockt. Dies geschah auf Kosten der Parkpflege und des Parkunterhalts. Die Nahrungsmittelproduktion sollte mit dieser Maßnahme erhöht werden. Diese Entwicklung wurde ab Oktober 1939 forciert. In einem Rundschreiben der Hauptverwaltung vom 17. Oktober 1939 an die Schloss- und Gartenverwaltungen in ganz Bayern wurden nun alle kriegswirtschaftlichen Maßnahmen vorgeschrieben: »Für die Dauer des Deutschland aufgezwungenen Abwehrkampfs« mussten »die ausgedehnten Landwirtschafts- und Gärtnereibetriebe der Verwaltungen sich an der Erzeugung lebenswichtiger Nahrungsgüter mehr wie bisher beteiligen«. Park- und Schmuckanlagen durften nur noch »in würdiger, wenn auch einfacherer Form wie in Friedenszeiten« unterhalten und »die Arbeitskräfte vorwiegend für die Erzeugung von Nahrungs- und Futtermitteln gebraucht« werden. [305]

Im Juni 1940 konnte Gartenoberinspektor Albert Vaitl erste Erfolge melden: »Der Getreide-, Kartoffel- und Gemüseanbau wurde inf. Bestellung bisheriger Pferch- und Ödlandflächen, sowie durch Einschränkung des Blumen-

Lange Jahre bildete die Kultivierung von weißen und blauen Hortensien den Hauptertrag der Nymphenburger Blumengärtnerei

---

[304] Heydecker, Joe J.: Kronprinz Rupprecht, München 1953, S. 112.
[305] StAM SGSV 483. (Schreiben vom 17. Oktober 1939).

baues gegenüber den Vorjahren erweitert.«[306] Als besondere Maßnahme wurde der sorgfältig gepflegte englische Rasen im Äußeren und Inneren Parterre umgegraben und mit »Buschbohnen und Mangold«[307] bebaut.

Für den Feldbau standen ab diesem Zeitpunkt 19,7 Hektar als Anbaufläche von Weizen, Roggen, Gerste, Hafer und Kartoffeln zur Verfügung. Der Gartenbau konnte auf eine Fläche von 4,6 Hektar (ohne Baumschule) zurückgreifen. Hier wurden unterschiedlichste Gemüsesorten, Beerenobst und wegen des kriegsbedingten zusätzlichen Bedarfs auch Arzneipflanzen kultiviert.

Um die abgeernteten Beetflächen im Herbst gut mit Dünger zu versorgen, konnten die Gärtner 1940 auf eine altbewährte Methode zurückgreifen. Zuerst wurde der kleine See an der Pagodenburg abgelassen. Nach einer Trocknungsphase transportierte man den Seeschlamm mit einer eigens verlegten sogenannten Bockerlbahn (Schmalspurbahn) in die Schlossgärtnerei. Auf diese Weise hatte man bereits Jahrzehnte zuvor für sensationelle Ergebnisse gesorgt. Schönheit zu gestalten ließ sich die gärtnerische Leitung des Parks jedoch trotz des Krieges nicht nehmen. So meldete die Presse eine Neuerung: »Zur Aufnahme von Seerosenpflanzen sind runde Steininseln angelegt worden.«[308]

Im weiteren Kriegsverlauf gestalteten sich die Bemühungen zur optimierten Produktivität beeindruckend. Die Treibhäuser, in denen zu Friedenszeiten Zierblumen herangezogen wurden, dienten im Frühjahr 1942 zur Anzucht von 110 000 Tomatenjungpflanzen, wovon 40 000 der Landesbauernschaft angeboten werden konnten.

In derselben Zeit war es üblich geworden, Schulkinder zum Absammeln des Kartoffelkäfers und zu anderen landwirtschaftlichen Hilfstätigkeiten heranzuziehen. In Nymphenburg bat Garteninspektor Vaitl die Schule an der Südlichen

[306] StAM SGSV 479.
[307] Ebd.
[308] »Nymphenburger Zeitung / Neuhauser Nachrichten« vom 28. August 1940.

Auffahrtsallee um »Abstellung von 10 bis 15 größeren Jungens zur Durchführung landwirtschaftlicher Arbeiten«.[309]

Im Herbst 1942 rief die Hauptverwaltung der Schlösser, Gärten und Seen ihre Außenstellen dazu auf, die allgemeine Fleischversorgung zu verbessern.[310] Ab diesem Zeitpunkt wurde die Kleintier-, insbesondere aber die Enten- und Geflügelzucht ausdrücklich gefördert, anstatt sie, wie in den Jahren zuvor, einzudämmen. Zeitzeugen schilderten Hühnerställe an allen nur denkbaren Orten des Schlossareals. Im Sommer 1943 wurde den Betriebsangehörigen gestattet, »ohne besondere Erlaubnis in den ihnen überlassenen Räumen und Grundstücken Kleintiere (Geflügel, Kaninchen, Ziegen und Schafe) [zu halten] und zwar

Stolz präsentiert Andreas Reiter seine überdimensionierte Wirsingernte. Der Dünger dafür wurde aus der Schlammräumung des Großen Sees an der Badenburg gewonnen

> je Person 3 Leghühner und 3 Kaninchen oder
> 3 Leghühner und 3 Gänse oder
> 3 Leghühner und 3 Enten.
> Bei Haushaltungen von mindestens 3 Personen außerdem
> 1 Milchziege oder 1 Milchschaf.«[311]

Der sogenannte Totale Krieg machte es Anfang Februar 1943 notwendig, »eine Höchstzahl von Menschen für Wehrmacht und Rüstungswirtschaft freizustellen«.[312] Hierzu wurden neue Richtlinien erlassen. Sie sahen vor, dass im Park nur noch der für die Gewinnung von Heizmaterial »notwendige Holzeinschlag und die einfachste Sauberhaltung«[313] vorgenommen werden durften. In den alten Baumbestand pflanzte man junge Fichten, um schnell nachwachsendes Brennholz zu erhalten. In der Gärtnerei wurde die Blumenkultur vollständig eingestellt. Das freiwerdende Personal sollte »zum Arbeitseinsatz in den kriegswichtigen Betriebszweigen, vor allem zur intensiven Bewirtschaftung des Gemüses und Obstes«[314] eingesetzt werden.

[309] StAM SGSV 985 (Schreiben vom 12. Mai 1942).
[310] StAM SGSV 483 (Schreiben vom 14. November 1942).
[311] StAM SGSV 483 (Schreiben der Hauptverwaltung vom 8. Juni 1943).
[312] StAM SGSV 483 (Schreiben des Finanzministers Siebert vom 15. Februar 1943).
[313] Ebd.
[314] Ebd.

Für den Transport von frost-empfindlichen Palmen und anderen schweren Lasten standen der Gartenverwaltung Ochsen als Zugtiere zur Verfügung. Sie wurden als »Maxln« bezeichnet, ihre Ställe befanden sich in der Ökonomie

Milchkühe statt Ochsen

Die Haltung von Ochsen in den Gebäuden der Ökonomie wurde in den Kriegsjahren zunehmend als unwirtschaftlich erachtet. Zuvor hatte man sie zu schweren Arbeiten eingesetzt und mit dem anfallenden Gras und Heu aus den Parkwiesen gefüttert. Als Zugtiere wurden sie auch dazu verwendet, um die kilometerlangen Parkwege regelmäßig mit Rasenkantenschneidern abzustechen und damit eine gepflegte Kontur herzustellen. Bereits im Herbst 1940 verkaufte man vier Ochsen und 13 Bullen. Die letzten braven Arbeitstiere wurden im Mai 1944 dem Metzger übergeben. Statt ihrer sollte in Nymphenburg ab sofort »Milchwirtschaft«[315] betrieben werden. Das Geld aus dem Verkauf reichte nur knapp für die Anschaffung von Milchkühen, die in den freigewordenen Stallungen Platz fanden.

Nahender »Endsieg«

Eine »Dienstanweisung für den totalen Kriegseinsatz« vom 14. August 1944, die an alle Abteilungsleiter der Schloss- und

[315] StAM SGSV 577 (Schreiben vom 18. Mai 1944).

186

Gartenverwaltung Nymphenburg gerichtet war, gibt genaue Anweisung über die weitere Vorgehensweise:

1. »Im Schloß werden nur mehr die notwendigsten Aufräumungsarbeiten und Arbeiten von Behebung von Bombenschäden verrichtet. Das frei werdende Personal wird zur intensiven Bewirtschaftung im Gemüseanbau und in der Landwirtschaft eingesetzt.

2. Im Park werden nur mehr dringende Aufräumarbeiten verrichtet, die Wasserläufe reguliert, die Ufer instandgesetzt um einen ungehinderten Wasserlauf für die anliegenden Rüstungsbetriebe und Löschwasser im Waisenhauskanal sicherzustellen. Ferner Instandsetzung der Bombenschäden und Holzarbeiten im Park und der Fasanerie. Die dadurch zwischenhin frei werdenden Arbeitskräfte werden zur intensiven Bewirtschaftung der Landwirtschaft und desw. Gemüsebaues eingesetzt.

3. Die Gärtnerei hat sich mit sofortiger Wirkung auf intensiven Gemüsebau einzustellen. Die Blumenzucht muß aufs äußerste eingeschränkt werden. Im Schloß werden nur mehr die notwendigsten Aufräumungsarbeiten und Arbeiten von Behebung von Bombenschäden verrichtet. Das frei werdende Personal wird zur intensiven Bewirtschaftung im Gemüseanbau und in der Landwirtschaft eingesetzt.«[316]

Um nicht bebaute Flächen für den Gemüseanbau zu nutzen, wurde eine »erweiterte Brachlandaktion«[317] ins Leben gerufen. Dafür ließ Untermenzings Ortsgruppenleiter noch am 21. April 1945 von der Schlossverwaltung 15 000 Kohlrabipflanzen anfordern, zudem 10 000 Weißkohl-, 12 000 Blaukraut- und 12 500 Wirsingpflanzen. Dies war das letzte Schreiben, das, mit dem Gruß »Heil Hitler!« versehen, nach einiger Verzögerung am 23. Juni 1945 seinen Weg in die Verwaltung fand. Zu diesem Zeitpunkt war allerdings bereits die US-Army der Hauptabnehmer des Nymphenburger Gemüses geworden.

[316] StAM SGSV 479.
[317] StAM SGSV 867.

Reichsnährstand
Kreisbauernschaft München   *Vaterstetten-Bahnhof,*
                                                    den 21.4.45
                                    Schloß- u. Gartenverwaltung
                                    Nymphenburg
                                    Eingeg. 23. Juni 1945
An die   *Journ.-Nr.: 500   Beil. –*
Schloss- und Gartenverwaltung
Nymphenburg, z. Hdn. d. Herrn Garteninsp. Reiter
München – Nymphenburg
Betr. Gemüsepflanzen.

Der Ortsgruppenleiter der Ortsgruppe Untermenzing, Schulsstr. 1, fordert nachstehende Gemüsepflanzen für erweiterte Brachland-Aktion seiner Ortsgruppe-

15.000 Kohlrabipflanzen, 11.000 Weisskohlpflanzen, 12.000 Blaukrautpflanzen, 12.500 Wirsingpflanzen.

Ich bitte Sie, diese Lieferung unter Anrechnung auf Ihr Auflage-Soll zu übernehmen und sich mit genannten Ortsgruppenleiter direkt ins Benehmen zu setzen.

Über das Veranlasste wollen Sie mir Mitteilung zukommen lassen.

Heil Hitler!

Eine menschenverachtende Zielsetzung

Ein Ziel des Regimes hatte man offensichtlich erreicht: Am 25. September 1944 erteilte die Hauptverwaltung der staatlichen Schlösser, Gärten und Seen die Anordnung, dass die »Schilder an den Eingängen der staatlichen Parks und öffentlichen Anlagen mit dem Vermerk: ›Der Aufenthalt von Juden ist verboten‹, alsbald wieder entfernt werden, da die Voraussetzungen hierfür nicht mehr bestehen.«[318]

[318] StAM SGSV 985.

188

Kapitel 15 | »Fremdarbeiter« und »anderes Personal«

Offiziell begann der Zweite Weltkrieg mit dem Überfall auf Polen am 1. September 1939. Von den Vorbereitungen zum Kriegsausbruch blieb auch die Schloss- und Gartenverwaltung Nymphenburg nicht verschont. So wurde bereits am 26. August 1939 ihr einziger Lkw mit dessen Fahrer Schaufler »unvorhergesehen zur Wehrmacht eingezogen«.[319]

Zweckentfremdungen und personelle Einschnitte

Schon am 5. September 1939 erhielten alle Außenverwaltungen der Staatlichen Schlösser, Gärten und Seen eine Urlaubssperre für das In- und Ausland beziehungsweise eine Zurückberufung aus dem Urlaub. Lehrgänge und Dienstreisen wurden abgebrochen.

Wenig später, am 29. September 1939, wurden Remisen von Schloss Nymphenburg für »militärische Zwecke zum Einstellen von 15 Krankentransportautos vorübergehend belegt«.[320] Da jener Gebäudetrakt zum Wohnrecht des Wittelsbacher Ausgleichsfonds gehörte, war diese Zweckentfremdung nur mit dessen Einverständnis möglich. Die dort eingelagerten »alten Möbel«, vermutlich kostbare Antiquitäten, mussten im Erdgeschoss des nördlichen Kavalierbaus »vorübergehend untergebracht«[321] werden. Außer dem bereits vor Kriegsausbruch abkommandierten Fahrer Schaufler waren Mitte September 1939 weitere acht Mitarbeiter an der Front, im Sommer 1941 waren es 15.

Personalmangel

Im Januar 1940 suchte der Chef der SGV Nymphenburg, Max Diermayer, nach Möglichkeiten, »angesichts des Personalman-

---

[319] StAM SGSV 479.
[320] Ebd.
[321] Ebd.

gels und der Wahrscheinlichkeit, daß mehr Stammpersonal eingezogen werden wird, Hilfskräfte als brauchbaren Gärtnerersatz vor allem für die Kulturgärtnereien«[322] auszubilden. Ein Schreiben vom 17. Juli 1941 gibt eine genaue Bilanz:

> Die SGV Nymphenburg beschäftigte einen Monat vor Kriegsbeginn,
>
> > Stand 01.08.1939:
> >
> > > Beamte 15
> > > Angestellte 6
> > > Stammarbeiter 35
> > > Aushilfskräfte 30
> >
> > Stand 01.07.1943:
> >
> > > Beamte 11 (davon 2 eingerückt, 1 abgestellt)
> > > Angestellte 6 (davon 2 eingerückt, 2 abgestellt)
> > > Stammarbeiter 34 (davon 8 eingerückt)
> > > Aushilfskräfte 35 (davon 4 eingerückt, 18 Ausländer)

Zu diesem Zeitpunkt berücksichtigte die Statistik dauerhafte Schäden durch Kriegsverwundungen bei ehemaligen Bediensteten. Zwei Männer waren zu Invaliden geworden. Sie hatten sich Kopfverletzungen zugezogen, bei einem wurde zusätzlich ein »eingebüßter rechter Unterarm« verzeichnet.

Überlegungen zum Einsatz von Kriegsgefangenen

Der Staatsbesitz Nymphenburg gehörte zu den größten Betrieben seiner Art in Deutschland. Außerhalb des Schlossparks wurden damals ausgedehnte Flächen landwirtschaftlich genutzt.

In einem Schreiben der Deutschen Arbeitsfront,[323] das an

---

[322] StAM SGSV 483 (Schreiben vom 8. Januar 1940).

[323] Die »Deutsche Arbeitsfront« (DAF) wurde wenige Tage nach der Zerschlagung der Gewerkschaften am 10. Mai 1933 gegründet. Durch die »freiwillige, aber erwünschte« Einheitsmitgliedschaft und die von ihr organisierten Aktivitäten ermöglichte es die DAF dem NS-Regime, die arbeitende Bevölkerung im Beruf und in der Freizeit zu kontrollieren und zu indoktrinieren.

den Präsidenten der Verwaltung der staatlichen Schlösser, Gärten und Seen gerichtet war, ist von »Verwendung von Kriegsgefangenen für die anfallenden Arbeiten« die Rede. Der Text des Schreibens bezieht sich nicht nur auf die SG Nymphenburg, sondern auch auf die Verwaltung des Englischen Gartens, Schloss Schleißheims und Herrenchiemsees. Dabei stellt sich die Frage nach der »Unterbringung der benötigten Gefangenen«.[324]

Garteninspektor Albert Vaitl antwortete, dass »ohne weiteres 10–20 Kriegsgefangene im landwirtschaftlichen und gärtnerischen Kulturbetrieb beschäftigt werden könnten. Dringendst benötigt [würden] vor allem 5 bis 6 Mäher und Gärtner für Topfpflanzenkulturen. Die Unterbringung von 10–12 Kriegsgefangenen im 1. Stock des eisernen Überwinterungshauses (2 Gehilfenzimmer) ist möglich, dsgl. die Unterbringung eines Wachpostens im Gehilfenzimmer im Erdgeschoß des gleichen Hauses. Decken und Strohsäcke sind vorhanden. Die Quartiere wären durch Vergitterung von 4 Fenstern zu sichern. Zur Abspeisung steht ein Zimmer – evtl. mit Kochherd – zur Verfügung.«[325]

Mit einem Schreiben vom 19. Dezember 1940 an die »Deutsche Arbeitsfront« spricht sich Präsident Dr. Emil Brand gegen diesen Plan aus. Die Unterbringung und Verpflegung wäre nur dann möglich, »wenn die Gefangenen täglich vom Lager zur Arbeitsstätte und zurückgebracht würden und ihnen die Verpflegung vom Lager gestellt werden könnte«.[326]

Ausländische Arbeitskräfte

Seit 1940 ist der Einsatz von ausländischen Arbeitskräften belegt. Sie waren in den Betriebszweigen Ökonomie, Gärtnerei

---

[324] StAM SGSV 483 (Schreiben vom 12. November 1940).

[325] StAM SGSV 483 (Schreiben vom 28. November 1940). Damit sind die rückwärtig zugänglichen Räume des Eisernen Hauses gemeint. Das Obergeschoss erreicht man heute über Eingang 37, nicht 38, die Eingänge 35 und 37 liegen ebenfalls auf der Rückseite, östlich davon das erwähnte »Gehilfenzimmer im Erdgeschoß«.

[326] StAM SGSV 483 (Schreiben vom 19. Dezember 1940).

und Park eingesetzt.[327] Haus- und Sammelbögen des Münchner Stadtarchivs zeigen, dass sich ab 1942 noch weitere »Fremd«-beziehungsweise Zwangsarbeiter für die SGV Nymphenburg abmühten. Slawische Namen ohne Angabe der Ursprungsländer, aber auch französische und italienische Namen sind aufgeführt.[328]

1940 diente der Kopfpavillon (Bildmitte) des Eisernen Hauses zur Unterbringung von »Fremdarbeitern«.

[327] In der Ökonomie: Jan Vetro, Skorezova, Kmeto, Michalka, Osuch und Siskova, in der Gärtnerei: V. Kovacik, Em. Medova, Jan Kovacik, Josefa Vetro und im Park: Jaro, Emilia Klasova, Maria Medova und Cht. Pica.
[328] Freundliche Auskunft von Herrn Anton Löffelmeier, Stadtarchiv München vom 8. August 2013. Das Aktenmaterial unterliegt noch der Sperrfrist.

Unterbringung

Zur Unterbringung der Zwangsarbeiter findet sich in den Akten nur ein Hinweis – allerdings ohne weitere Angabe und Datierung: »Wohnort der Ausländer: Schloß Nymphenburg«.[329] Hier könnte es sich um ein Gelände schräg gegenüber dem Verwaltungsbau des Botanischen Gartens, am Rande des Kapuzinerhölzls, handeln. Auf einem »Wiesengrundstück« gab es ein »Lager mit Exerzierplatz und stationierter Flak-Abteilung«, wie aus einem Schreiben des Luftwaffenbauamts München 2 vom 14. Mai 1941 hervorgeht.[330] Im Staatsarchiv München befindet sich ein auf April

Blick aus der Unterkunft der Zwangsarbeiter

[329] StAM SGSV 479.
[330] Ebd.

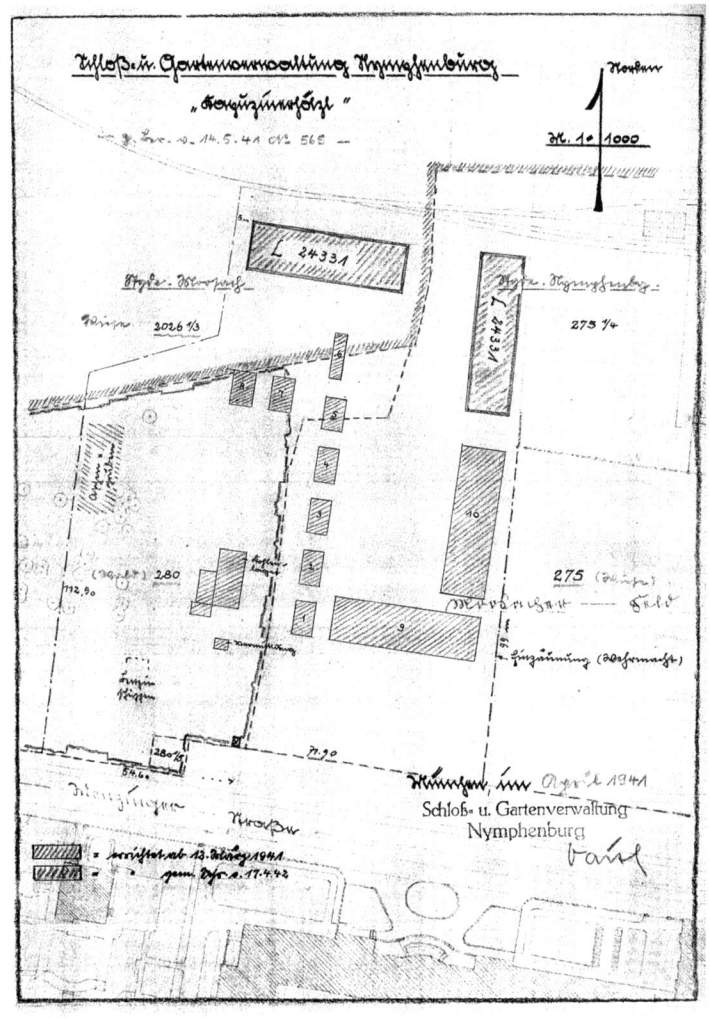

1941 datierter Plan. Hier sind insgesamt zwölf Baracken eingezeichnet. Zwei der insgesamt vier größeren tragen die Bezeichnung »L24331«. Die Umgrenzung des Areals ist mit »Einzäunung«[331] bezeichnet.

[331] StAM SGSV 483.

194

»Lager« in der Zeit des Nationalsozialismus

Das breit gefächerte System von unterschiedlichen Lagertypen stellte »eine der zentralen Institutionen des nationalsozialistischen Machtstaats«[332] dar. Bereits Ende 1941 gab es auf dem freien Arbeitsmarkt keine verfügbaren deutschen Arbeitskräfte mehr. Um dies auszugleichen, mussten rund 13 Millionen Menschen, davon sechs bis sieben Millionen aus Osteuropa, Zwangsarbeit im »Großdeutschen Reich«, weitere sieben Millionen in besetzten oder deutsch kontrollierten Gebieten leisten. Hierbei handelte es sich häufig auch um ausländische Zivilisten, die mit falschen Versprechungen angeworben oder sogar gegen ihren Willen nach Deutschland verschleppt worden waren. Ohne Mitspracherecht zu Dauer und Art ihres Einsatzes fristeten sie meist in einem der 68 000 Barackenlager unter kärglichen Umständen ihr Leben. So waren die Essensrationen, insbesondere die der »Ostarbeiter«, deutlich geringer als die für die deutsche Zivilbevölkerung. Die Lager waren umzäunt und mit Stacheldraht gesichert. »Das Geld, das an Löhnen für die Zwangsarbeiter nicht gezahlt wurde und auch nicht gezahlt werden durfte, führte natürlich zu größeren Gewinnen. [...] Am einträglichsten war der Einsatz von KZ-Häftlingen und sowjetischen Kriegsgefangenen, hier konnten über 75 Prozent der Kosten gespart werden. Während KZ-Häftlinge überhaupt keinen Lohn erhielten und Kriegsgefangene ein paar Groschen in ›Lagergeld‹ ausgezahlt bekamen, erhielten die zivilen Zwangsarbeitskräfte ordentliche [aber] reduzierte Löhne.«[333] Unter Umgehung der Genfer Kriegsgefangenen-Konvention wurden im Deutschland der NS-Zeit Kriegsgefangene häufig offiziell entlassen, aber als Zivilarbeiter zwangsweise verpflichtet. Im Sommer 1944 war jede dritte bis vierte Arbeitskraft ein Zwangsarbeiter. Mit 50 Prozent aller Beschäftigten war neben der Rüstungsindustrie die Erhaltung der landwirtschaftlichen Produktion das Haupteinsatzgebiet. Die Zahl der Toten lässt sich nur für das Reichsgebiet schätzen: Etwa 2,7 Millionen Zwangsarbeiter kamen durch Hunger, Krankheiten, Misshandlungen oder Mord ums Leben.

Ein Propaganda-Lehrstück zynischer Darstellung von Versklavung: Fritz Sauckel war seit 1942 der Generalbeauftragte für den Arbeitseinsatz. Insgesamt wurden über zwölf Millionen Menschen gezwungen, die deutsche Wirtschaft auch im Krieg aufrechtzuerhalten

[332] Schwarz, Gudrun: Die nationalsozialistischen Lager, Frankfurt am Main 1990.
[333] Mönninghoff, Wolfgang: Enteignung der Juden, Hamburg / Wien 2001.

München, den   4.März   19 43

Briennerstraße 50b= u. Gartenverwaltung
Fernsprecher 28 341 —45
Nymphenburg

Eingeg.   5. März 1943

Journ.-Nr.   272   Ben 400

An die
      Schloss- u.Gartenverwaltung Schloss Nymphenburg

                    M ü n c h e n

                    Schloss Nymphenburg.

Betreff: Personal.
Anlagen: 200 Anmeldeblätter
           200 Abmeldeblätter

           Als Anlage werden Formblätter übersandt. Ich bitte
bei Meldungen künftiger Personalveränderungen von der Erstellung
von Verzeichnissen abzusehen und grundsätzlich diese Formblätter
zu verwenden.

                    H e i l H i t l e r !

                    I/A.

                                        Ka.

Eine genaue Zahl der in Nymphenburg beschäftigten Zwangsarbeiter ist zwar nicht bekannt, jedoch spricht die große Zahl der von der Gestapo übersandten An- und Abmeldebögen eine deutliche Sprache.

Fremdarbeiter für die Schloss- und Gartenverwaltung Nymphenburg

Bürokratisch korrekt bei der AOK München angemeldet wurden laut einem Schreiben an das Zentralbüro München vom 3. April 1943 weitere Gartenarbeiter mit slawischen Namen. Hierbei handelt es sich um Männer und Frauen, deren Geburtsjahrgänge sich zwischen 1921 und 1928 bewegen.[334] Sie waren damals zwischen 15 und 22 Jahre alt. Als Anhaltspunkt für einen weiteren Personenkreis, dessen Menge und Fluktuation dienen die 200 Anmelde- und 200 Abmeldebögen, die von der Gestapo im März 1943 »zur Meldung künftiger Personalveränderungen«[335] an die Verwaltung geschickt wurden.

[334] StAM SGSV 479 (Schreiben vom 3. April 1943).
[335] StAM SGSV 508 (Schreiben der Gestapo vom 4. März 1943)

Auch der Einsatz von kriegsgefangenen Franzosen ist belegt. Als »Gefolgsmitglieder, die zum Bau von Splittergräben gemeldet wurden« sind neben vier Deutschen sechs »Ausländer«,[336] darunter Bernard Benoist aus Frankreich, belegt. Davon abgesehen waren auch in der zum Hilfskrankenhaus umfunktionierten Schule der »Englischen Fräulein« Polen und Franzosen zwangsverpflichtet, etwa der Apotheker Jean Chevalier aus Paris.[337] Da der Orden noch über ausgedehnte Agrarflächen zur Selbstversorgung verfügte, wurden dort Fremdarbeiter überwiegend in der Landwirtschaft eingesetzt.

Welche menschlichen Schicksale sich noch hinter unterschiedlichen Arten von »Hilfskräften« verbergen, bleibt offen. Ein Hinweis findet sich in der Personalakte des langjährigen Chefs der SGV Nymphenburg, Max Diermayer. Als ehemaliges Mitglied der SA und NSDAP nach Kriegsende diensthenthoben, hatte er erfolgreich für seine Wiedereinstellung in den Staatsdienst prozessiert. Zu seiner Entlastung führte er an: »Politisch Verfolgten meiner Verwaltung stand ich hilfreich bei. [...] Den zwangsweise in Nymphenburg zu schweren Arbeiten eingesetzten Volksgenossen jüdischer Religion habe ich stets und mit Erfolg ihr schweres Schicksal dadurch erleichtert, daß ich mich immer wieder für eine menschenwürdige Behandlung und eine erträgliche Arbeitsleistung und Arbeitsdauer einsetzte.«[338]

Wie »menschenwürdig« die Behandlung von Diermayers Untergebenen noch in Friedenszeiten ausgesehen haben mag, zeigt das Rechenbeispiel im dritten Kapitel »Nymphenburg wird aufgeputzt«.

---

[336] StAM SGSV 483.
[337] Gruber, Hubert: 175 Jahre Maria-Ward-Schulen in München-Nymphenburg. Festschrift, München 2010.
[338] BayHStA SchlV 1643, Personalakte Diermayer. Hier werden zwei Juden genannt: Richard Berg und Adolf Isaac.

Kapitel 16 | Krieg und Zerstörung

Fronturlauber beim Spaziergang im Nymphenburger Park

Rund 450 Luftminen, 61000 Sprengbomben, 142000 Flüssigkeitsbrandbomben und 3316000 Stabbrandbomben wurden im Zweiten Weltkrieg auf München abgeworfen. Als Orientierungshilfe für die häufig aus Westen in Richtung Innenstadt einfliegenden Bomberverbände diente die breite Schneise der Gleisanlagen in Richtung Hauptbahnhof. Ziele dieser Angriffe waren erklärtermaßen nicht nur kriegswichtige Einrichtungen, sondern auch die Verwüstung ganzer Stadtviertel, um die Bevölkerung zu demoralisieren. Auch ungünstige Witterungsverhältnisse trugen häufig dazu bei, dass Blindbombardierungen statt Präzisionsangriffen erfolgten. Unter dem Einsatz von »Bombenteppichen« (carpet bombings) wurden 90 Prozent der Münchner Altstadt und 50 Prozent der gesamten Stadt zerstört. Nymphenburg lag zwar in nächster Nähe zur Haupteinflugschneise, jedoch war die Bebauung rund ums Schloss sehr locker. Deshalb diente das Areal als Fluchtpunkt während und nach den Angriffen. Elisabeth von Gagern, eine Augenzeugin, berichtete, dass sich »ein Elendsstrom« von Menschen, »aus den Mauern der verwüsteten Stadt«[339] ergoss. Am Institut der »Englischen Fräulein« vorbei zogen die Flüchtenden mit den »Resten ihrer Habe in Kinderwagen und Karren aller Art verstaut«[340] zum Schlosspark. Wenn sie zurückblickten, war in Richtung Innenstadt ein gewaltiger Feuerschein zu sehen.

»Marstallmuseum zerstört«

In der Nacht vom 8./9. November 1940 kündigte ein erster Luftangriff den Münchnern die Schrecken der kommenden Jahre an. Mehrere Bomben waren unweit des Schlosses, am Romanplatz, eingeschlagen, wodurch der Luftdruck »Schä-

---

[339] Gagern, Elisabeth von: Die Englischen Fräulein; in: Das Erzbistum München und Freising in der Zeit der nationalsozialistischen Herrschaft, herausgegeben von Georg Schwaiger, Band II, München/Zürich 1984.
[340] Ebd.

den an den Fensterscheiben der Gewächshäuser«,[341] des Hauptbaus und des nördlichen Wassergangs verursachte. Gravierender empfand man die Glasschäden an den Südtrakten, denn dort sollte das Marstallmuseum mit seiner Sammlung höfischer Kutschen und Schlitten eingerichtet werden. Die Verwaltung meldete aufgeregt: »Marstallmuseum zerstört«.[342]

Ziviler Luftschutz: Mobilmachung für den »Totalen Krieg«

Bereits Jahre vor dem Beginn des Zweiten Weltkriegs machte sich das NS-Regime Gedanken zum Thema Luftschutz. Immer wieder wurden dafür neue Vorschriften und Durchführungsverordnungen erlassen. Mit dem Luftschutzgesetz (LSchG) vom 26. Juni 1935 verabschiedete das Reichskabinett umfangreiche Bestimmungen. Für Luftverteidigung war nun das Reichsministerium für Luftfahrt zuständig, das ermächtigt wurde, die Polizei und alle staatlichen und kommunalen Organe heranzuziehen. Alle »Volksgenossen« hatten nun ihre »Luftschutzpflicht« zu erfüllen und mussten unter anderem an Lehrgängen über das Feuerlöschen teilnehmen.

Ein Jahr vor Kriegsbeginn wurden der SGV Nymphenburg bereits die finanziellen Mittel zur Beschaffung von Luftschutz-Glühbirnen und Luftschutz-Vorhängen bereitgestellt.

Für jedes Gebäude musste eine bestimmte Menge Wasser und trockener Sand bereitgehalten werden. Zur Grundausstattung gehörten auch leere Eimer, um eine Eimerkette zu bilden, eine Einstellspritze, die nach dem Prinzip der bei der Feuerwehr bekannten Kübelspritze funktionierte, oder ein Löschpinsel. Ein solcher bestand aus mehreren reißfesten, circa 50 Zentimeter langen Lappen an einem festen Stiel. In Wasser eingetaucht sollte man mit dem Löschpinsel kleine Entstehungsbrände ausschlagen. Das Vorhandensein dieser Utensilien wurde streng kontrolliert. In jedem Haus sollte außerdem ein Luftschutzraum eingerichtet werden. Standard war dabei die Aussteifung mit Holzbalken und die Überbauung der Kellerfenster vor herabfallenden Trümmern.

[341] StAM SGSV 483.
[342] StAM SGSV 483 (Schreiben vom 11. November 1940).

Eine Luftschutz-Hausapotheke musste ebenso vorrätig sein wie für jeden Hausbewohner die sogenannte Volksgasmaske. Zur persönlichen Ausrüstung gehörte außerdem eine Trillerpfeife, um sich bei Verschüttung bemerkbar machen zu können. Weiterhin sollten Geräte wie Fäustel und Meißel vorhanden sein, um sich bei einem Bombentreffer selbst aus dem Schutzraum befreien zu können. Bei Einbruch der Dunkelheit ging der Luftschutzwart in seinem Revier umher und kontrollierte, ob gemäß den Verordnungen überall verdunkelt war. Häufig übernahm diese Aufgabe der Blockwart.

Eine Luftschutzmaßnahme mit Langzeitfolge

1935 wurde der Dachboden im Königsbau mit »Diara-Estrich zur Erhöhung der Feuersicherheit«[343] behandelt. 1939 erfolgte dort auf knapp 5000 Quadratmetern erneut eine »flammsichere Imprägnierung mit Holzschädlingsschutz im dreimaligen Arbeitsgang unter konstantem Druck von 25–30 Atm. sowie Holzbockbekämpfungsverfahren«.[344]

Nachdem im Reichsgebiet erste Bombenschäden beklagt wurden, erfolgte der Erlass,[345] dass alle hölzernen Bauteile in Dachgeschossen und Turmbauten, besonders jedoch in kultur- und kunstgeschichtlich bedeutsame Bauwerken, durch den Auftrag eines Feuerschutzmittels zu behandeln seien.

Deshalb erhielten 1941 alle weiteren Dachstühle des Schlossbereichs, die Parkburgen und die Magdalenenklause, ebenfalls als vorbeugende Brandschutzmaßnahme eine feuerhemmende Imprägnierung mit »Flammschutz Albert«. Die darin enthaltenen hochtoxischen, krebserregenden Substanzen zeigen ihre Wirkung bis heute.

---

[343] StAM SGSV 521 (Jahresbereicht 1. April 1934 bis 31. März 1935).
[344] StAM SGSV 1671 (Schreiben vom 12. Juli 1939) Erwähnt werden Intravan der I. G. Farben und Albert-S.
[345] Erste Durchführungsverordnung zum Luftschutzrecht vom 18. April 1941 (RGBl. I).

Löschübung mit Kanal-
wasser an der Nördlichen
Auffahrtsallee. Die eisernen
Uferbegrenzungen waren zu
diesem Zeitpunkt bereits für
Rüstungszwecke abgebaut und
eingeschmolzen.

Bunkeranlagen

Mehr als 90 Prozent der bebauten Fläche des Nymphenburger
Schlosses sind nicht unterkellert, nur wenige Bauglieder boten
daher geeignete Luftschutzräume. Besonders in den fünf zentralen Baugliedern konnten einige historische Gewölbe, Wein-
und Kohlenkeller, genutzt werden. Der NSDAP-Ortsgruppe
diente der Keller der ehemaligen Schlossmetzgerei, die einst
am kanalseitigen Ende des Küchentrakts untergebracht war.
Um dem Mangel an geeigneten Schutzräumen zu begegnen,
wurden im Inneren Parterre zwei Bunkeranlagen errichtet.
Ein weiterer Bunker hat sich zwischen Schloss und Eisernem
Haus erhalten. Dort entdeckt der heutige Parkbesucher einige
Betonwürfel, die keinen gärtnerischen Zweck erfüllen, son-

Äußere Luftschutztür mit doppelten Reibern nach DIN 4140 im Eingangsbereich des Bunkers vor dem Eisernen Haus, 2013

dern Lüftungsstutzen dieses unterirdischen Bauwerks sind. Vom Pflanzenbestand weitgehend verborgen und durch einen Gitterrost versperrt, erkennt man Stufen. Ihnen gegenüber, etwas entfernt, zeigt sich ein weiterer Zugang, der abgeschrägt ist. So konnten Druckwellen abgeleitet, Lasten und Tragbahren hinabgelassen werden. Im Inneren befinden sich mehrfach abgewinkelte Gänge in einheitlicher Höhe, eine Abortnische, jedoch keine Wasserleitung. Ein »Deckungsgraben« für kürzere Verweildauer, der mit seiner Betondecke Schutz bieten mochte, ohne direktem Beschuss standhalten zu können. Der Grundriss zeigt in etwa die Form eines kleingeschriebenen, spiegelverkehrt und eckig gezeichneten »h« und ist in den gebräuchlichen Lageplänen der Verwaltung nicht mehr verzeichnet.

Der Besuch der Luftschutzräume war für die Bevölkerung obligatorisch. In den Mietverträgen der Schlossverwaltung war verankert, dass man sich »bei Fliegeralarm auf die in der Nähe liegenden Luftschutzkeller zu verteilen«[346] hatte. Nach dem Bau des Luftschutzbunkers hieß es: »Das beschäftigte

[346] StAM 985 (Verwalter Reiter im Schreiben vom 26. Februar 1945).

202

① Einrichtung eines LS-Grabens für 50 Personen (von links nach rechts). 1. Abluftrohr. 2. Überdruckventil. 3. Notaborte. 4. Torfmullbehälter. 5. Papier. 6. Stallaternen. 7. Kamine für Entlüftung, bei Gasgefahr schließen mit 8. Holzpfropfen (mit Tuch umwickelt). 9. LS-Apotheke. 10. Trink- und Waschwasser. 11. Waschtisch. 12. Trinkbecher. 13. Werkzeuge zur Befreiung bei Verschüttung. 14. Bänke. 15. Eisenofen (bei Gasgefahr Ofen entfernen). 16. Ofenrohr verschließbar (8). 17. Wassereimer. 18. Holz. 19. LS-Ordnung. 20. Geräte z. Brandbekämpfung (s. unten). 21. Notausstieg. 22. Abwassersammelstelle als Löschwasser. 23. Elt-Lampen. 24. Bei Gasgefahr LS-Belüfter mit 25. Ansaugrohr (mind. 2 000 mm über Erdgleiche) verschließbar (8).

Personal hat sich bei Fliegeralarm in den Splittergraben westlich des Schlosses zu begeben.«[347]

Illustration aus einer Broschüre über Luftschutzbauten, 1944

Auch für die Belegschaft der Porzellanmanufaktur entstand ein Luftschutzbunker. Das L-förmige Bauwerk wurde am äußersten Rand des Betriebsgeländes, hinter dem Lager für Terrakottafiguren, erstellt.

Zum Bau von Splitter- und Deckungsgräben im Schlossbereich wurden »4 Deutsche und 5 Ausländer« herangezogen, darunter »Benoist Bernard bzw. Michalka, Pica Andreas, Osuch Michal, Kmeto Josef, Kovacik Jan«.[348] Bei Bombenalarm war »Fremdarbeitern« der Zugang zu Schutzräumen allerdings grundsätzlich verwehrt.

Vergebliche Camouflage

Im Sommer 1943 erhielten die festlichen Fassaden von Hauptschloss und Gartenpavillons einen damals zeitgemäßen Neuanstrich.[349] Sie wurden, wie Prinz Adalbert von Bayern notierte,

[347] StAM 985 (Verwalter Reiter im Schreiben vom 26. Februar 1945).
[348] StAM SGSV 483 (undatiert).
[349] Nachdem am Jagdmuseum mit dem Tarnanstrich begonnen wurde,

Badenburg mit Tarnanstrich

»mit Tarnfarbe grün-grau gespritzt«.[350] Dieses triste Kolorit sollte noch lange Nymphenburgs »Trauerkleidung« sein.

Auch die geometrischen Flächen der beiden Gartenparterres vor und hinter dem Schloss wurden umgestaltet. Mit dieser Maßnahme sollten sie ihre aus der Luft gut erkennbare prägnante Struktur verlieren. Besonders das westlich gelegene Grand Parterre, in Friedenszeiten noch Schauplatz der »Amazonenspiele«, wurde abwechselnd und unregelmäßig mit hellem Sand, grauem Kies und schwarzer Schlacke bestreut.

Die kostbaren Götterfiguren und Ziervasen aus Marmor erhielten nun ihre Verschalungen dauerhaft. Wie sonst nur im

drängte die Ortsgruppe Nymphenburg darauf, statt des zeitraubenden teuren Anstrichs die Methode des schnelleren Spritzverfahrens zu verwenden und die Tarnmaßnahme auf den gesamten Gebäudekomplex auszuweiten. Gegenüber der Schlossverwaltung wurde das Drängen der beunruhigten Bevölkerung angeführt, weil »der helleuchtend weiße ausgedehnte Gebäudekomplex des Nymphenburger Schlosses zusammen mit der für feindliche Flieger prächtigen Führungslinie der Wasserstraße des Kanals bei jedem Angriff ein geradezu ideales Orientierungs- und Bekämpfungsziel bietet.« StAM SGSV 1671 (Schreiben vom 29. März 1943).

[350] Adalbert, Prinz von Bayern: Schloß Nymphenburg und seine Bewohner, München 1949, S. 157.

Winter waren sie über Jahre hinter ihren Einhausungen versteckt und zusätzlich durch Sand geschützt, der in die Zwischenräume eingefüllt wurde.

Glänzende, nachts hochreflektierende Wasserflächen durften Bomberpiloten keine Anhaltspunkte bieten. Die deutlich sichtbare Achse des Mittelkanals war jedoch kaum zu verbergen. Tarnnetze, wie sie bereits Münchens Prachtfassaden verhüllten, wurden nun auch über den Nymphenburger Kanal gespannt, die Fontänen abgestellt, die beiden Seen und die Wasserläufe weitgehend abgelassen. Teile der restlichen Kanäle dienten als Löschwasserreservoire. Die Tarnaktionen hatten ihren Preis. So wurde für »Tarnungs- und Luftschutzbaumaßnahmen an der Schloßanlage Nymphenburg für das Rechnungsjahr 1943 eine Gesamtausgabebefugnis von nunmehr 75.200,72 Reichsmark«[351] ausgegeben. 1944 bewilligte man weitere 7000 Reichsmark.[352]

Trotz dieser vielfältigen Schutzmaßnahmen nahm 1944 die eindrucksvolle Kaskadenarchitektur Schaden und bot in der Folgezeit mit wild durcheinander gewachsenen Bäumchen und Gestrüpp einen »niederdrückenden Eindruck«.[353]

Löschen für den Endsieg

Angesichts der sich häufenden Fliegeralarme erkannte die SGV Nymphenburg, dass die großflächige Verteilung von Feuerlöschern, die bereits in den Friedensjahren sukzessiv angeschafft wurden, keinen ausreichenden Feuerschutz bieten konnte. Als Ausweg wurde 1943 der Kauf eines modernen Löschfahrzeugs der Marke Klöckner-Humbold-Deutz betrachtet. Der stolze Kaufpreis von 20088,42 Reichsmark[354] rechtfertigte sich durch den Sechszylinder-Reihendieselmotor, eine Leistung von 125 PS, einen 800-Liter-Löschwassertank, eine Pumpenleistung von 2500 Litern pro Minute, eine 26 Meter lange mechanische Drehleiter und sieben Sitzplätze.

[351] StAM SGSV 577 (Schreiben vom 23. Oktober 1943).
[352] StAM SGSV 577 (Schreiben vom 9. Februar 1945).
[353] StAM SGSV 985.
[354] StAM SGSV 577 (Rechnung vom 2. Oktober 1943).

Ausmerzung des Worts »Katastrophe«

»Das Wort Katastrophe hat sich im Zusammenhang mit Luftangriffen und der Beseitigung der Folgen der Luftangriffe insbesondere für den Sondereinsatz der Wehrmacht und der Parteigliederungen eingebürgert. [...] Ich bitte, dafür zu sorgen, daß aus allen Organisationsplänen, Erlassen und Verordnungen und aus dem Sprachgebrauch das Wort ›Katastrophe‹ ausgemerzt wird, da es sich psychologisch und politisch unerfreulich auswirkt. Ich empfehle anstelle des Wortes ›Katastropheneinsatz‹ einheitlich die Verwendung des Wortes ›Soforthilfe‹.«[355]

Weitere Luftangriffe auf Nymphenburg

Zunehmend klafften im Park Bombentrichter. Auch das Pan-Denkmal am Ausfluss des Großen Sees erhielt Treffer. Hier wurden Kopf und Flöte des Hirtengottes durch Querschläger zertrümmert. Allein während der Luftangriffe zwischen dem 11. und 13. Juli 1944 gingen im Park und auf den westlich davon gelegenen Feldern »außer einer Menge Brandbomben ungefähr 80 Sprengbomben meist großen Kalibers herab«.[356] Die heranreifende Getreideernte wurde dabei ebenso vernichtet wie historischer Baumbestand.

Durch Luftangriffe wurden im Nördlichen und Südlichen Schlossrondell die jeweils mittleren Rondellhäuser zerstört. Diese sich gegenüberliegenden und prächtigsten der Kavalierhäuser gehörten im Nördlichen Zirkel zur Porzellanmanufaktur, im Südlichen zum Krankenhaus der »Barmherzigen Brüder« – die Ordensgemeinschaft hatte im Ersten Weltkrieg die bisherige »Restauration zum Controlor«, ein beliebtes Ausfluglokal, erworben und dort Krankenzimmer eingerichtet. 1931 kam das benachbarte Kavalierhaus hinzu und

[355] StAM SGSV 479 (Schreiben des Reichsministeriums für Volksaufklärung und Propaganda – Interministerieller Luftkriegsschädenausschuß vom 9. Dezember 1943 – LK-Mitteilung Nr. 70 an alle Behörden).
[356] StAM SGSV 1671.

Der geschundene Schlosspark nach Kriegsende

fasste schließlich 180 Betten. Zu Beginn des Zweiten Weltkrieges wurde es zum Reservelazarett erklärt. Beim Bombardement vom 21. Oktober 1942 starben sechs Menschen.

Prinz Adalbert von Bayern schilderte seine Erlebnisse: »Beim alten Controllor im Rondell, jetzt Lazarett der Barmherzigen Brüder, gab es Tote durch einen Volltreffer. Unser Keller zitterte und Fenster auf der Stadtseite gingen in Scherben. Bei dem Angriff in der Nacht des 10. März 1943 zersprangen auch unsere gemalten Glasfenster in der Schlosskirche durch den Luftdruck einer Bombe, die in der Nähe einschlug. Andere gingen in das Rondell, auf die Porzellanfabrik und die anschließenden Häuser, zersplitterten Bäume im Park, beschädigten Pan und Badenburg. Am schwersten war es in der Hirschgartenallee. Der Himmel war rot von Bränden. Als ich am Morgen den Boden vor der Kirche mit farbigen Glasstücken bedeckt sah und oben leere Fensteröffnungen, hatte ich das Gefühl, dass ›unser‹ Nymphenburg nun endgültig getilgt war.«[357]

[357] Adalbert, Prinz von Bayern: Schloß Nymphenburg und seine Bewohner, München 1949, S. 156f.

207

Während einer der großen Nachtangriffe durch britische Bomberverbände, am 21. Dezember 1942, wurden am Mittelbau des Schlosses Fenster und sämtliche Verdunklungsvorrichtungen zerstört. »Mehr als 3.400«[358] Fensterscheiben gingen zu Bruch, »im Rondell lagen allein 600 Brandbomben«.[359] Der Mittelbau und die Mieter in dessen oberen Etagen blieben in diesen Wochen der Katastrophe von Stalingrad der winterlichen Kälte und Feuchtigkeit ausgesetzt. Die Fensterverglasung wurde angesichts der deprimierenden Materialknappheit erst im Februar 1943[360] moniert.

Porzellanmanufaktur zerstört

Um in Kriegszeiten überhaupt das dringend benötigte Brennmaterial für die Porzellanherstellung zu erhalten, entschloss sich die Manufaktur, nun auch Erzeugnisse, die als kriegswichtig eingestuft waren, zu produzieren. Bot damit die Einstufung als »Kriegszulieferer« zunächst die gewünschten Vorteile, wurde gerade dadurch die Manufaktur Zielgebiet.

In der Nacht vom 9. auf den 10. März 1943, einem Aschermittwoch, fand einer der schwersten Bombenangriffe auf München statt. Die Manufaktur wurde dabei weitgehend zerstört.

Fritz Bäuml erinnerte sich: »Der Angriff begann um ½12 Uhr nachts und dauerte reichlich 1½ Stunden. Ich war mit meiner Mutter und unserer Köchin im Keller unseres Wohnhauses und versuchte immer wieder während des Angriffs heraufzukommen, da ich schon im Anfang hörte, daß unser Haus knisterte und brannte. Dies war jedoch verschiedene Male nicht möglich, weil mich der Luftdruck der immer wieder von neuem abgeworfenen Sprengbomben kleineren und größeren Ausmaßes einfach die Kellertreppe hinunterdrängte. Als ich einmal doch in den ersten Stock hinaufgelangte, sah ich in

[358] Krafft, Barbara: 250 Jahre Porzellan-Manufaktur Nymphenburg, München 1997.
[359] Ebd.
[360] Schreiben des Wittelsbacher Ausgleichsfonds München an die SGV Nymphenburg vom 1. Februar 1943.

dem Mittelzimmer es von der Decke blau-grün heruntertropfen, es war dies offenbar eine Phosphorbombe. Ich konnte gerade noch den Teppich zurückreißen und die Wirkungen auf dem Boden mit Sand eindämmen, aber eine neuerliche Sprengbombe zwang mich wieder in den Keller hinunter. [...] Als das Schiessen einigermaßen vorbei war, brachte ich meine Mutter zunächst in Sicherheit in einen alten Porzellanbrennofen und dann suchte ich den 1. Stock wieder auf. Da oben brannte es schon an verschiedenen Stellen [...] Als ich ins Freie trat, sah ich ringsum die Fabrik in hellen Flammen und auch vor allem helle Flammen aus dem Ausstellungsgebäude schlagen. [...] Der 1. Stock, der Speicher, der ganz mit unserem Lager gefüllt war, brannte vollkommen aus, die Decken brachen im Laufe der Nacht herunter bis zum Keller. Inzwischen hatten wir in der Fabrik noch sechzehn Großbrandstellen. Wir mußten uns darauf beschränken, die wichtigsten zu bekämpfen. So gelang es ja auch, die Formenhalle, auf die ein Phosphorkanister gefallen war, zu retten [...] Dagegen verbrannte vollkommen unsere Kantine, ein hübscher Holzbau, in den auch eine Phosphorsprengbombe hineinfiel, das Laboratorium, die Mühle, ein großer Rohmaterialschuppen, unsere gesamten Holzvorräte, die Schreinerei, die Schlosserei, das Maschinenhaus, der Raum für Rohaufbereitung von Porzellanmassen [...].«[361]

Badenburg zerstört

Die historischen Porzellanformen der Manufaktur wurden rechtzeitig in Sicherheit gebracht und teilweise in die Badenburg ausgelagert. Nun bargen deren Kellergewölbe die kostbaren Modelle des 18. Jahrhunderts. Doch auch die Badenburg wurde von einer Brandbombe getroffen. Das entstandene Feuer war zwar bald gelöscht, aber wie so oft nahm das Bauwerk mehr Schaden durch das Löschwasser als durch den Brand selbst. Die fürstlichen Appartements im Obergeschoss sind seither vernichtet und bis heute nicht rekonstruiert. Das zerstörte Deckenfresko des Venezianers Jacopo Amigoni im Festsaal versuchte man mit einer Neuschöpfung zu kompensieren.

Treffer auf das »Deutsche Jagdmuseum« – endgültige Zerstörung der Klosterkirche

Im Bereich der »Englischen Fräulein« wurde am 9. März 1943 die sogenannte Gartenhalle getroffen. Dorthin waren die aus der Klosterkirche geretteten sakralen Kunstgegenstände und das gesamte Kircheninventar ausgelagert. Unglücklicherweise brannte dieser Ort vollständig aus, nichts konnte gerettet werden. Jedoch das Hauptwerk der Kirche, ein Altarblatt von Giambattista Tiepolo, »Die Anbetung der Heiligen Dreifaltigkeit durch den hl. Papst Clemens«, war bereits bei der Profanierung beschlagnahmt und aus Nymphenburg abtransportiert worden. Das 4,88 mal 2,56 Meter große Ölgemälde ist das einzige und gewiss weitaus kostbarste Relikt der barocken Ausstattung. Die Klosterkirche selbst, umgewandelt zur Bibliothek und zum Lesesaal des Deutschen Jagdmuseums, wur-

[361] Krafft, Barbara: 250 Jahre Porzellan-Manufaktur Nymphenburg, München 1997.

de durch die einzige Bombe, die auf den zusammenhängenden Schlosskomplex fiel, am 4. Oktober 1944 komplett zerstört.

Ausgerechnet im Krankenhausgarten der »Englischen Fräulein« war eine Flakstellung mit einer Wohnbaracke für 20 Soldaten errichtet worden. Mithilfe der hier aufgestellten Kanonen sollten die Bombenflugzeuge der Alliierten auf ihrem Weg zur Innenstadt abgewehrt werden. Wie bei allen Flakstellungen setzte man weitreichende Scheinwerfer zum Ausspähen des Feindes ein. Nicht nur der Luftraum, sondern auch die Bodenzone wurde dabei beleuchtet. So ist es nicht verwunderlich, dass schließlich »14 schwere Bomben in den Garten«[362] einschlugen.

Neben der Gartenhalle mit ihrem wertvollen Inhalt wurden weitere Gebäude schwer beschädigt. Brandbombentreffer zerstörten 1943 Scheune und Kindergarten. Auch in der Küche brannte es. Die Zerstörung der Wasser- und Gasleitung machte es vier Tage lang notwendig, für die Patienten im 1 ½ Kilometer entfernten Waisenhaus zu kochen.

Die zerstörte Klosterkirche der »Englischen Fräulein«: Was Christian Weber nicht vermochte, besorgten die Bomben der Alliierten.

Am 21. Juli 1944 fiel eine Bombe auf das sogenannte Engelhaus. Dabei wurde der für nicht mehr transportfähige Schwerstkranke eingerichtete Schutzraum getroffen. Die beiden Aufsichtsschwestern und einige Kranke zogen sich durch umstürzende Stützbalken und Bombensplitter schwere Verletzungen zu. Zwei Patienten und eine Schwester verloren trotz ärztlicher Bemühungen kurz darauf ihr Leben. Auch das Josephshaus auf der gegenüberliegenden Straßenseite brannte.

Weil die politischen Machthaber es versäumt hatten, das Gebäude bei der Umwandlung zum Hilfskrankenhaus mit einem Lastenaufzug zu versehen, mussten die Schwestern und Hilfskräfte dabei durchschnittlich 62 Schwerstkranke in den Luftschutzkeller transportieren.

Es versteht sich von selbst, dass auch das Allerheiligste bei jedem Luftalarm evakuiert wurde. Das Porträt Maria Wards

[362] Die Englischen Fräulein. Maria-Ward-Schwestern in München-Nymphenburg. Anonymes Manuskript, undatiert, Nymphenburger Archiv (»Congregatio Jesu«).

*Das letzte Aufgebot: Verei-
digung des Volkssturms am
12. November 1944 auf dem
Schlossplatz.*

blieb während der Luftangriffe im Juli 1944 völlig unver-
sehrt, obwohl eine Bombe direkt unter dem Bild brannte und
wenige Tage später eine Fünf-Zentner-Bombe genau neben
ihm die Zimmerwand zerstörte.

Die Schlösserverwaltung zieht nach Nymphenburg

Durch das Bombardement auf die Residenz am 24./25. April
1944 wurden neben den musealen Schauräumen alle Büroräu-
me vernichtet. Deshalb zog mit der Residenzverwaltung auch
die Verwaltung der staatlichen Schlösser, Gärten und Seen
nach Nymphenburg um. Letztere blieb für die nächsten vier
Jahrzehnte in den relativ verwinkelten Räumen des historischen Knabenbaus mit der Anschrift Schloss Nymphenburg
Eingang 4.[363]

[363] StAM SGSV 479.

Kälte, Not und Hunger

Wegen des eklatanten Mangels an Heizmaterial platzten Wasserleitungen in den »rund 150«[364] Wohnungen innerhalb der Schlossanlage. Zur Instandsetzung fehlten die nötigen Fachhandwerker und Ersatzmaterialien. Daher erließ das Bauamt im November 1942 Richtlinien, dass während großer Kälte nur noch minimal gelüftet werden durfte. Außerdem »sollten alle darauf achten, daß die Klosetts und Wasserleitungen nicht zufrieren, [...] Klosettkörper sollten zugedeckt, Auslaufhähne bei Nacht in Stricknadelstärke offen gehalten«[365] werden.

Die hungernde Bevölkerung betrachtete den Schlosspark mehr und mehr als Reservoir für die Beschaffung von Brennholz und Nahrungsmitteln. Im September 1942 beobachtete ein Gartenarbeiter, wie schon morgens um 6.30 Uhr ein hungernder Rüstungsarbeiter mit einem Bekannten über die Parkmauer kletterte. »Die Menge der gestohlenen und noch vollkommen unreifen Äpfeln war noch sehr gering, weil die Diebe schon frühzeitig gestört wurden.«[366] In den Folgejahren häuften sich derartige Übergriffe. Sogar »Schwäne wurden gestohlen«.[367] Im Juni 1943 kamen »eine Schwänin und ihre sieben Jungen abhanden. Der Verdacht auf rohen Diebstahl bestätigte sich, als wenig später Federn und weitere Überreste«[368] am westlichen Turm des Schlossmauer gefunden wurden.

Selbstmorde von Wehrmachtsangehörigen waren keine Seltenheit. Während seines Fronturlaubs setzte ein Hauptmann der Landwehr im Sommer 1942 seinem Leben ein Ende. Mit einem Kopfschuss wurde der Sterbende in der Idylle hinter der Pagodenburg aufgefunden.

---

[364] StAM SGSV 472.
[365] StAM SGSV 492 (Schreiben vom 9. November 1942).
[366] StAM SGSV 508 (Andreas Reiter im Schreiben vom 12. September 1942 an das zuständige Polizeirevier am Winthirplatz 7).
[367] StAM SGSV 508 (Schreiben vom 17. September 1943).
[368] StAM SGSV 1671.

Kapitel 17 | **Letzte Kriegstage und Neubeginn**

In den letzten Kriegstagen entging Schloss Nymphenburg nur knapp der Zerstörung. Am 19. März 1945 hatte Hitler mit dem sogenannten Nero-Befehl[369] angeordnet, Infrastruktur und Sachwerte im Reichsgebiet zu zerstören. In diesem Des-truktionsszenario gab es auch für Kunstwerke und Kultur-güter kaum Zukunft. Noch zur Jahreswende 1944/45 hatte Wilhelm Franz Dehler als Präsident der Schlösserverwaltung die Kriegszerstörungen in der bayerischen Landeshauptstadt mit folgenden Worten beklagt: »Unser liebes München ist bis zur Unkenntlichkeit zertrümmert worden – die Residenz ist ausgebrannt!«[370] Ende April 1945 hatte er die Seitenflügel »des Schlosses Nymphenburg zur Sprengung vorbereitet, weil dort ein Lebensmittellager und eine Versorgungsstelle mit Schuhen, Mänteln usw. der Wehrmacht waren«.[371] Zusätzlich sollten die Amalien- und Badenburg als Stützpunkte für Militär und Volkssturm sowie der Schlosspark als »Verteidigungsstelle«[372] dienen. Dann traf Dehler die Vorkehrungen zu seiner Flucht.

Wusste der Architekt Albert »Tino« Walz, dass sein Vor-gesetzter, Präsident Dehler, seinen Posten verlassen würde? Um den politisch unbelasteten Rudolf Esterer als Nachfolger ins Spiel zu bringen, wagte er eine abenteuerliche Autofahrt. Geschützt durch seinen Schweizer Pass fuhr er in den frü-hen Morgenstunden des 28. April 1945 an den heranrücken-den amerikanischen Truppen vorbei zu Esteres Landhaus im Chiemgau, um ihn abzuholen, damit er »rechtzeitig am Mor-gen zur Stelle war […] und die Verwaltung vertrat«.[373]

[369] Zerstörungsbefehl Hitlers vom 19. März 1945 in: Martin Moll: »Füh-rer-Erlasse« 1939–1945, Stuttgart 1997.
[370] StAM SGSV 479 (Schreiben vom 18. Dezember 1944).
[371] Walz, Tino, Tagebucheinträge 1945, in: Nymphenspiegel Band II, München 2007.
[372] BayHStA SGSV 1956.
[373] Walz, Tino: Tagebucheinträge 1945, in: Nymphenspiegel, Band II, München 2007.

215

Die Ausführung des schaurigen Befehls zur Sprengung der Schlossflügel hätte eine enorme Zerstörung nach sich gezogen, wenn nicht ebenfalls am Morgen des 28. April der Widerstandskämpfer Rupprecht Gerngross von einem besetzten Radiosender in Ismaning aus zur baldigen Einstellung jeglicher Feindseligkeiten aufgerufen hätte. Er erklärte, dass die von ihm gegründete »Freiheitsaktion Bayern« die Regierungsgewalt ergriffen habe. Diese Radiomeldung veranlasste Hauptmann Gert Hornung, die Initiative zum Entschärfen der Sprengladungen zu ergreifen. Er stellte ein sogenanntes Himmelfahrtskommando zusammen, das aus etwa zehn Fremdarbeitern bestand. So gelang es ihm tags darauf, am 29. April 1945, »die vorbereiteten Sprengladungen in den beiden Seitenflügeln des Schlosses«[374] unschädlich zu machen.

Unblutige Übergabe

Offiziell fand der Einmarsch der US-Truppen in München am 30. April 1945 statt. Jedoch bereits am Abend zuvor fasste eine Vorhut der US-Streitkräfte am Botanischen Garten Fuß. Der Schlossverwalter Andreas Reiter erinnerte sich: »Am Abend des 29.4.45 tauchte gegen 18.00 Uhr abends der erste amerikanische Spähwagen im Schlosspark auf. […] Ich empfing denselben am Ostrande des Parks und meldete dem mit einer Maschinenpistole auf mich zuschreitenden Offizier, daß sowohl der Schloßpark als auch der gesamte Schloßkomplex von kämpfenden deutschen Truppen frei sei. Daraufhin erteilte mir der amerikanische Offizier den Befehl, die weiße Flagge zu hissen. Er kehrte dann unter Mitnahme von vier versprengten waffenlosen deutschen Soldaten in seine Ausgangsstellung zurück.«[375] Auch die eigentliche Übergabe am nächsten Tag verlief unblutig: »Erst am 30.4.45 zogen gegen 8 Uhr morgens die ersten amerikanischen Truppen in Nymphenburg ein, ohne daß nur ein Schuß im Schloßbereich gefallen wäre.«[376]

[374] Walz, Tino: Untergang und Neubeginn, München 2003.
[375] BayHStA SGSV 1956.
[376] Ebd.

Der Krieg war zu Ende, die »Stunde null« begann.

»Glücklicherweise waren bei den Amerikanern gleich hinter den Panzerspitzen Offiziere der Abteilung ›Monument and Fine Arts‹ dabei.«[377] Mit dem Auftrag, wichtige Kulturgüter zu bewahren, versahen sie Schloss Nymphenburg mit Plakaten, die den schützenden Aufdruck »off limits« trugen. So entgingen die kostbaren Innenräume den Plünderungen, die bereits tagelang im gesamten Stadtgebiet wüteten.

Ein Sightseeing mit peinlicher Überraschung

Am 1. Mai 1945 besichtigte der für die westlichen Stadtteile zuständige Captain Sheldon die Schlossanlage. Tino Walz erzählte später, wie er den Amerikaner durch Nymphenburg führte. Dabei wollte er die Amalienburg als beredtes Zeichen eines Orts hervorheben, der von Nationalsozialismus und Krieg unbeleckt geblieben war, erschien ihm doch gerade die Amalienburg als ein Symbol alle Zeiten überdauernder Schönheit und Werte. Beim Öffnen der Türen zum Spiegelsaal erstarrten die Männer ob einer peinlichen Überraschung: Der Raum war vollgestellt mit NS-Standarten, Hoheitszeichen und Fahnen! Ausgerechnet hierher war in letzter Minute alles zusammengetragen worden, was sich an Hakenkreuzen, SS-Emblemen und Flaggen finden ließ, das Fassungsvermögen zweier Lkw-Ladungen bildete einen »Wald von Hakenkreuzfahnen«. Nach einer Schrecksekunde löste Walz die peinliche Situation mit dem Angebot »Take a souvenir, Sir!« Tatsächlich reagierte Sheldon wie erhofft: »Zuerst sah er das Hakenkreuz angewidert an, begann dann aber zu strahlen. Er nahm die Standarte, interessierte sich nicht weiter für die Schlösserverwaltung, sondern stieg in seinen Jeep mit Fahrer und Ordonnanz und fuhr stehend, die wehende Standarte haltend,

[377] Walz, Tino: Tagebucheinträge 1945, in: Nymphenspiegel, Band II, München 2007. Die »Monuments, Fine Arts & Archives Section« war eine amerikanische Kommission für Kulturgüterschutz und Zusammenführung der Kunstschätze in den Central Collecting Points, nach dem Krieg auch für Restitution und Aufbau der Museumslandschaft.

Erholung im Schlossrondell: Manschaftszelte des US-Feldlazaretts (132. Evacuation Hospital)

davon.«[378] Nach Einbruch der Sperrstunde, die auch für amerikanische Soldaten galt, wurden diese Relikte von Tino Walz und Johann Schultinger vor die Amalienburg geschleppt, Walz opferte fünf Liter Benzin und verbrannte diese Hinterlassenschaft des »1000-jährigen Reichs«.

Kurz darauf fand eine ebenso verständliche Entsorgung der Munitionsvorräte statt. Im ehemaligen Zuchthaus, auch Türkengefängnis genannt, hatte man die gesamte noch vorhandene Munition zusammengetragen, die bald darauf gezündet wurde. In der amtlichen Version heißt es: »In der Nacht vom 22./23.5. 45 um 1 Uhr wurde das gesamte Munitionslager von unbekannter Seite in die Luft gesprengt. Das Zuchthausgebäude wurde dadurch dem Erdboden gleich gemacht. Die umliegenden Parkanlagen wurden schwer beschädigt.«[379]

[378] Walz, Tino: Untergang und Neubeginn, München 2003.
[379] StAM, SGSV 479 (Schreiben vom 23. Mai 1945).

218

Anlaufstelle Kloster

Unmittelbar nach ihrer Befreiung fanden entkräftete Häftlinge des Konzentrationslagers Dachau im Hilfskrankenhaus der »Englischen Fräulein« Aufnahme. Auch hier hingen nun weiße Fahnen. Gleichzeitig trafen zurückflutende Wehrmachtsangehörige ein und baten um Unterkunft und Nahrung. »Erschöpft und heruntergekommen klopften die Männer und zuweilen auch Flakmädchen immer wieder an die Klosterpforte.«[380] Die Ordensschwestern fanden Unterstützung durch die amerikanische Besatzungsmacht, die ihre Kranken und Verwundeten nur wenige Meter entfernt am Schloss versorgte.

[380] Gagern, Elisabeth von: Die Englischen Fräulein; in: Das Erzbistum München und Freising in der Zeit der nationalsozialistischen Herrschaft, herausgegeben von Georg Schwaiger, Band II, München und Zürich 1984.

Feldlazarett

Die weiten Flächen vor und hinter dem Schloss – sowie entlang der historischen Gewächshäuser – waren von Mai bis Mitte Juli mit zahlreichen Zelten belegt, in denen ein Feldlazarett für US-Truppen eingerichtet war. Einfache Soldaten wurden am östlichen Schlossplatz in Mannschaftszelten untergebracht, während Offiziere und Krankenschwestern ihre Zelte exklusiv im Westlichen Parterre, also im Park selbst, aufschlagen durften. Bis auf den Haupteingang neben dem Mittelbau blieben alle Parktore gesperrt. Dort war eine Wache postiert, Zutritt hatten nur die Rekonvaleszenten zwischen 7 und 19 Uhr. Mit dieser Regelung hielt sich die Besatzungsmacht exakt an die Wünsche der Schlösserverwaltung.

Erweiterte Nutzungen und neues Leben

Auch das Büro der SGV Nymphenburg im Erdgeschoss des Mittelbaus wurde unmittelbar nach Kriegsende von den Besatzungstruppen genutzt. Aus den kostbaren Beständen des staatlichen Museums und aus dem Privatbesitz des Prinzen Ludwig Ferdinand hatte man ihnen schöne Möbel zur Verfügung gestellt. Dennoch bediente man sich weiter aus dem Schlossmuseum. Der Verlust so mancher klassizistischer Fauteuils und Biedermeierstühle war die Folge. Im Festsaal des Schlosses tanzten und feierten nun GIs, weshalb im Auftrag der amerikanischen Militärverwaltung die zerstörten Fensterscheiben bereits Anfang Juni 1945 komplett ersetzt wurden.

Skurril und unglaublich mutet heute an, wie ein museales Prunkstück benutzt wurde: Zur Hochzeit eines amerikanischen Arztes mit einer Krankenschwester wurde der sehnliche Wunsch der Braut erfüllt, ihre Hochzeitsnacht in einem königlichen Bett zu verbringen. Um diesen Traum wahr werden zu lassen, so erinnerte sich Tino Walz, wurde erlaubt, »daß das Bett der Kurfürstin Amalia in dem Zelt aufgestellt werden durfte. Es wurde mit großem Hallo und Gelächter bei Kerzenlicht dorthin gebracht. Ich weiß allerdings nicht, ob

diese Nacht vergnüglich war, denn das Bett maß nur 1,55 m Länge und die Matratzen waren natürlich nicht von heutiger Qualität. Unter größter Anteilnahme wurde das Bett am nächsten Tag dann wieder in das Schloß zurückgebracht«.[381] Ausgerechnet die Amalienburg, deren märchenhafte Innenausstattung zu den kostbarsten Schöpfungen europöischer Raumkunst zählt, diente kurze Zeit einem Kommandanten als Befehlsstand und war mit Feldtelefonen und Kabelsträngen garniert. Mit den Mannschaftszelten ringsherum hatte sich rasch ein romantisches Lagerleben entwickelt. Ansonsten bewährte sich, wie schon vor Jahrhunderten, die »lebendige Alarmanlage« in der Person eines im Mezzanin wohnen-

Das fürstliche Bett für die Hochzeitsnacht im Zelt. Das Bettgestell ist seither durch eine matratzenlose Attrappe ersetzt – mit einer Länge von 234 Zentimetern allerdings »king size«.

[381] Walz, Tino: Untergang und Neubeginn, München 2003.

den Aufsehers. In diesen niedrigen, engen Räumen oberhalb der berühmten Hundekammer lebte er mit seiner Familie. Dort, wo der hochgewachsene Vater stets eine etwas gebückte Haltung einnehmen musste, wurde in der ersten Friedenszeit eine Tochter geboren.

Drunter und drüber

Unmittelbar nach Kriegsende blieben alle Zugänge zum Park geschlossen. Jedoch hatte die rund 5 Kilometer lange Umfassungsmauer durch die Kriegsereignisse erheblichen Schaden gelitten. An verschiedenen Stellen wies sie große Einsturzlücken auf, die jederzeit Zugang ermöglichten. Da das Ausbessern der schadhaften Mauerabschnitte mangels Baumaterialien nicht möglich war, besserte man die Stellen provisorisch mit Bretterzäunen aus, »jedoch wurden diese immer wieder eingerissen und entfernt«.[382] Bereits im Juli 1945 waren Fenster und Türen der Parkburgen mehrfach aufgebrochen worden, weshalb das Bauamt der Schlösserverwaltung schließlich keinen anderen Ausweg sah, als die Militärregierung um »300 Kilogramm Stacheldraht«[383] aus ehemaligen Wehrmachtsbeständen zu bitten.

Nachdem die Besatzungstruppen das provisorisch eingerichtete Lazarett in den beiden Schlossparterres geräumt hatten, begann zaghaft die Instandsetzung des Parks. Mittlerweile schätzten amerikanische Soldaten das Areal auf ihre Weise und nutzten die Wege kurzerhand zur Durchfahrt nach Obermenzing und zum westlichen Stadtrand sowie für Spazierfahrten, wobei sie verschlossene Tore wiederholt »mit Gewalt«[384] aufsprengten. Bezeichnend ist, dass man es als besonderes anstößig empfand, wenn im Schlosspark an lauen Abenden »nach Sperrung des Parks […] zahlreiche Negersoldaten mit Mädchen innerhalb der Parkmauern«[385] zu beobachten waren.

382 StAM SGSV 1671 (Schreiben vom 20. Juni 1945).
383 Ebd.
384 Ebd.
385 StAM SGSV 479 (Schreiben vom 16. August 1945).

Die Hitzewelle des Jahrhundertsommers 1945 zog Sieger und Besiegte zu erfrischenden Gewässern. Nymphenburg wurde ein beliebtes Ziel. Überall setzte »sehr stark ein wildes Baden ein«.[386] Im Schlossrondell wurden durch die Jeeps »Anlagen und Hecken schwer beschädigt«,[387] die Uferverbauung am Pasing-Nymphenburger Kanal war durch den regen Zulauf rasch zerstört.

In den ersten beiden Friedensjahren »trieben sich täglich«, wie Andreas Reiter beklagte, »Rudel von Ausländern herum, die hauptsächlich mit Fischfang, Abschuß des Ziergeflügels und Einbrüchen in die Burgen«[388] beschäftigt waren. Die patrouillierenden Aufseher waren hilflos, während der »Unfug immer größere Formen« annahm und sich auch auf die Nutzgärtnerei und Ökonomie ausdehnte. Bei Kriegsende hatten die Parkwächter ihre »Schusswaffen und Gummiknüppel«[389] abgeben müssen, weshalb der Verwaltungchef nun die Polizei um Maßnahmen bat, »welche es ermöglichen, den Park von diesen Elementen wieder zu säubern, damit die Sicherheit in demselben wieder gewährleistet ist«.[390] Durch die Ohnmacht der Aufseher beflügelt, nutzen Jugendliche aus den umliegenden Wohngebieten ihre Ortskenntnisse, um wiederholt auch in die Privatgärten der Verwaltungsbediensteten einzusteigen und Obst zu stehlen. Daneben beteiligten sie sich »mit den Ausländern dauernd bei der Ausplünderung [der] Fischwasser«.[391]

Die Herbstmonate als traditionelle Zeit der Jagd nutzten amerikanische Soldaten, um »täglich im Schloßpark am Großen See auf Wildenten«[392] zu schießen. Wiederholt

---

[386] StAM SGSV 508 (Schreiben vom 1. Juli 1946).
[387] StAM SGSV 1671 (Schreiben vom 27. Juli 1946 an das Polizeirevier am Winthirplatz).
[388] StAM SGSV 508 (Schreiben vom 15. Mai 1945).
[389] StAM SGSV 508 (Schreiben vom 16. Dez. 1932. Die Ausstattung der Parkaufseher mit Gummiknüppeln ist seit Ende 1932 belegt.
[390] StAM SGSV 508 (Schreiben vom 15. Mai 1945).
[391] StAM SGSV 1671 (Schreiben vom 27. Juni 1945).
[392] StAM SGSV 510 (Schreiben vom 22. Oktober 1945 an Public Safety, Rathaus München).

gingen deshalb Klagen bei der Verwaltung ein. Die Sicherheit der Spaziergänger war gefährdet. »Von einem Parkbesucher mußte sogar Deckung in einem Bombentrichter gesucht werden.«[393] Möglicherweise bereiteten Schießübungen einigen GIs besonderen Spaß. Im Juni 1946 beklagte Andreas Reiter, dass der Große See »überhaupt nicht mehr belebt«[394] sei. Neben frisch eingesetzten Rehen waren gänzlich unwaidmänisch »insbesondere die Wildenten von deren Brut weggeschossen«[395] worden. Am Abend des 16. Juni 1946 erlebte Reiter eine der »wilden Schießereien«[396] persönlich: »Die Parkbesucher verließen vor Angst zum Teil fluchtartig

den Park. Es fielen im Zeitraum von einer 1/2 Stunde mehr als 30 Schüsse und ich befand mich persönlich in großer Gefahr, da die Geschosse in meiner Nähe einschlugen. […] Die Schüsse wurden von drei Mann in Uniform der amerikanischen M.P. mit Karabinern abgefeuert.«[397] Reiter bat deshalb die Hauptverwaltung erneut um Intervention bei den amerikanischen Militärbehörden.

Abwehrmaßnahmen auf einer Mauer zwischen Botanischem Garten und Schlosspark. Ein Relikt aus den Hungerjahren, 2013

Eine weitere Verlockung stellten wie schon in den ausgehenden Kriegsjahren die Erzeugnisse der Schlossgärtnerei und der angegliederten Landwirtschaft dar. Immerhin wurde 1945 auf einer Freilandfläche von 6,4 Hektar Essbares produziert. Nun herrschte dort besonders im Schutz der Nacht

[393] StAM SGSV 1671 (Schreiben vom 16. Oktober 1945).
[394] StAM SGSV 1671 (Schreiben vom 17. Juni 1946 Andreas Reiter an die Hauptverwaltung).
[395] Ebd.
[396] Ebd.
[397] Ebd. Mit M.P. ist die Militärpolizei gemeint.

reges Treiben. Als die Getreideernte nahte, erhielt der Nacht-
wächter die Anweisung, besonders die Felder streng zu über-
wachen. »Organisiert« wurde damals beinahe alles und sei es
nur für Tauschgeschäfte. Der Holzdiebstahl war dabei fast
schon ein Kavaliersdelikt. Ab Herbst 1945 wurden eigens
fünf Aufseher »zum Schutze des Baumbestandes im Pasing-
Nymphenburger Park und im Kapuzinerhölzl, sowie zur
Überwachung der Burgen«[398] beschäftigt, ein weiterer kam in
den Wintermonaten 1945 / 46 als Flurwache und für den Tier-
bestand im Stallgebäude der Ökonomie hinzu. Trotz aller
Überwachung gelang es immer wieder vom Hunger getrie-
benen »Fischfrevlern und
Gemüsedieben«,[399]   ihren
Speiseplan zu erweitern. Ein
anonymer Zeitzeuge berichtete, dass bei sommerlichem
Regenwetter Dutzende von
Anglern an der Böschung
des Schlosskanals saßen. Mit
Polizei, damals kaum moto-
risiert, war bei Regen nicht
zu rechnen. Aktenkundig
dagegen wurde das zweifel-
hafte Husarenstück, Früh-
kartoffeln und sogar noch
unreife Erbsen auf einer Fläche von »16 Ackerfurchen

Sonnenblumen empfangen den
Besucher im ersten Friedenssom-
mer in Nymphenburg. Wie man
sieht, ist Fensterglas noch rar.

mit einer jeweiligen Länge von 60 Metern total abzuernten«.[400]
Obwohl es 1946 mit großer Anstrengung gelang, die Anbaufläche sogar auf 8 Hektar zu steigern, ordnete Rudolf Esterer an, die Parterres zusätzlich wie in den Kriegsjahren mit
einer »ergänzenden Gemüsepflanzung zu versehen. [...] Der
einheitlichen Farbenwirkung wegen wird der geschlossene
Anbau folgender Gemüsearten empfohlen: Rote Rüben, Por-

[398] StAM SGSV 508 (Schreiben vom 21. Sept. 1945).
[399] StAM SGSV 508.
[400] Ebd.

ree und Petersilie.«[401] Eine optische Aufwertung erfuhr der Bereich, indem »dazwischen Zinnien«[402] gepflanzt wurden.

Die Großabnehmer für das in der Schlossgärtnerei erzeugte Gemüse waren nun Truppenteile der US-Armee. So stellte das amerikanische Evacuation Hospital 132 die Forderung, von den Gemüseerzeugnissen der Gärtnerei »vorwiegend das amerikanische Lazarett (ca. 500 Personen) zu beliefern«.[403] Andernfalls wurde mit Beschlagnahmung gedroht.[404] Die Schlossverwaltung versorgte auch die ehemalige Kradschützenkaserne auf dem Oberwiesenfeld, die die US-Militärs nun unter der Bezeichnung Indiana-Depot nutzten. Im Juni 1946 wurde deren Küche mit »200.000 jungen Gemüsepflanzen«[405] beliefert.

Raumnot, Gemüse für die Reichsbahn und weitere Nutzungen

Waren bereits in der NS-Zeit ausgebombten, kriegswichtigen Betrieben im Schlossbereich Produktions- und Lagerräume zugewiesen worden, so wurde der Bedarf an Wohnraum nach Kriegsende immer dringlicher. Deshalb schuf die Schlösserverwaltung Notwohnungen für zivile Ausgebombte, Heimkehrer und Flüchtlinge. 1946 fasste das Schlossareal »ca. 80 Wohnungen«.[406]

Daneben wurden im Hof des Orangerietrakts Verschläge und Zäune für Bau- und Treibstoffe, Lebensmittel und andere Waren errichtet.

Besonders in den Südtrakten waren weiträumig Lebensmittelhändler eingezogen. Die Aktenlage[407] vermittelt den

[401] StAM SGSV 508 (Schreiben vom 30. März 1946).
[402] StAM SGSV 479 (Monatlicher Tätigkeitsbericht vom 7. Juni 1946).
[403] StAM SGSV 867 (Schreiben vom 11. Juni 1946).
[404] Ebd.
[405] Ebd.
[406] StAM SGSV 1671 (Schreiben des Bauamts vom 28. März 1946).
[407] StAM SGSV 931 Präsident Dehler hatte bereits 1942 erste Räume der Firma Grau »zur Einlagerung von für Lazarette und Krankenhäuser bestimmten Lebensmitteln überlassen.« Es folgten 1944 die Schreine-

Eindruck einer krakenhaften Ausdehnung: Nördlicher Kavalierbau ... Östlicher Kavalierbau, Erdgeschoss ... Obergeschoss ... Kasernenbau ... Schmiedebau ... Küchenbau ... Die ehemalige Exerzierhalle der SA wurde nun mit Regalen und Kisten vollgestellt, die mit Einweckgläsern und Konservendosen angefüllt waren. Im Stockwerk darüber wohnte und arbeitete bereits seit 1943 der Kunstmaler Albert Hunnemann, später auch die Malerin Armgard Faber du Faur.

Der westliche Pavillon des Eisernen Hauses wurde als Bildhaueratelier genutzt. Die geräumigen Lagerhallen des ehemaligen königlichen Jagdzeugstadels dienten längst nicht mehr den sperrigen Gerätschaften höfischer Jagden, sondern waren zwischen 1939 und 1961 an Münchner Betriebe vermietet.

Der Bekanntheitsgrad des ehemaligen Deutschen Jagdmuseums wurde werbewirksam im Briefkopf einer Kosmetikfirma genutzt, wo es noch 1948 hieß: »Betrieb: Nördl. Schloßrondell Jagdmuseum, Nymphenburg«.[408] So nobel die Adresse auch war, fand die eigentliche Produktion in abseits gelegenen Baracken statt.

Im dortigen Hof wurden geruchsintensiv Tiere für die Zoologische Staatssammlung präpariert. In dessen Kellergewölben, der einstigen Gruft der »Englischen Fräulein«, lagerten nun Weine und Spirituosen einer Schwabinger »Enzianbrauerei«[409] und auf weiteren 80 Quadratmetern Gemüse für die Betriebsküchen der Reichsbahn. Wo einst die barocke Klosterkirche zur Bibliothek des Deutschen Jagdmuseums umgewandelt worden war, klaffte noch lange eine Ruine. Die Schuttabräumung erfolgte durch ehemalige Parteigenossen.

rei von Hans Meindl und die Firma Denzel (Flachglas im Nördlichen Kavalierbau). Nach dem Krieg die Firmen Runo-Everth und Otto Hepp in den Südtrakten und Georg Hemmeter in den Nordtrakten (Jagdmuseum). Diese Belegungsform endete erst 1964.
[408] Ebd. (Firma Pharmamedico des Chemikers und Apothekers Bernhard Seeger).
[409] StAM SGSV 931.

Die Ruine des Jagdmuseums, nach 1945

Um sich mit den Amerikanern überhaupt verständigen zu können, war sofort nach deren Einmarsch die Nachfrage an Englischunterricht groß. Dicht gedrängt saßen die Lernbegierigen im Garderobenraum des Schulhauses. Nach wenigen Monaten jedoch untersagte die Militärregierung aufgrund des Versammlungsverbotes dieses Lernangebot.

Im Juli 1945 durften Schwestern der »Englischen Fräulein«, wie alle Angehörigen der Schul- und Lehrorden, erstmals wieder an eigens eingerichteten Lehrerinnenkursen teilnehmen. Diese Maßnahme ermöglichte die Eröffnung einer großen Anzahl Schulen mit politisch unbelasteten Lehrkräften. Ihren Unterricht nahmen die »Englischen Fräulein« im Herbst 1945 wieder auf. Die Aula blieb jedoch weiterhin zweckentfremdet. Hier standen die letzten

Fahrer Schaufler, zurückgekehrt in seine alte Position, bei der Auslieferung von Blumen in den Nachkriegsjahren

50 Betten aus der Zeit des Hilfskrankenhauses für einen eventuellen Katastrophenfall noch lange bereit und wurden »erst gegen 1950 entfernt«.[410] Zu dieser Zeit arbeiteten nach wie vor einige ehemalige Fremdarbeiter für die Ordensfrauen. Nach Aussage der Zeitzeugin Ordensschwester Lucina Moche »konnten sie nicht nach Hause, wußten nicht wohin und blieben lieber hier im Kloster«, so auch ein Pole, der als Heizer tätig war. Die Angst, nach der Rückkehr fälschlich der Kollaboration angeklagt zu werden, war dabei wohl die tiefere Ursache des Entschlusses.

[410] Laut freundlicher Auskunft von Ordensschwester Lucina Moche (»Congregatio Jesu«).

Hinter dem Dioramenhaus des Jagdmuseums um 1950. Die zur Gärtnerei hin ausgerichtete Fassade wurde erst anlässlich der Sommerolympiade 1972 verputzt.

Blick nach vorn

Eine Auflistung der »in gewöhnlicher Arbeit«[411] stehenden 21-köpfigen Stammbelegschaft der SGV Nymphenburg aus dem Jahr 1947 zeigt, dass zwölf davon ehemalige Parteimitglieder waren. Sechs Personen hatten zwar keine Mitgliedschaft in der NSDAP, gehörten jedoch weiteren, untergeordneten Parteigliederungen, wie der Hitlerjugend und dem BDM an. Ausnahmslos alle wurden im Spruchkam-

[411] StAM SGSV Nr. 479 (Juli bis September 1947).

Wieder zivil: Jugend ohne Hakenkreuz. Lehrlinge in Nymphenburg in den 1950er-Jahren

merverfahren als »Mitläufer« eingestuft oder fielen unter die Amnestie. Die unheilvolle NS-Zeit wurden zunehmend verdrängt. Allgemein unterschied man zwischen »schlimmen« und »anständigen Nazis«. Zwischen Mangelwirtschaft, Hunger und Ruinen galt es vielen, den Blick nach vorn zu richten. Ressentiments wurden als hinderlich empfunden oder traten nicht offen zutage. Ein Beispiel ist der Jude Adolf Isaac,[412] der von 1940 bis 1945 bei der SGV Nymphenburg beschäftigt und

[412] BayHStA SGSV 1643 (Schreiben vom 28. August 1945 an die Schlösserverwaltung).

In den Nachkriegsjahren wurde Schloss Nymphenburg erneut touristisch attraktiv. Hier noch mit Tarnfarbe behaftet, zum Willkommensgruß jedoch bereits mit Lorbeer geschmückt.

noch im Februar 1945 nach Theresienstadt deportiert worden war. Nach seiner Befreiung kehrte der Überlebende nach Nymphenburg zurück und erhielt an seinem alten Einsatzort erneut eine Anstellung. Isaacs positive Aussage zugunsten seines ehemaligen Chefs Diermayer[413] war hilfreich für dessen Wiedereinstellung in den Staatsdienst.

[413] BayHStA SGSV 1643 Gemeinschaftliches Schreiben vom 28. August 1945 der beiden Juden Adolf Isaac und Richard Berg: »Von Herrn Diermayer gewann man unbedingt den Eindruck, daß uns derselbe wohlgesinnt sei und mit den Tendenzen der NSDAP in unserem Falle nicht einig ging. [...] Wir haben während der langen Zeit unserer Verfolgung alle Härten und Schikanen der Partei verspürt, so daß wir gleiches keinem anständigen Menschen zumuten möchten. Aus diesem Grund stellen wir an obige Verwaltung die ergebene Bitte den Fall Diermayer unserer wohlwollenden Angaben nochmals zu überprüfen.« Diermayer wurde schließlich als Mitläufer in Gruppe IV eingestuft.

232

Noch in den Turbulenzen der ersten Besatzungszeit begann die Neuorganisation des Museumsbetriebs mit Instandsetzung und Rekonstruktion. Schließlich war am 18. August 1946[414] das Nymphenburger Schloss wieder öffentlich zugänglich. 1949 begann die Wiederherstellung der Badenburg. Das ehemals kostbar ausgestattete kurfürstliche Appartement im Obergeschoß wurde nicht rekonstruiert. Erst 1953 wurde der Tarnanstrich an den Schlossfassaden beseitigt.

Königliche Hoheiten

Prinz Ludwig Ferdinand von Bayern wohnte auch in der Nachkriegszeit mit seiner Familie im Schloss. Dort behandelte er Bedürftige in seiner Arztpraxis häufig kostenlos. Aufgrund seiner verwandtschaftlichen Beziehungen zu Spanien besichtigte er im Sommer 1945 die Reste des Deutschen Jagdmuseums auf der Suche nach Räumlichkeiten zur Unterbringung des geplanten spanischen Konsulats. Allerdings zog dort im Mammutsaal für die nächsten Jahre der Omnia-Verlag von Anton Dumbser ein, der 3D-Bilder für überwiegend amerikanische Kundschaft herstellte. Bei der Raumvergabe erinnerte sich die Schlösserverwaltung an die brutale Verdrängungspolitik der NSDAP in der Person Christian Webers und vermietete nun einvernehmlich mit dem Institut der »Englischen Fräulein«.

Prinz Ludwig Ferdinand beim Musizieren in Schloss Nymphenburg, 1950er-Jahre

Kronprinz Rupprecht nahm nach dem Ende des Zweiten Weltkriegs trotz seines fortgeschrittenen Alters häufig öffentliche Termine und Verpflichtungen wahr. Zwar hatte er nur noch in geringem Maß politische Gestaltungsmöglichkeiten, jedoch achtete er als Chef des Königlichen Hauses darauf, keine Rechtsansprüche gegenüber dem Freistaat Bayern aufzugeben. Er entschied sich, einen Teil des Nordflügels von Schloss Nymphenburg als Stadtwohnung zu nutzen. Sein Einzug erfolgte zu Beginn des Jahres 1953. Trotz Schnee und Eis versammelten sich am 17. Januar vor

---

[414] StadtAM (Stadtchronik 1946) Eine Besichtigung war zunächst nur Angehörigen der US-Truppen möglich.

Eine Tradition wird weiterge-führt: Kronprinz Rupprecht mit seinem Enkel Franz von Bayern am 18. Mai 1954, dem Tag seines 84. Geburtstags, auf der Freitreppe. Wenige Monate zuvor hatte er Schloss Nymphenburg als Hauptwohnsitz angenommen. Im Hintergrund wird die dunkle Tarnfarbe entfernt.

dem Schloss 8000 bis 10000 Menschen, um mit Fackelzug und Serenade den »ersten Mann des Landes zu ehren«.[415] Die Organisation dieses festlichen Samstagabends hatte die Arbeitsgemeinschaft bayerischer Heimatverbände[416] übernommen: »Trompetenwirbel, Fanfarenstöße, der bayerische Zapfenstreich klangen auf. Böllerschüsse dröhnten, eine Vielzahl weißblauer Rautenfahnen wurden geschwenkt. Die Gebirgsschützen aus dem bayerischen Oberland, in historischen Uniformen, mit Stopselhut, Flaumfedern, Gamsbart, marschierten mit Musik und geschulterten Flinten durch die sinkende Nacht [...].«[417]

[415] »Süddeutsche Zeitung« vom 19. Januar 1953 (9. Jahrgang Nr. 14).
[416] Beteiligt waren laut »Süddeutscher Zeitung« neben zwei oberbayerischen Gebirgsschützen-Kompanien, der »Bayerische Heimat- und Königsbund«, die »Bayerische Heimat- und Königspartei«, die »Bayernpartei«, der »Deutsche Soldatenbund in Bayern«, der »Treubund Bayern«, die »Meistergruppe der Münchner Kolpingsfamlie«, die »Königlich Priviligierte Hauptschützengemeinschaft«, der »Ausschuß Bayern-Pfalz«, Trachtenvereine, Offiziere und Studentenverbindungen.
[417] »Süddeutsche Zeitung« vom 19. Januar 1953.

234

In einem Eckzimmer des Ersten Nördlichen Pavillons nahm der Kronprinz im Beisein von Familienmitgliedern die Willkommensgrüße der Landeshauptstadt entgegen. In Vertretung des Bürgermeisters Walther von Miller, angetan mit einer Amtskette, erschien ein altbekanntes Gesicht: Franz Xaver Fackler »zugleich als Vertreter der ehemaligen bayerischen Widerstandsbewegung«.[418]

Nachdem zum Abschluss die Bayern- und die Königshymne intoniert wurden, winkte der 84-jährige Jubilar vom geöffneten Fenster des Schlosses den Tausenden zu und dankte für die Ehrerbietung. Nach dem anschließenden Empfang für die Arbeitsgemeinschaft bayerischer Heimatverbände sagte der Kronprinz beim Abschied: »Ich bin von der herzlichen Ovation der Bevölkerung tief gerührt.«[419]

Relikte

Die beiden Luftschutzbunker im Inneren Parterre wurden im Frühjahr 1946[420] aufgefüllt und eingeebnet, auch wurden dort zahlreiche Bombentrichter beseitigt. Erst im Frühjahr 1947 erstreckten sich diese monotonen Arbeiten auf den gesamten Park. »Durch die Kriegseinwirkungen hat der Park besonders gelitten«,[421] stellte die örtliche Verwaltung fest. Vielleicht trug auch diese jahrelange ermüdende Tätigkeit dazu bei, beim Personal »infolge der gegenwärtigen Zeitlage Unlust zur Arbeit«[422] zu konstatieren und mag der Grund dafür sein, warum in abgelegenen Parkbereichen selbst heute noch Bombenkrater zu finden sind.

Auch die Trümmer des explodierten Zuchthauses südöstlich der Kaskade sind bis jetzt vorhanden. Ein Zeitzeuge fügte 65 Jahre nach dem Bericht von Walz hinzu: »Zur Schulzeit sagte

---

[418] Ebd.
[419] Ebd.
[420] StAM SGSV 479 (Monatlicher Tätigkeitsbericht für April vom 13. Mai 1946).
[421] StAM SGSV 479 (Monatlicher Tätigkeitsbericht für Januar vom 5. Februar 1946).
[422] Ebd.

mir ein Klassenkamerad, das sei ein Munitionslager gewesen. Wir haben damals dort dutzendweise Munition vom Boden aufgelesen – alles aus dem 2. Weltkrieg – und ich habe z.B. Feuerwerkskörper daraus gebastelt. Später entdeckte ich dort auch so etwas wie eine ›kleine Bombe‹ oder Panzer-Granate – ein sehr gut erhaltenes ca. 30 cm langes scharfes Projektil.«[423]

Weitere Relikte aus der NS-Zeit sind möglicherweise die roh behauenen Steinquader, die im Park häufig an Wegegabelungen platziert sind. Sie dienen heute als Abstandhalter für die Einsatzfahrzeuge der Gärtner und des nächtlichen Wachpersonals. Nach Angaben der Verwaltung jedenfalls sind sie Reste der abgetragenen Ehrentempel für die »Blutzeugen« des Hitlerputsches.

Verstreute Relikte aus dunkler Zeit

[423] Aus der Korrespondenz mit Christian Lauw, 2010.

Anhang | Kurzporträts: Kapitäne des Wiederaufbaus und Akteure des Terrors

Kapitäne des Wiederaufbaus: Rudolf Esterer und Tino Walz

RUDOLF ESTERER (1879–1965), Architekt, befasste sich bereits in der letzten Kriegsphase als Leiter der Bauabteilung der Bayerischen Schlösserverwaltung zusammen mit seinem Mitarbeiter Tino Walz mit der Sicherung von zerstörter Bausubstanz und der Rettung weiterer Kulturgüter.

Politisch unbelastet wurde er nach Ende der NS-Zeit erster Nachkriegspräsident der Bayerischen Verwaltung der staatlichen

Rudolf Esterer – integer in stürmischer Zeit

Schlösser, Gärten und Seen. Auf seine Weisung hin erfolgten Bergung, Dokumentation und Inventarisierung von Bauresten, Ausstattungsteilen und anderen Fundstücken. Diese Arbeiten vor der endgültigen Schutträumung bildeten die Grundlagen der Rekonstruktion. Tatkräftig setzte sich Esterer insbesondere für die Wiederherstellung der Münchner Residenz als historisches und kulturelles Zentrum ein. Daneben bemühte er sich erfolgreich um die Neugestaltung des Hofgartens und des Herkulessaals, der Nürnberger Kaiserburg, des Aschaffenburger Schlosses sowie der Würzburger Residenz. Auch plädierte er für den Wiederaufbau Münchens nach historischem Vorbild.

237

Esterer, der dem Hause Wittelsbach stets nahestand, wurde 1903 nach seinem Architekturstudium an der Technischen Hochschule München Baureferendar, ab 1906 Regierungsbaumeister bei der Regierung von Unterfranken und 1910 Bauamtsassessor in Bad Kissingen. 1915 wechselte er zum Königlichen Obersthofmeisterstab nach München. Nach dem Ende der Monarchie führte der gebürtige Altöttinger zunächst gemeinsam mit Ritter von Handl das Staatliche Baureferat der Krongutsverwaltung,[424] dem er von 1924 bis 1945 alleine vorstand.

1939 wurde er mit einem nebenamtlichen Lehrauftrag für praktische Denkmalpflege und Verleihung eines Professorentitels an die TH berufen. Dort konnte er seine Vorstellung der jeweils auf den Einzelfall abzielenden »Schöpferischen Denkmalpflege« an angehende Architekten weitergeben. Herausragende Projekte der Restaurierung durch Esterer sind in der Zeit von 1933–45: die Kaiserburg in Nürnberg, die Plassenburg, die Alte Hofhaltung und die neue Residenz in Bamberg, die Festung Marienberg in Würzburg, in Bayreuth das Markgräfliche Opernhaus und in Landshut Stadtresidenz und Burg Trausnitz. 1940 wurde er vom Ministerialrat als »Vertrauensarchitekt« für das Gebiet des Starnberger Sees ernannt.

Auf Betreiben Esterers wurde das historische Betriebsgelände der Lokomotivfabrik Maffei in der Hirschau 1943 vom Staat erworben. Damit war es möglich, den Englischen Garten bis zur Isar hin zu erweitern. 1935 wurde nach seinen Plänen das Seehaus am Kleinhesseloher See neu errichtet. Jüngere Forschungen belegen, dass »Esterer auch in die geplanten Aktionen der Freiheitsaktion Bayern eingebunden war«.[425] Auch nach seinem Ausscheiden aus dem Dienst (31. März

---

[424] Ab 1932 wurde die »Verwaltung des ehemaligen Kronguts« umbenannt in »Bayerische Verwaltung der staatlichen Schlösser, Gärten und Seen« (Volkert, Wilhelm (Hg.): Handbuch der bayerischen Ämter, Gemeinden und Gerichte 1799 – 1980, München 1983).

[425] Bäumler, Klaus: »Politisches Lernen an historischen Orten. Die Schlösserverwaltung und die Zeitgeschichte.« Vortrag im Rahmen der Residenzwoche 2009 am 17. Oktober 2009 im Max-Joseph-Saal der Münchner Residenz (Beitrag der Freunde der Residenz München e. V.).

1952) behielt er die künstlerische Oberleitung für bestimmte Teilbaumaßnahmen in der Münchner Residenz bei, vollendete die von ihm bereits 1938 begonnenen Arbeiten an der Burg Trifels in der Pfalz und plante die Inneneinrichtung für das Geschäft der Porzellanmanufaktur Nymphenburg zu dessen Wiedereröffnung im Jahre 1953.

TINO (ALBERT) WALZ (1913–2008) lernte Rudolf Esterer bereits während seiner Studienzeit schätzen, als er bei ihm als Untermieter in der Münchner Residenz wohnte. Schließlich

Tino Walz vereinte Tatkraft mit Sensibilität.

wurde der tüchtige und kulturell aufgeschlossene junge Mann aus der Schweiz noch in den Kriegsjahren für die Bauleitung der Residenz eingesetzt. Familiär gebunden, blieb Walz trotz des Kriegs in München. Mithilfe seiner vorzüglichen Beziehungen zur amerikanischen Besatzungsmacht gelang es ihm, den Wiederaufbau der Münchner Residenz voranzutreiben.

Ebenfalls ist ihm die Rettung des Wittelsbacher Kronschatzes und der Grafiksammlung des Kupferstichkabinetts der Veste Coburg (mit bedeutenden Zeichnungen und Drucken, unter anderem von Albrecht Dürer und Lucas Cranach) zu verdanken, indem er sie vor dem in Auflösung begriffenen NS-Regime, Plünderungen und den anrückenden Amerikanern versteckte.

In seinem völlig überladenen Opel Kadett, gekennzeichnet mit der Schweizer Flagge, transportierte er unter Lebensgefahr die in Kelheim ausgelagerten Preziosen zuerst ins Schloss Neuschwanstein, dann zu einem Bauernhof am Tegernsee. Eingeschweißt in wasserdichte Zinkkisten, versenkte er die Grafiken im See. Als nach Kriegsende feststand, dass die Kunstschätze in bayerischem Besitz bleiben würden, gab er die Verstecke bekannt und veranlasste deren Bergung. Während der Entwurfsplanung zum Herkulessaal kam es 1949 zum Zerwürfnis mit Rudolf Esterer. Danach betrieb Walz ein eigenes Architekturbüro in seinem Wohnhaus Zuccalistraße 21. In seiner Heimat setzte er sich gegen Bodenspekulation und Verbauung der Schweizer Landschaft ein. Um dieses Anliegen dauerhaft zu unterstützen, gründete er getreu seinem Motto »Ich war nie ein Nationalist, es ging mir immer nur um die Sache. Kultur gehört schließlich allen«[426] noch wenige Jahre vor seinem Tod die Tino-Walz-Stiftung in Zuoz.

Akteure des Terrors

Karl Fiehler (1895–1965) war als frühes Parteimitglied in den Jahren von 1933 bis 1945 Münchner Oberbürgermeister,

---

[426] Walz, Tino: Untergang und Neubeginn, München 2003.

daneben SS-Obergruppenleiter und Reichsleiter der NSDAP. Damit gehörte er zum höchsten Führungszirkel der NSDAP und war einer der 20 engsten Mitarbeiter Adolf Hitlers in der Partei.

Der gebürtige Braunschweiger absolvierte nach seiner Schulzeit in München eine kaufmännische Lehre und war Soldat im Ersten Weltkrieg. Nach dem Kriegsende begann er eine Tätigkeit als Aushilfskraft im Münchner Einwohneramt. Zwei Jahre, nachdem der überzeugte Nationalsozialist der Partei beigetreten war, erfolgte seine Verbeamtung. Er nahm am gescheiterten Putschversuch vom 8./9. November 1923 teil und wurde zu 15 Monaten Festungshaft verurteilt, die er gemeinsam mit Hitler in Landsberg verbrachte. Dort assistierte er Hitler bei der stenografischen Fassung von »Mein Kampf«. Kurz nach seiner Haftentlassung konnte er in seine alte Tätigkeit bei der Münchner Stadtverwaltung zurückkehren. Im selben Jahr wurde er für den Völkischen Block, eine Ersatzorganisation der noch verbotenen NSDAP, in den Münchner Stadtrat gewählt und etablierte sich mit einer Schrift über »Nationalsozialistische Gemeindepolitik« innerhalb der Partei als kommunalpolitischer Fachmann. Nun machte Fiehler als »Alter Kämpfer« eine steile Parteikarriere. Von 1927 bis 1930 war er Ortsgruppenleiter der NSDAP in München, ab 1935 hatte er den Rang eines Reichsleiters der NSDAP und war damit Hitler direkt unterstellt. Innerhalb der SS stieg Fiehler zum Obergruppenführer auf. Bei Aktionen gegen Juden spielte München unter Karl Fiehler eine Vorreiterrolle. Fiehler untersagte ohne legale Grundlage bereits 1933, städtische Aufträge an »nichtdeutsche Firmen« zu vergeben. München, auf Fiehlers Betreiben mit dem Attribut »Hauptstadt der Bewegung« versehen, beeilte sich besonders mit dem Abbruch von Gotteshäusern. So wurden neben der Hauptsynagoge auch die evangelische Matthäuskirche und die Kirche der »Englischen Fräulein« in Nymphenburg zerstört.

Fieler gehörte zu den Durchhaltestrategen. In den letzten Kriegstagen gelang es ihm, den Aufstand der »Befreiungsaktion Bayern« niederzuschlagen. Erst mit dem Einmarsch der Amerikaner in München verließ er seinen Posten und floh an den Ammersee. Er wurde von der Münchner Spruchkammer als »Aktivist« zu zwei Jahren Arbeitslager, Einziehung eines Fünftels seines Vermögens, dem Verlust des aktiven und passiven Wahlrechts sowie zu zwölfjährigem Berufsverbot verurteilt. Strafmildernd wurde berücksichtigt, dass Fiehler die Sprengung der Isarbrücken durch die Wehrmacht verhindert hatte. Fiehler blieb von der Haft verschont, da man ihm die vorherige Internierungszeit anrechnete. Er lebte bis zu seinem Tod 1969 zurückgezogen in Dießen am Ammersee und arbeitete als Buchhalter.

ADOLF WAGNER (1890–1944) war der mächtigste Gauleiter Deutschlands, stets hatte er Zutritt zu Hitler. Nach einem technisch-naturwissenschaftlichen Studium, das er ohne Abschluss verließ, kämpfte er als Leutnant im Ersten Weltkrieg. Danach ließ sich der gebürtige Lothringer in Bayern nieder, wurde 1922 Mitglied der NSDAP und nahm 1923 am gescheiterten Hitlerputsch teil. Dank seines Redestils war er bei den Nürnberger Reichsparteitagen »die Stimme des Führers« für die Proklamationen Adolf Hitlers.

1928 wurde er zunächst Gauleiter der Oberpfalz, erhielt 1929 die bedeutsamere Führung des neu gegründeten Gaus Groß-München und avancierte 1930 zum Gauleiter des »Traditionsgaus München-Oberbayern«. Der häufig als »Despot von München« bezeichnete Choleriker wurde im April 1933 bayerischer Innenminister, dazu stellvertretender Ministerpräsident und seit Dezember 1936 bayerischer Kultusminister. Die eigens für ich als Amtssitz aufgekaufte Kaulbachvilla wurde von Gerdy Troost umgebaut und ausgestattet.

Wagner zeigte sich als fanatischer Antreiber der Judenverfolgung und »Arisierung«. Auf seine Initiative als Innenminister und in Kooperation mit Heinrich Himmler wurde bereits im März 1933 das Konzentrationslager Dachau errichtet. Er ordnete an, dass die sogenannte Schutzhaft in einer möglichst weiten Interpretation des Erlasses vorgenommen wurde. Er betrieb die »Gleichschaltung« im Rathaus und die Ernennung von Karl Fiehler zum Oberbürgermeister.

Im November 1938 gründete er die Vermögensverwertung München GmbH. Innerhalb weniger Wochen wurden in dieser »Arisierungsstelle« die noch vorhandenen 600 jüdischen Firmen »abgewickelt«. Im Stab von Rudolf Heß war Wagner Beauftragter für den »Neuaufbau des Reiches«. Als einziger deutscher Gauleiter wurde Wagner 1939 zum Reichsverteidigungskommissar für zwei Wehrkreise (München und Nürnberg) ernannt. 1942 beendete ein Schlaganfall seine politische Karriere, sein Nachfolger wurde Paul Giesler. Adolf Wagner starb 1944 und wurde hinter dem nördlichen Ehrentempel am Münchner Königsplatz beigesetzt.

PAUL GIESLER (1895–1945), in den Kriegsjahren mit einer beispiellosen Machtfülle ausgestattet, zeigte sich als bedingungslos ergebener Parteigenosse, den Hitler in seinem politischen Testament zum Reichsinnenminister machte.

Wie sein Bruder Hermann Giesler war auch er Architekt und bereits in der Frühzeit für die NSDAP aktiv. Als Führer einer SA-Gruppe mit dem Beinamen »Rollkommando Odendahl« war er Organisator und Beteiligter von schweren Übergriffen gegen Gegner der Nationalsozialisten. 1938 meldete sich der Reserve-Offizier freiwillig zum Dienst in der Wehrmacht und nahm am Angriffskrieg gegen Polen, danach am »Westfeldzug« gegen Frankreich teil, wurde jedoch im August 1941 in die Parteizentrale nach München abgeordnet. Ende 1941 erfolgte die Ernennung zum Gauleiter von Westfalen-Süd sowie zum Preußischen Staatsrat.

Auf Empfehlung Martin Bormanns wurde Giesler im Juni 1942 als geschäftsführender Gauleiter im Traditionsgau Oberbayern und München eingesetzt. Dieser Gau hatte durch die Gründung der NSDAP in München als sogenannter Traditionsgau eine herausgehobene Bedeutung. Als der bisherige Gauleiter, Adolf Wagner, durch einen Schlaganfall dienstunfähig geworden war, übernahm Giesler geschäftsführend auch dessen Ämter als bayerischer Innenminister und Kultusminister und nach dem Tod des bayerischen Ministerpräsidenten Ludwig Siebert, der zusätzlich auch bayerischer Wirtschafts-

und Finanzministers war im November 1942 auch diese Ämter. Somit hatte er in seinem Kabinett gleich vier Ministerposten inne. Darüber hinaus amtierte er weiterhin als Gauwohnungskommissar und Gaubeauftragter des Generalbevollmächtigten für den Arbeitseinsatz und als Reichsverteidigungskommissar für die Wehrkreise München und Nürnberg. Die gehäuften Luftangriffe veranlassten den Durchhaltestrategen zu umfangreichen Evakuierungsmaßnahmen, die Münchens Einwohnerzahl erheblich verringerte.

In der Endphase des Kriegs war er in die Planungen des Reichssicherheits-Hauptamtes zur Ermordung der Häftlinge im Konzentrationslager Dachau und seiner Außenkommandos einbezogen. Noch im April 1945 wurde er zum Reichsverteidigungskommissar für den süddeutschen Raum ernannt. So war er an der Niederschlagung des Aufstands der »Freiheitsaktion Bayern« durch die SS maßgeblich beteiligt. Mehr als 100 Menschen wurden noch kurz vor dem Einmarsch der Amerikaner auf seinen Befehl hin ermordet. Am 4. Mai 1945 starb er an den Folgen eines Suizidversuchs in Bischofswiesen bei Berchtesgaden.

RUDOLF HESS (1894–1987) war der Stellvertreter Hitlers. Seit 1920 Parteimitglied und Teilnehmer des gescheiterten Hitlerputsches, assistierte der Kaufmannssohn während des gemeinsamen Festungsaufenthaltes in Landsberg bei der Niederschrift von »Mein Kampf«. 1925 wurde er Privatsekretär des Führers, da dieser jede Art von Bürokratie verabscheute. Von Heß stammt die Anrede: »Mein Führer«, privat duzte man sich. 1933 als dessen Stellvertreter ernannt, wirkte er ab 27. Juli 1934 als typischer Schreibtischtäter an allen gesetzgeberischen Maßnahmen mit. Am 10. Mai 1941 flog er nach Schottland, um Großbritannien als Verbündeten zu gewinnen und die Absetzung von Winston Churchill zu erreichen. Am 1. Oktober 1946 wurde er im Nürnberger Prozess zu lebenslanger Haft verurteilt, die er im Kriegsverbrechergefängnis Berlin-Spandau mit Suizid beendete.

Ludwig Georg Siebert (1874–1942) trat nach seinem Studium in den kommunalen Dienst der Stadt Lindau ein, von 1908 bis 1919 war er Bürgermeister von Rothenburg ob der Tauber. Nach den Wahlen 1919 wechselte er zurück nach Lindau, wo er ebenfalls das Amt des Bürgermeisters ausübte. Die Stadt wurde während dieser Zeit durch Eingemeindungen stark erweitert, was ihn 1924 zum Oberbürgermeister machte. Durch seinen Eintritt in die NSDAP im Januar 1931 wurde er zum ersten nationalsozialistischen Oberbürgermeister in Bayern. Nach der Machtübernahme Hitlers wurde Siebert bayerischer Finanzminister, im April 1933 Ministerpräsident, 1935 Chef der bayerischen Staatskanzlei. 1936 übernahm er zusätzlich das Wirtschaftsministerium, seit 1939 gehörte er zum Verteidigungsrat der Wehrkreise VII und VIII, was der Fläche des heutigen Bayern entspricht. Zusätzlich war er seit Oktober 1933 Mitglied der Akademie für Deutsches Recht, seit November 1933 Gruppenführer der SA und hatte daneben noch zahlreiche Aufsichtsratsposten inne. Trotz seiner offensichtlichen Linientreue hegte er – möglicherweise bedingt durch seinen Schwiegersohn Baron von Ellrichshausen[427] – nicht dieselbe Antipathie gegenüber dem Adel wie viele seiner Parteigenossen. Siebert entkräftete im Oktober 1940 gegenüber Himmler und Heydrich »sämtliche gegen den Kronprinzen [Rupprecht] erhobenen Vorwürfe«[428], was dessen vermutliche Kontakte zu monarchistischen Widerstandsgruppen betraf. »Dem geschickten Agieren und Taktieren von Siebert und seinen Mitarbeitern im Finanzministerium ist es zu verdanken, daß der Wittelsbacher Ausgleichsfonds und auch die Schlösserverwaltung nicht aufgelöst wurden.«[429] Er verstarb am 1. November 1942.

---

[427] Seutter von Lötzen, Wilhelm: Bayerns Königstreue im Widerstand, Feldafing 1979.

[428] Ebd.

[429] Bäumler, Klaus: Politisches Lernen an historischen Orten. Die Schlösserverwaltung und die Zeitgeschichte, Vortrag im Rahmen der Residenzwoche 2009 am 17. Oktober 2009 im Max-Joseph-Saal der Münchner Residenz (Beitrag der Freunde der Residenz München e. V.).

Wilhelm Franz Dehler (1888–1970), aus einer wohlhabenden Familie stammend, war von 1941 bis 1945 Präsident der Verwaltung der staatlichen Schlösser, Gärten und Seen.

In seiner bereits früh von der NSDAP dominierten Heimatstadt Coburg profilierte sich der Jurist durch demokratieverachtende und verfassungsfeindliche Übergriffe. 1932 trat er in die NSDAP und SS ein, wurde 1937 Obersturmführer, 1939 Hauptsturmführer und 1941 Standartenführer der SS. Seine politische Laufbahn führte ihn vom Coburger Landratsamt ins Innenministerium nach München. Die Spruchkammerakte führt aus: »Dehler hat sich bereits im Jahr 1925, als er noch Nebenbeamter am damaligen Bezirksamt Coburg war, als überzeugter Vertreter nationalistischer und völkischer Ideologie gezeigt. 1933 wurde er unter Überspringung von etwa 50 Vorleuten mit der Leitung des Bezirksamtes Coburg betraut, unter vorschriftswidriger Anrechnung der im Gemeindedienst verbrachten Zeiten. Als eifriger Nationalsozialist wurde er in rascher Folge befördert: 1937 zum Oberregierungsrat, 1939 zum Regierungsdirektor, 1940 zum Ministerialrat. Zuletzt war er Präsident der Bayerischen Verwaltung der staatlichen Schlösser, Gärten und Seen.[430] Eine seiner letzten Amtshandlungen war die Anordnung, in den Flügelbauten von Schloss Nymphenburg Sprengsätze anzubringen.

Im Juni 1945 wurde Dehler durch die amerikanische Militärregierung dienstenthoben und interniert. Von der Spruchkammer Coburg-Stadt als »belastet, Aktivist und Nutznießer« eingestuft, wurde er zu Sühnemaßnahmen, unter anderem zu 34 Monaten Arbeitslager, verurteilt. Im März 1949 erfolgte die Aufhebung des Beschlusses und die Einstufung als »Mitläufer« ohne Sühnemaßnahmen.[431] Seine beabsichtigte Zerstörung großer Teile des Nymphenburger Schlosses scheint der Spruchkammer nicht bekannt gewesen zu sein. Dehler wurde dafür nie zur Verantwortung gezogen.

---

[430] HStA M Inn 83342 (Personalakte Dehler, Nr. III D 46 vom 25. November 1947).
[431] Berufungskammer Bamberg 18. März 1949 in: HStA M Inn 83342 (Personalakte Dehler).

Archive und Literaturverzeichnis

Archive:

Archiv KZ-Gedenkstätte Dachau

Bayerisches Hauptstaatsarchiv (BayHStA)

Historisches Archiv der Technischen Universität München

Nymphenburger Archiv der »Congregatio Jesu«

Staatsarchiv München (StAM)

Stadtarchiv München (StadtAM)

Literaturverzeichnis:

Adalbert, Prinz von Bayern: Schloß Nymphenburg und seine Bewohner, München 1949.

Almeida, Fabrice d': Hakenkreuz und Kaviar – Das mondäne Leben im Nationalsozialismus, Ostfildern 2007.

Aretin, Erwein von: Die Wittelsbacher im KZ, München 1948.

Aretin, Erwein von: Kronprinz Rupprecht von Bayern – Sein Leben und Wirken, München 1949.

Aretin, Karl Ottmar von: Der bayerische Adel. Von der Monarchie zum Dritten Reich, in: Bayern in der NS-Zeit, München 1981.

Auer, Ludwig: Geschichte der Seidenindustrie und Seidenzucht in Bayern, München-Pasing 1954.

Bastisch, André: Arbeitsbeschaffungsmaßnahmen im Dritten Reich von 1933–1936, Norderstedt 2000.

Baumann, Günther: Zwangsarbeiterinnen in Neuhausen/Nymphenburg, in: Neuhauser Werkstatt-Nachrichten Heft 4, München 2000.

Bäumler, Klaus: NS-Kunstraub, NS-Raubkunst. Ein Thema für das NS-Dokumentationszentrum?, Vortragsmanuskript zum 27. Januar 2010.

Bäumler, Klaus: Politisches Lernen an historischen Orten. Die Schlösserverwaltung und die Zeitgeschichte, Vortrag im Rahmen der Residenzwoche 2009 am 17. Oktober 2009 im Max-Joseph-Saal der Münchner Residenz (Beitrag der Freunde der Residenz München e. V.).

Bäumler, Klaus, Schönlebe, Dirk: Von ihren Kirchen verlassen und vergessen? Zum Schicksal Christen jüdischer Herkunft im München der NS-Zeit, herausgegeben vom Bezirksausschuss Maxvorstadt, München 2006.

Bärnreuther, Andrea: Revision der Moderne unterm Hakenkreuz: Planungen für ein »neues München«, München 1993.

Bajohr, Frank: Parvenüs und Profiteure – Korruption in der NS-Zeit, Frankfurt am Main 2001.

Bauer, Richard (Hg.): Hans Günter, Schütz, Brigitte, Till, Wolfgang, Ziegler, Walter: München – »Hauptstadt der Bewegung« Bayerns Metropole und der Nationalsozialismus, München 1993.

Bayerische Staatsgemäldesamlung (Hg.): Alte Pinakothek München, München 1983.

Bayerischer Architekten- und Ingenieur-Verband (Hg.): München und seine Bauten nach 1912, München 1984.

Benz, Wolfgang: Geschichte des Dritten Reiches, München 2000.

Berg, Thomas von: Korruption und Bereicherung. Politische Biographie des Münchner NSDAP-Fraktionsvorsitzenden Christian Weber, München 2003.

Bernheimer, Thomas O.: Narwalzahn und alte Meister. Aus dem Leben einer Kunsthändler-Dynastie, Hamburg 2013.

Bedürftig, Friedemann: Lexikon Drittes Reich, Hamburg 1994.

Braun-Ronsdorf Margarete: 200 Jahre Nymphenburger Tafelgeschirr, Darmstadt 1954.

Brutscher, Helmut: München Weltreiseziel, München 1936.

Christians, Annemone: Amtsgewalt und Volksgesundheit, Göttingen 2013.

Dienel, Hans-Ludger/Hilz, Helmut: 125 Jahre Technische Universität München, München 1993.

Detjen, Marion: »Zum Staatsfeind ernannt« Widerstand, Resistenz und Verweigerung gegen das NS-Regime in München, München 1998.

Dollinger Hans: München im 20. Jahrhundert, München 2001.

Donath, Matthias: Architektur in München 1933–1945, Berlin 2007.

Eckardt, M. Donatilla von: Vom Bau der Institutskirche München-Nymphenburg bis zu ihrer Zerstörung, in: Oberbayerisches Archiv, 101, München 1976.

Festprogramm Großdeutsches Volksfest, München 1938.

Fiehler, Karl (Hg.): München baut auf, München 1936.

Fröhlich, Elke (Hg.): Die Tagebücher von Joseph Goebbels. Sämtliche Fragmente. Teil I. Aufzeichnungen 1924–1941. Band 3 und Band 4, München 1987.

Füßl, Wilhelm: Schnauffer, Kurt, in: Neue Deutsche Biographie, Band 23, Berlin 2007.

Gagern, Elisabeth von: Die Englischen Fräulein, in: Schwaiger, Georg (Hg.): Das Erzbistum München und Freising in der Zeit der nationalsozialistischen Herrschaft, Band II, München und Zürich 1984.

Gamm, Jans-Jochen: Führung und Verführung – Pädagogik des Nationalsozialismus, München 1990.

Gerwarth, Robert: Reinhard Heydrich, München 2011.

Geschichtswerkstatt Neuhausen e. V. (Hg): Zum Beispiel Neuhausen 1918–1933, München 1993.

Geyer, Martin H.: Verkehrte Welt. Revolution, Inflation und Moderne, München 1914–1929, Göttingen 1998.

Götz, Ernst: Hubertussaal und Orangeriesaal im Nordflügel von Schloss Nymphenburg, in: Geschichte des Orangeriebaus, Baudokumentationen der Bayerischen Schlösserverwaltung, Band 3, München 2003.

Gruber, Hubert: 175 Jahre Maria-Ward-Schulen in München-Nymphenburg. Festschrift, München 2010.

Gruner, Wolf: Öffentliche Wohlfahrt und Judenverfolgung, München 2002.

Hajak, Stefanie, Zarusky, Jürgen (Hg.): München und der Nationalsozialismus, Berlin 2008.

Hanko, Helmut, M.: Kommunalpolitik in der »Hauptstadt der Bewegung« 1933 -1945. Zwischen »revolutionärer« Umgestaltung und Verwaltungskontinuität, in: Bayern in der NS-Zeit, München 1981.

Hermann, W. A.: TU München, München 2006.

Herzog, Dagmar: Paradoxien der sexuellen Liberalisierung, Göttingen 2013.

Heusler, Andreas: Ausländereinsatz: Zwangsarbeit für die Münchner Kriegswirtschaft 1939 -1945, München 1996.

Heusler Andreas, (Hrsg.): Stadtarchiv München) Biographisches Gedenkbuch der Münchner Juden, München 2003.

Heydrich, Lina: Leben mit einem Kriegsverbrecher, Mit Kommentaren von Werner Maser, Pfaffenhofen an der Ilm 1976.

Hitler, Adolf: Mein Kampf, München 1944.

Hockerts, Hans Günter, Dering, Florian, Gotz, Norbert u. a. in: Münchner Stadtmuseum (Ausstellungskatalog): München – »Hauptstadt der Bewegung«, München 1993.

Horn, Effi: Nymphenburgs Blüte in neuer Zeit, München 1942.

Huber, Brigitte: Tagebuch der Stadt München, Ebenhausen bei München 2004.

Huber, Gabriele: Die Porzellan-Manufaktur Allach-München GmbH – eine »Wirtschaftsunternehmung« der SS zum Schutz der »deutschen Seele«, Marburg 1992.

Illustrierter Beobachter: Das Deutschland Adolf Hitlers – Die ersten vier Jahre des Dritten Reiches, München 1937.

Irmingard, Prinzessin von Bayern: Jugend-Erinnerungen. 1923–1950, St. Ottilien 2000.

Jagdmuseum, Deutsches: Vorläufiger Führer durch das Deutsche Jagdmuseum, München 1938.

Joachimsthaler, Anton: Hitlers Liste, München 2003.

Klee, Ernst: Kulturlexikon zum Dritten Reich, Wer war was vor und nach 1945, Frankfurt am Main 2009.

Klee, Ernst: Das Personenlexikon zum Dritten Reich, Wer war was vor und nach 1945 Frankfurt am Main 2003.

Krauss, Marita: Rechte Karrieren in München: von der Weimarer Zeit bis in die Nachkriegsjahre, München 2010.

Krafft, Barbara: 250 Jahre Porzellan-Manufaktur Nymphenburg, München 1997.

Large, David Clay: Hitlers München. Aufstieg und Fall der Hauptstadt der Bewegung, München 1998.

Mann, Erika: Zehn Millionen Kinder – Erziehung der Jugend im Dritten Reich, Frankfurt am Main/München 1965.

Mayer, Hartmut: Paul Ludwig Troost: »Germanische Tektonik« für München, Tübingen und Berlin 2007.

Mönninghoff, Wolfgang: Enteignung der Juden, Hamburg/Wien 2001.

Müller-Dechent, Gustl: Widerstand in München. Die Vergessenen, Salzgitter 2004.

Negele, Michael: »Propaganda auf 64 Feldern. Das Schach-Olympia München 1936«, in: Karl, Nr. 3, 2008.

Neuhäusler, Johann: Kreuz und Hakenkreuz. Der Kampf des Nationalsozialismus gegen die katholische Kirche und der kirchliche Widerstand. München 1946.

Nerdinger Winfried (Hg.): Bauen im Nationalsozialismus, Bayern 1933–1945, München 1993.

Nerdinger, Winfried (Hg.): Ort und Erinnerung, Salzburg 2006.

Nüßlein,Timo: Paul Ludwig Troost (1878–1934), in: Hitlers Architekten, Historisch-kritische Monographien zur Regimearchitektur im Nationalsozialismus, Band 1, herausgegeben von Winfried Nerdinger und Raphael Rosenberg, Wien/Köln/Weimar 2012.

Nüßlein, Timo: Der »Erste Baumeister des Dritten Reichs« und das Porzellan – Paul Ludwig Troost und die Staatliche Porzellanmanufaktur Nymphenburg, in: Keramos 220, Deggendorf 2013.

Pabst, Martin: Technische Universität München – Geschichte eines Wissenschafts- unternehmens, Berlin 2006.

Pätzold, K./Weißbecker, M.: Rudolf Heß – Der Mann an Hitlers Seite, Leipzig 1999.

Pfenningstorff, Fritz (Hg.): Der Seidenbau in der Erzeugungsschlacht. Reichsverband Deutscher Kleintierzüchter, Berlin 1940.

Preis, Kurt: München unterm Hakenkreuz. Die Hauptstadt der Bewegung: zwischen Pracht und Trümmern, München 1980.

Pope, Ernest R.: Munich Playground, New York 1941.

Rasp, Hans-Peter: Eine Stadt für tausend Jahre. München – Bauten und Projekte für die Hauptstadt der Bewegung, München 1981.

Reibel, Carl Wilhelm: Das Fundament der Diktatur: Die NSDAP-Ortsgruppen, Paderborn 2002.

Reichsjugendführung (Hg.): Pimpf im Dienst. Ein Handbuch für das deutsche Jungvolk, Potsdam 1938.

Richardi, Hans-Günter: Hitler und seine Hintermänner, München 1991.

Rittenauer, Daniel: Bayerische Landessymbole in der Zeit des Nationalsozialismus, in: Zeitschrift für bayerische Landesgeschichte, Band 76 [Heft I], München 2013.

Rosendorfer, Herbert, Die Nacht der Amazonen. Roman, Köln 1989.

Rumschöttel, Hermann/Ziegler, Walter (Hg.): Staat und Gaue in der NS-Zeit Bayern 1933–1945, München 2004.

Schätzl, Lothar/Schickel, Gabriele: Das Deutsche Jagdmuseum von Christian Weber im Schloß Nymphenburg, München 1998.

Schattenhofer, Michael (Hg.): Chronik der Stadt München 1945–1948, München 1980.

Schröther Franz: Rokoko in Nymphenburg, in: Neuhauser Werkstatt-Nachrichten, Heft 17, München 2006.

Schröther, Franz/Weyerer, Benedikt: Die ehemalige Reitschule Fegelein in Neuhausen und das Dritte Reich, in: Neuhauser Werkstatt-Nachrichten, Heft 10, München 2003.

Seutter von Lötzen, Wilhelm: Bayerns Königstreue im Widerstand, Feldafing 1979.

Smelser, Ronald/Syring, Enrico: Die Braune Elite I, Darmstadt 1999.

Sokola, Rozalija (Hg.): 30. April 1945 – Ende und Anfang: Vom KZ-Außenlager Allach zur Siedlung München-Ludwigsfeld, Geschichtswerkstatt Neuhausen, München 2005.

Stockhorst, Erich: 5000 Köpfe. Wer war was im Dritten Reich, Kiel 2000.

Schelling, Günter: Schöpferische Denkmalpflege. Erinnerung an Prof. Rudolf Esterer, in: Schönere Heimat 69, München 1980.

Schmidt, Christoph: Zu den Motiven »alter Kämpfer« in der NSDAP, in: Peukert, Detlev/Reuleke, Jürgen (Hg.): Die Reihen fest geschlossen. Beiträge zur Geschichte des Alltags unterm Nationalsozialismus, Wuppertal 1981.

Schuster, Peter-Klaus (Hg.): Nationalismus und »Entartete Kunst«: die »Kunststadt« München 1937, München 1987.

Schwarz Gudrun: Die nationalsozialistischen Lager, Frankfurt am Main 1990.

Schweizer, Stefan: »Unserer Weltanschauung sichtbaren Ausdruck geben«, Göttingen 2007.

Schwend, Karl: Bayern zwischen Monarchie und Diktatur. Beiträge zur bayerischen Frage von 1918 bis 1933, München 1954.

Stadtarchiv München (Hg.): Biographisches Gedenkbuch der Münchner Juden 1933–1945, Band 1, St. Ottilien 2003.

Troost, Gerdy: Das Bauen im neuen Reich, Bayreuth 1938.

Ueberschär, Gerd, R./Vogel, Winfried: Dienen und Verdienen: Hitlers Geschenke an seine Eliten, Frankfurt am Main 1999.

Volkert, Wilhelm (Hg.): Handbuch der bayerischen Ämter, Gemeinden und Gerichte 1799–1980, München 1983.

Walz, Tino: Untergang und Neubeginn, München 2003

Walz, Tino: Tagebucheinträge 1945, in: Nymphenspiegel Band II, München 2007.

Weiß, Dieter J.: Kronprinz Rupprecht von Bayern. Eine politische Biografie, Regensburg 2007.

Weiß, Hermann (Hg.): Biographisches Lexikon zum Dritten Reich, Frankfurt am Main 1998.

Weyerer, Benedikt: München 1933–1949. Stadtrundgänge zur politischen Geschichte, München 1996.

Wistrich, Robert: Wer war wer im Dritten Reich, München 1983

Wöhler, Thomas: Die Präsidialabteilung, in: Die Bayerische Verwaltung der staatlichen Schlösser, Gärten und Seen 1918–1993 – 75 Jahre im Dienste des Freistaats Bayern, München 1993.

Zierhut, Martin: Maulbeerbäume in Bayern – Relikt der Seidenraupenzucht. LWF aktuell Nr. 45, Seite 53. Waldwissen.net. Informationen für die Forstpraxis 2004. Bayerische Landesanstalt für Wald und Forstwirtschaft, Abt. Waldbau und Bergwald.

Ziffer, Alfred: Nymphenburger Moderne. Die Porzellan-Manufaktur im 20. Jahrhundert, Eurasburg 1997.

Ziffer, Alfred: Die Künstler des 20. Jahrhunderts. Nymphenburger Porzellan, München 1997.

Zorn, Wolfgang: Bayerns Geschichte im 20. Jahrhundert. Von der Monarchie zum Bundesland, München 1986.

Tondokument:

Herzog Franz von Bayern im Gespräch mit Dr. Walter Flemmer, in: BR Alpha-Forum, Sendung vom 9. April 2001

Internetquellen:

Immler, Gerhard: Wittelsbacher Ausgleichsfonds, in: Historisches

Lexikon Bayerns, www.historisches-lexikon-bayerns.de/artikel/
artikel_44649 [zuletzt geöffnet am 8. April 2011]

Lilla, Joachim: Dehler, Wilhelm, in: ders.: Staatsminister, leitende Ver-
waltungsbeamte und (NS-)Funktionsträger in Bayern 1918 bis 1945,
http://verwaltungshandbuch.bayerische-landesbibliothek-online.
de/dehler-wilhelm [zuletzt geöffnet am 10. September 2012].

Abbildungsverzeichnis

Archiv Hans Schürer S. 21, 28, 35, 59, 79, 80, 106, 107, 108, 109, 211,
225, 228, 232, 233, 234

Archiv Königliche Porzellan Manufaktur S. 161, 166, 167, 168

Archiv TU München S. 158

Bayerische Staatsbibliothek München/Bildarchiv S. 124, 142, 218,
219 , 239

Bayerisches Hauptstaatsarchiv S. 154 (Bild OBB KuPL 289/2),

Bildarchiv Foto Marburg S. 48 (oben), 204, 221

Bundesarchiv Koblenz S. 13 (Bild 152-53-11/Fotograf: o. Ang.),
33 (Bild: 116-5590/Fotograf: o. Ang.), 89 (Bild: 146-1992-014-
35A/Fotograf: o.Ang.), 170 (Bild: 183-1992-0410-546 / Fotograf:
Hans Dietrich)

Bundesarchiv Berlin S. 63, 73 (Bild: 1245-11)

Nymphenburger Archiv der »Congregatio Jesu« S. 114, 116, 117, 119,
129,

Privat S. 14, 16, 20, 22, 26, 41, 46, 47, 48 (unten), 56, 69, 81, 83, 84, 85,
87, 93, 94, 95, 96, 98, 100, 101, 110, 111, 132, 139, 141, 143, 145, 157,
169, 173, 176, 177, 183, 185, 186, 192, 193, 195, 203, 215 (oben), 229,
230, 231, 237

Staatsarchiv München/SGSV: S. 194, 196

Stadtarchiv München S. 38, 39, 45, 54, 102, 103, 104, 138 (oben), 180,
198, 201, 207, 209, 212, 215 (unten)

Aufnahmen Schloss Nymphenburg (Doris Fuchsberger) S. 29, 31, 52,
62, 126, 134, 138 (unten), 178, 202, 224, 236 mit Genehmigung der
»Bayerischen Verwaltung der staatlichen Schlösser, Gärten und
Seen«

Personenregister

Abkürzungen

ABP: Auslandsbriefprüfstelle
BDM: Bund Deutscher Mädchen
DAF: Deutsche Arbeitsfront
Gestapo: Geheime Staatspolizei
HJ: Hitlerjugend
KZ: Konzentrationslager
KPD: Kommunistische Partei Deutschlands
MK: Mark
NSDAP: Nationalsozialistische Deutsche Arbeiterpartei
NSKK: Nationalsozialistisches Kraftfahrzeugkorps
OG: Ortsgruppe
RM: Reichsmark
SA: Sturmabteilung der NSDAP
SD: Sicherheitsdienst des Reichsführers-SS
SS: Schutzstaffel der NSDAP
SGV: Schloss- und Gartenverwaltung
WAF: Wittelsbacher Ausgleichfonds
WHW: Winterhilfswerk

Dank

Ganz besonders danken wir Seiner Königlichen Hoheit Herzog Franz von Bayern für wertvolle Hinweise, seine stets freundliche Ermunterung und vertrauensvolle Unterstützung.

Unser Dank gilt auch unserem Verleger Alexander Strathern und unserer Lektorin Dietlind Pedarnig, die unermüdlich am Projekt festhielten und es mit großer Sachkenntnis zu einem guten Abschluss brachten.

Die wohlwollende Unterstützung so vieler Personen, nicht zuletzt das Verständnis unserer Familien und Freunde, ließ dieses Buch entstehen. Während der Arbeit fanden Begegnungen mit unzähligen Menschen statt, die uns halfen, widrige Umstände zu überwinden oder abzuschwächen und unser Vorhaben zu verwirklichen.

Unser ausdrücklicher Dank gilt:
Elisabeth Angemeier (Stadtarchiv München), Evelin Arneth (Archiv der Königlichen Porzellanmanufaktur Nymphenburg), Klaus Bäumler, Waltraud Beer, Martin Bosch (Bayerische Verwaltung der staatlichen Schlösser, Gärten und Seen), Ellen Echtler, Prof. Dr. Alfred Fuchsberger, Erich Hage, Christine Hannig (Monacensia), Andrea Heller, Dr. Gerhard Immler (Geheimes Hausarchiv), Anton Löffelmeier (Stadtarchiv München), Schwester Lucina Moche (»Congregatio Jesu«), Ursula Nagel, Jeanette Nagel-Schmidt, Bernhard Neumann (Bayernpartei), Dr. Cornelia Oelwein, Wolfgang Pusch (Stadtarchiv Starnberg), Wolfgang Reichelt (Landratsamt Dachau), Franz Schröther (Geschichtswerkstatt Neuhausen), Dr. Elisabeth Schürer-Necker, Dr. Walter Schürer, Edith Stüber (Archivpflegerin Ramsau), Dr. Birgitta Unger-Richter (Kreisheimatpflegerin Landkreis Dachau), Anke Weinmann (Monacensia), Schwester Manuela Wiesheu (»Congregatio Jesu«), Dr. Alfred Ziffer.